# ¡Vamos al Mundial!

# ¡Vamos al Mundial!

## Todo lo que Necesitas Saber para Llegar a la Final

## Fernando Fiore

rayo

Una rama de HarperCollinsPublishers

*Diseño del libro por Timothy Shaner*
*Investigación y desarrollo de fotografías por David E. Franck / Franckfotos, Inc.*

PRIMERA EDICIÓN RAYO, 2006

Library of Congress ha catalogado la edición en inglés.

ISBN-10: 0-06-082090-X     ISBN-13: 978-0-06-082090-9

06 07 08 09 10 ❖ / RRD 10 9 8 7 6 5 4

**A** mi hijo
Gianluca y al naranjo
que planté en mi patio.

*(Por aquello de que en la vida, todo
hombre debe tener un hijo, plantar
un árbol y escribir un libro.)*

# "Goles son amores."

*(No sé quién lo dijo, pero es mi frase futbolera favorita.)*

# Contenido

# PRÓLOGO
## Cuando el Fútbol es
# más que Fútbol

**por Jorge Ramos Ávalos**

**Nada** se parece al fútbol. Nada. Ha sido comparado con religiones, con fenómenos naturales, con virus y hasta con enfermedades cercanas a la obsesión—y si no, pregúntele usted a las llamadas "viudas del fútbol" que los fines de semana pierden a sus esposos ante una pantalla de televisión o por una visita al estadio.

En realidad no es fácil entender qué es lo que hace que uno de los deportes más simples del mundo sea tan popular y genere los comportamientos más extraños (dignos del "hombre masa" al que se refiere Ortega y Gasset). Puede ser su sencillez: se trata, únicamente, de meter una pelota en una portería. O que estamos hablando de una de las actividades deportivas más antiguas que se recuerden: su origen se remonta casi 3,000 años al juego chino del *zuqiu*. O tal vez que es difícil encontrar un lugar del planeta donde no encontremos a un montón de jóvenes y viejos pateando un esférico.

El fútbol ya es de todos . . . incluyendo a Estados Unidos. Este país que le llama *soccer* al deporte jugado en todo el orbe y que entendió muy tarde su atractivo, tiene uno de los mejores sistemas para crear campeones mundiales. Me maravilla ver los sábados por la mañana a niños y niñas perfectamente uniformados jugando en canchas de un verde impecable, con arbitros colegiados y entusiastas padres y madres apoyando a sus hijos desde las lineas de cal. No me extrañaría, y lo digo muy en serio, que dentro de relativamente poco tiempo se considere al equipo masculino de Estados Unidos como aspirante a la Copa del Mundo, de la misma forma en que ya lo lograron las futbolistas estadounidenses en el pasado.

Y si el fútbol "es lo más grande," para repetir una concurrida frase sudamericana, el campeonato del mundo cada cuatro años es su máximo ritual. Me van a perdonar la trivialización, pero para un fanático del fútbol ir a un mundial es como visitar tierra santa; se tiene que hacer al menos una vez en la vida y quien puede ir a más de un campeonato del mundo es, sin duda, un privilegiado.

La mayoría de los mortales, sin embargo, solo pueden ver los mundiales por televisión. Y quien ha calificado a la televisión como un "medio frío" se escandalizaría de los gritos, epítetos, groserías y esperanzas que recibe una pantalla. (Esto, desde luego, sin considerar todo tipo de alimentos y productos del hogar—desde ceniceros hasta jarrones y sillas—que terminan incrustados regularmente en la imagen electrónica de un jugador del equipo contrario al de nuestras simpatías.)

Y si vamos a presenciar este rito mundial este año en Alemania o a verlo por televisión, es difícil encontrar un mejor guía y compañero de viaje que Fernando Fiore. Antes que ser conductor del popular programa de Univision, *República Deportiva* y una de las figuras más reconocidas de la televisión en el hemisferio, Fernando es un futbolista de corazón. Me consta; yo juego con él.

A sus 45 años Fernando sigue jugando religiosamente al fútbol los sábados por la mañana y no sólo anota goles sino que sufre enormemente cuando pierde ... que no es seguido. Su entusiasmo por el fútbol dentro y fuera de la cancha—y no exagero—es contagioso y corrosivo: te toca, te invade y te mueve. Cualquier partido—visto o jugado— toma una dimensión distinta si él está presente. (Sobra decir, supongo, que además es mi amigo.)

Este libro surge porque no puedo pensar en ninguna otra persona que fuera una mejor guía para el próximo mundial. "He estado en los 15 países donde se ha realizado un mundial," me comentó Fernando durante la última plática que tuvimos. (Y para los jueces del detalle y de la historia futbolística hay que decir que de los 17 mundiales jugados, varios han repetido país sede y uno se jugó en dos países ... y así nos quedamos todos tranquilos.)

Mientras preparaba el libro, Fernando se dio cuenta que conocía todos los países donde se ha jugado una final del mundial excepto Suecia. Así que se consiguió un boleto a Suecia y en pleno invierno— ¿a quién se le ocurre ir a un país escandinavo durante la temporada invernal? —se fue a conocer el país que le faltaba. Ese es Fernando.

Aún de joven, en 1978 en Buenos Aires, pudo ver su primer partido en un mundial: ese Italia contra Alemania no lo olvida. Ni tampoco los cuatro mundiales (Italia 1990, Estados Unidos 1994, Francia 1998, Corea del Norte/Japón 2002 ) que le ha tocado cubrir como periodista.

Libros sobre mundiales y fútbol hay muchos. Pero este es distinto. A Fernando aún le queda mucho de la época en que hacía el programa *Fuera de Serie* (con Sofía Vergara) que lo llevó a recorrer los cuatro, cinco o seis rincones del mundo. Y nos presenta aquí un recorrido sin precedente de las 12 ciudades alemanas donde se jugarán partidos del mundial. El las visitó todas.

Más allá de las estadísticas y sesudos análisis futbolísticos, aquí Fernando nos cuenta cuál es el mejor lugar para bailar salsa en Hanover, donde se come la más genuina parrillada argentina en Frankfurt y, en caso de emergencia, cual es la peluquería de moda en Leipzig. Si pueden ir a Alemania, este libro lo van a aprovechar mucho y si no pueden, con leerlo pasarán un rato muy divertido desde lejitos.

Que no les quede la menor duda: este es un libro sobre fútbol. Lo que hay que saber sobre los mundiales desde 1930 hasta este 2006 está aquí. Fernando, con su curiosidad habitual y buen humor, ha conversado con algunos de los jugadores más famosos del mundo—incluyendo a Pelé y Maradona—y eso se nota en cada página. Escribe alguien que sabe de lo que está hablando.

Pero además de futbol, somos partícipes del "peregrinaje futbolístico" (como le gusta llamarlo a él) que llevó al "Presidente" Fiore—como le dicen en su programa de televisión *República Deportiva*—a todos los lugares donde el balón ha hecho historia y donde rodará durante el próximo mundial. Por eso este libro no es como los otros. (Y como prueba están las fotos de quien no sabe llegar a un lugar sin cámara.)

En pocas palabras, no puedo pensar en una mejor forma de ir al mundial (o verlo por televisión) que con el libro de Fernando.

# Pitazo
# Inicial

**Si** usted tiene esta guía en sus manos porque la compró o se la regalaron, seguramente planea disfrutar el Mundial del 2006 por televisión, o piensa viajar a Alemania para verlo personalmente. Sea como sea, está en buenas manos. Tanto usted como la guía. En estas páginas encontrará todo lo que necesita saber para disfrutar del mayor evento deportivo del planeta. Y no tengo que decirle cuán importante es porque usted ya lo sabe. Mejor dicho, que levante la mano el que no se haya enterado todavía de la magnitud, trascendencia, significado, impacto e influencia económica, social, política y cultural del Campeonato Mundial de Fútbol.

Si la levantó, no se sienta mal. Bienvenido. También está en buenas manos.

Aquí le presento desde el perfil y la historia de los treinta y dos participantes del Decimoctavo Campeonato Mundial de Fútbol, Copa FIFA, Alemania 2006 (ese es el nombre oficial), hasta los lugares que deberá visitar en cada una de las doce ciudades alemanas sedes de la Copa, pasando por supuesto, por las estrellas que se darán cita y por la fantástica historia de los diecisiete Mundiales, sus protagonistas, los golazos, los partidos más electrizantes y todas las finales.

## NUESTRA GENTE

**L**e he dado un énfasis particular a la participación de nuestros países latinoamericanos y sus grandes figuras, al margen del éxito alcanzado. Generalmente, la historia de los Mundiales se cuenta en función de las potencias que participan y sus logros. Eso también lo leerá aquí, pero encontrará que en estas páginas hay mucho más.

Por ejemplo, cómo llegó Chile al Mundial después de la caída de Allende; la guerra de Honduras y El Salvador antes del México 70; el primer "Pelé" de Brasil; por qué a Maradona no lo convocaron a Argentina 78; el drama del "Padre" de Chile 62; el gol olímpico de Colombia al mejor arquero del mundo; cómo se robaron la "Jules Rimet" en Londres y en Río; los latinos de la selección USA; por qué Amadeo Carrizo sólo jugó un Mundial; la expulsión de Rattín en Inglaterra; el árbitro peruano que expulsó a Garrincha; Cuba y su único Mundial; cómo llegaron Costa Rica y Bolivia a sus primeras Copas; el primer gol de Pelé; el primero del "Pibe" Valderrama; el debut del "Nene" Cubillas y mucho más, muchísimo más.

## MÉXICO EN LOS MUNDIALES

La participación de la selección mexicana también tiene un trato especial. Su historia está llena de anécdotas simpáticas y episodios dramáticos poco conocidos, que evidencian la evolución de un fútbol que hoy en día está entre los diez mejores del mundo.

Por lo tanto, aquí se enterará de los cinco Mundiales de "La Tota" Carbajal; el fracaso en Tegucigalpa; el primer gol mexicano de un Mundial; el Tri (la Selección Mexicana) de Trellez; los del "Güero" Cárdenas; la novela de "los Cachirules;" el debut del "Chava" Reyes y otras "chivas" en las Copas; el gol de Borja en Londres; el golazo de Negrete en el Azteca; qué pasó en el Premundial de Haití; el primer empate y el primer triunfo; la llegada del "Bora;" el día que jugaron con camiseta prestada; el debut de Hugo Sánchez y por qué no quiso entrar a patear penales en USA 94.

## MIS ANÉCDOTAS

También me tomo la libertad de compartir humildemente con usted mis anécdotas personales de hincha y periodista, agradeciéndole en todo momento a la vida por la oportunidad de haber disfrutado de tantas Copas Mundiales y de haber tenido el honor de conocer y entablar amistad con varias de sus estrellas, incluyendo al Rey Pelé, Maradona, Valderrama, Cubillas, Carrizo, Perfumo, Francescoli, Chilavert, Stoichkov, Clavijo, Carbajal y Hugo Sánchez.

# FORMATO

**T**odo lo anterior se lo presento como si se tratase de una final de la Copa del Mundo.

El *Primer Tiempo* es una presentación general de la bella Alemania y sus principales características. El *Segundo Tiempo* es un recorrido a través de la historia de los Mundiales. Luego nos vamos a *Tiempo Extra* para conocer a los treinta y dos países participantes y a sus respectivas estrellas. Allí también encontrará un calendario oficial del evento llamado *Siga la Copa*, para que usted pueda seguir las incidencias de cada partido con sus propias notas y comentarios. Finalmente, termina el partido y el campeón da *La Vuelta Olímpica*, que en nuestro caso es una vuelta por las doce ciudades sedes del Alemania 2006.

Y para que se divierta, encontrará a lo largo del libro preguntas de trivia para que se las haga a sus amigos durante la Copa.

¡No se diga más!

Retírese a su rincón favorito, póngase cómodo y permítame que lo acompañe en la aventura más extraordinaria que deporte alguno haya vivido en la historia de la humanidad: El Campeonato Mundial de Fútbol.

Fernando Fiore
Miami 2006

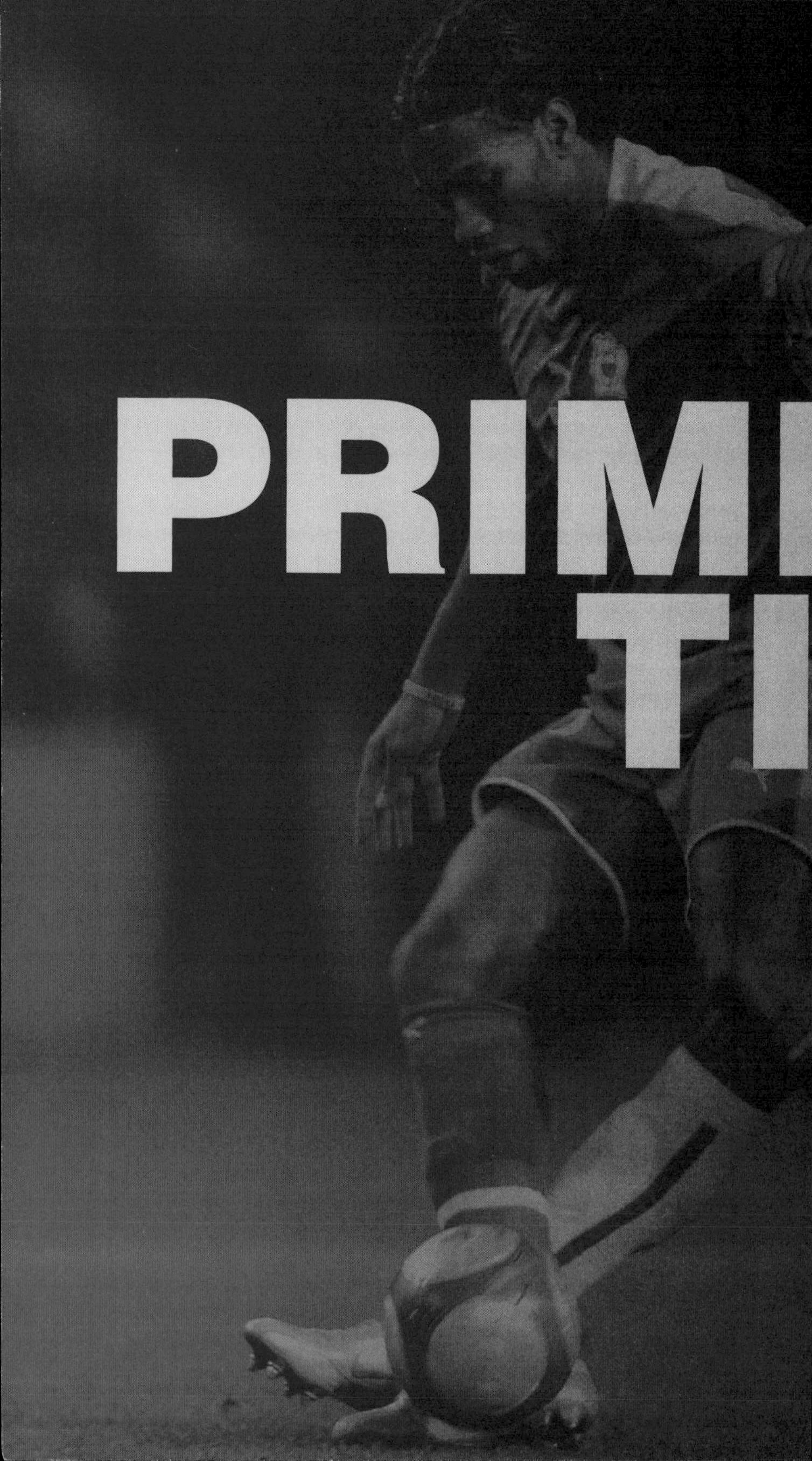
PRIM
TI

ER
EMPO

¡Bienvenidos a
Deutschland!

# ¡Bienvenidos a Deutschland!

## Willkommen *in Deutschland!* Así se dice en alemán ¡Bienvenidos a Alemania!

Para empezar y por si no lo sabe, la sede de este Mundial del 2006 es uno de los países más pintorescos y encantadores del mundo, una tierra de paisajes hermosos, ciudades fascinantes y gente maravillosa, laboriosa e inteligente y en ocasiones brillante. Su historia es extensa, compleja y por épocas, oscura y polémica, pero está íntimamente ligada al desarrollo del mundo occidental.

Culturalmente, la contribución de Alemania ha sido valiosísima e incomparable, especialmente en el campo de la música clásica. Con decirles que allí nació Beethoven y Juan Sebastián Bach, basta para entenderlo. Científicos del calibre y la importancia de Humboldt y Albert Einstein también nacieron en esas tierras.

Y no todos son hombres. De allí salieron mujeres hermosas e inolvidables como Marlene Dietrich, Nastassja Kinski y por supuesto, Claudia Schiffer y Heidi Klum. También deportistas maravillosas como la tenista Steffi Graf y la patinadora Katarina Witt (seguramente hay otras de mayor valía, pero éstas son las primeras que me vienen a la mente).

Futbolísticamente hablando, aquí nació Beckenbauer, Rummenigge, Seeler, Klinsman y Muller. Por consiguiente, ésta también es tierra de buen fútbol.

¡Y de buena cerveza!

Para muchos, es la mejor del mundo, con una variedad que no existe en ningún otro país. ¿Y qué me dicen de sus automóviles? Sencillamente, los mejores del mercado. Son elegantes, sólidos y poderosos, ¡y muy caros también!

El idioma no es muy fácil, debo decirles, pero los no alemanes que lo hablan, aseguran que es muy rico y poético.

Comparado con países como Francia o Inglaterra, Alemania no es un país homogéneo y centralizado. Aquí no hay una sola ciudad que predomine sobre el resto del país, como París o Londres. En esto se parece más a los Estados Unidos, donde hay grandes metrópolis independientes unas de las otras.

En el caso de Alemania, el Norte, donde está Hamburgo, es muy diferente al Sur, donde se encuentra Munich. Lo mismo sucede con el Este, Berlín, y el Oeste, Francfort. Estas diferencias se aprecian claramente en el paisaje, la comida y en el acento de la gente, pero como yo no hablo alemán, no sé decirles cuál es la diferencia.

En resumen, Alemania es una de esas naciones que le dan sabor al mundo y que si no existiera, habría que inventarla. ¿Se imagina vivir en este planeta sin Alemania? ¡Qué de cosas nos perderíamos!

¡Especialmente el Campeonato Mundial de Fútbol del 2006!

## EL PRIMER MUNDIAL DE ALEMANIA

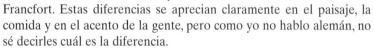

Esta es la segunda vez que los alemanes organizan un Campeonato Mundial de Fútbol. México y Francia ya tuvieron el honor de repetir. El primer campeonato en Alemania fue en 1974 y dio mucho de qué hablar. Tuvo de todo. Controversias, sorpresas, buen fútbol, partidos malos, grandes revelaciones y un par de estrellas excepcionales que allí se consagraron.

En aquel entonces, participaron solamente dieciséis selecciones nacionales representando a cinco continentes. Se jugaron treinta y ocho partidos en seis ciudades diferentes. Se marcaron noventa y siete goles, a un promedio de 2.5 goles por partidos. No fue la Copa más productiva de todas, pero sí la tercera de la historia.

Alemania 74 también presenció el debut de varios jugadores con un gran futuro. Algunos se convirtieron en estrellas del fútbol internacional y otros en los mejores de todos los tiempos. Nombres como Johan Cruyff, Dino Zoff, Grzegorz Lato y Mario Kempes salieron de este torneo a conquistar el mundo.

Fue también el Mundial de las dos Alemanias, la "Naranja Mecánica," la nueva Copa, el balón "Telstar," las mascotas "Tip y Tap," la seguridad extrema y el primero en ser televisado al mundo a todo color.

Sus grandes ausentes fueron España, Inglaterra y México.

En la gran final de Munich, el anfitrión, Alemania Occidental, le ganó 2–1 al favorito, Holanda. Fue la primera final donde se patearon penales y donde los locales se convirtieron en Bicampeón del Mundo.

Hoy, treinta y dos años después, Alemania está lista para repetir el *show*, pero esta vez unida en una sola nación, con más experiencia, más participantes, más estrellas, mejores estadios y mucho más dinero.

¡Vámonos para Deutschland!

## LAS DOCE SEDES

Todas son bellas e inolvidables, llenas de fama e historia, una docena de ciudades dignas del orgullo de cualquier país que las posea. ¿Quién no ha oído hablar de Berlín, Hamburgo, Francfort, Colonia, Nuremberg y Munich?

Y hay más.

Stuttgart, Dortmund, Leipzig, Hanover, Gelsenkirchen y Kaiserslautern. El Mundial cubrirá todos los rincones del país, todas sus regiones. Cada una de estas doce ciudades escenificará cinco partidos. Berlín, Munich, Stuttgart y Dortmund, tendrán seis cada una.

La Copa se jugará en estadios espectaculares, algunos llenos de historia como el Olímpico de Berlín, el Olimpiastadion, que Adolph Hitler mandó a construir para los Juegos Olímpicos de 1936. Ahí se jugará la gran final el domingo 9 de julio.

Otros estadios han sido remodelados magistralmente, como el de

Colonia y el viejo Waldstadion de Francfort, donde se jugó la Copa Confederaciones del 2005. Los nuevos son el de Hamburgo y el de Munich, donde se inaugurará el campeonato el viernes 9 de junio. Ambos son joyas arquitectónicas. Todos aguardan impacientemente la gran inauguración y la oportunidad de escribir su propia historia.

Y claro está, la gente de estas doce ciudades está ansiosa de ofrecer lo mejor de sí a las selecciones, los periodistas, los voluntarios y por supuesto, a los cientos de miles de turistas del mundo entero que vendrán a disfrutar del campeonato.

Aeropuertos, hoteles, tiendas, museos, restaurantes, pubs, bares, cabarets y discotecas están listos para entrar en acción y por supuesto, los *Biergartens* también, las famosas cervecerías alemanas.

Ahora bien, si usted está pensando viajar a Alemania para el Mundial, olvídese de la dieta. Le diré por qué.

## ¡BUEN PROVECHO!

**H**ablemos de la comida alemana. (Si usted es alemán o vegetariano, no lea esto por favor. Pase a la próxima sección).

Partamos del siguiente principio: Alemania no es famosa por su comida. Esto no es Italia. Tampoco Francia. Pero, sorprendentemente para mi gusto latino, hay platillos muy interesantes, algunos deliciosos.

Un ejemplo: las salchichas.

Si no le gustan las salchichas, arriésguese y no tenga miedo. Es lo que más se come en Alemania y la variedad es tal, que seguramente encontrará una que satisfaga su paladar. Pruébelas con la boca y saboréelas con la mente. Es muy probable que vuelva a casa sorprendido y satisfecho, ¡y con el colesterol por el cielo!

Al igual que la cerveza, cada ciudad y cada región de Alemania tiene su propia salchicha, que en alemán se dice *Wurst* (se pronuncia "vurst"). La más famosa de todas las *Wursts* es el *Frankfurter*, hecha

de carne de res y como su nombre lo indica, proviene de la ciudad de Francfort.

Otra salchicha muy conocida es el *Bockwurst*, el popular *hot dog* rojo consumido en todo el mundo, hecho de carne de cerdo. Póngale mostaza y colóquelo en un pancito como hacen los nativos y le encantará.

Mi favorita es el *Bratwurst*, también llamada *Weisswurst*, original de Munich. Es una salchicha blanca, hecha con carne de ternera y cocinada al vapor, nunca hervida. Yo la prefiero sin nada encima, pero muchos le ponen mostaza y un poco de *Sauerkraut* para más sabor.

Sin embargo, la salchicha no es un platillo en sí, sino un almuerzo ligero, un *snack* para matar el hambre entre comidas. Mientras que en todo el mundo la gente deja de trabajar a las 11:00 de la mañana para tomarse un cafecito, en Alemania paran para comerse un *Wurst* con mostaza.

## ¿CÓMO SE DICE "CERDO" EN ALEMÁN?

La típica comida alemana, no importa la región, consiste en carne de cerdo y los dos cultivos más importantes de Alemania, papa y repollo. No suena muy apetitoso pero créame, tiene su sabor. Todo va acompañado de pan y por supuesto de cerveza.

El cerdo, *Schwein*, (pronunciado "sch-váin") se prepara en diferentes maneras, la más popular es al horno. También se come mucho jamón horneado. Las papas, en alemán se llaman *Kartoffeln*, (pronunciado "cartó-feln") nunca faltan en la mesa alemana. Las preparan al vapor, hervidas, horneadas, guisadas, trituradas o simplemente fritas, como en el resto del mundo. Allí las llaman *Pommes Frites*. (Aprenda la pronunciación, póm-frits, porque de seguro las va a ordenar.)

Al repollo lo llaman *Kraut*. Al igual que la papa, ningún plato alemán está completo sin él. Hay *Kraut* rojo y blanco, y la forma más popular de comerlo es cocido y amargo, este es el famoso *Sauerkraut* que internacionalmente acompaña a los perros calientes.

Después está el mundialmente conocido *Wiener Schnitzel*, carne de ternera empanizada y frita. Es muy popular en toda Alemania, hasta en los estadios lo venden. Lo sirven con pan, como un sándwich, y con mostaza es delicioso. En un restaurante lo sirven con . . . ya se lo imaginan . . . *Kartoffeln* o *Kraut*.

Ahora bien, cuando los chefs alemanes, que los hay y muy buenos, se ponen creativos, se apoyan en los otros dos cultivos nacionales, la cebolla y la manzana. Es entonces cuando aparecen platillos exóticos de cerdo con papas, repollo y algún tipo de salsa de cebolla con manzana.

Finalmente, si no le gusta el cerdo, en Alemania también se consume carne de res, pollo, pescado y mariscos, aunque la variedad es limitada. El pollo lo cocinan al horno o a la parrilla y claro está, también va acompañado de papas, repollo, cebolla y manzana. El lugar donde más lo sirven es en los *Biergartens*. El pescado es propio del Norte, de Hamburgo y sus alrededores. El arenque es el más popular de todos. En el Sur, en Munich y Bavaria, abundan las truchas criadas en ríos y lagos. Son deliciosas y una alternativa saludable a tantas salchichas y carne de cerdo.

## HABLEMOS DE "BIER"

**H**ablemos del producto de exportación más famoso de Alemania, la cerveza. *Bier* es el nombre correcto. Se pronuncia "biir," como en inglés. Es en los *Biergarten* donde se consume comúnmente: una cervecería al aire libre donde los alemanes se reúnen para beber y charlar. También lo usan como lugar de picnic, trayendo su propia comida, lo cual es permitido. De todos los lugares que usted va a visitar en Alemania, el primero de la lista tiene que ser un *Biergarten*.

En Alemania llevan más de mil años fabricando y bebiendo cerveza. Empezaron en la Edad Media, cuando los monjes en sus monasterios de Bavaria la fabricaban para mitigar el hambre en los días de ayuno. Sabían vivir esos monjes, ¿no?

Hay tantas marcas y variedades de cerveza que es muy difícil encontrar la que a uno le gusta. Lo más importante es saber los tipos de cerveza existentes. La hay regular, de color dorado, y la hay oscura, de color negro. La cerveza dorada puede ser ligera en consistencia, llamada *Pils*, o espesa, llamada *Weissbier*. Eso es todo lo que necesita saber. El problema es que cada variedad tiene millones de marcas.

Descubrir cuál le gusta a uno es parte del placer de beber cerveza en la tierra de la cerveza. Cada ciudad y cada región tienen su propia variedad. Cada bar o restaurante también tiene la suya. El único lugar donde encuentra una gran selección es en un *Biergarten*.

La mejor cerveza de todas, según los expertos, es la de Munich. Pero también recomiendan la de la región del río Rhin, donde están Francfort y Colonia. A mí personalmente me gustan todas. Escoger no es fácil.

Sí le digo algo: si no le gusta la cerveza, ni se moleste en probarla porque no le va gustar. Esta sí es cerveza de verdad, la que saca pelos en el pecho, amarga y pesada, como Dios manda.

Por cierto, "salud" en alemán se dice *prost*.

# PAN Y "KUCHEN"

**L**os 10 millones de marcas de cerveza sólo compiten en cantidad con los 20 millones de tipos de pan que hay en Alemania. Este es un país de panaderos y amantes del pan y sus derivados.

En realidad, no son 20 millones, sino aproximadamente trescientos tipos de pan, *Brot* en alemán. Las panaderías alemanas son fabulosas y muy parecidas a las nuestras en latinoamérica. En ellas abundan los panes y panecillos dulces y salados hechos de todo tipo de harina: de trigo, cebada, centeno, *pumpernickel*.

Y si se trata de *Kuchen* (se pronuncia "cú-jen") es decir, tortas, tartas, pasteles, biscochos, *pies, donuts, cakes* o cualquier delicia horneada y dulce, la variedad de la repostería alemana también es inmensa y suculenta.

Algo tradicional en Alemania es la merienda de *Kaffee und Kuchen*, café y pastel, todas las tardes a las 4:00 pm. Y si el *Kuchen* se cubre con alguna crema dulce, o helado de vainilla, ¡umm! ¡Es un postre delicioso!

## COCINA INTERNACIONAL

**S**i nada de lo descrito hasta ahora le llama la atención y teme pasar hambre en Alemania, no se preocupe. En todas las ciudades donde se jugará el Mundial hay suficientes restaurantes italianos, chinos, japoneses, tailandeses, hindúes y franceses, que los más caros, para calmar su apetito. También los hay mexicanos, argentinos, cubanos y españoles, de los cuales les hablaré en la sección de sedes de la Copa. Y si está desesperado y tiene prisa, los McDonald's están proliferando rápidamente por toda Alemania.

Ahora sí, con el estómago lleno y el corazón contento, estamos listos para emprender nuestro recorrido por las doce sedes del Mundial, pero antes . . . viajemos a través del tiempo, desde el lejano primer Mundial de Uruguay en 1930 hasta nuestros días, porque como dice el dicho, "Recordar es vivir."

# NDO
# EMPO

## La Historia
## del Campeonato
## Mundial de
## Fútbol

# Uno:

# Nace el Mundial

**Si hay** una historia que honra el famoso dicho "el que persevera, triunfa," es la del nacimiento del Campeonato Mundial de Fútbol. Y como toda gran empresa humana necesita la visión de alguien y el sacrificio de muchos, la creación del evento deportivo más importante del planeta no fue la excepción. El nacimiento de la Copa Mundial de Fútbol fue, y permítame que me inspire, la conclusión natural de una serie de eventos, personalidades y circunstancias históricas que hace más de ochenta años convergieron armónicamente bajo la influencia y el carisma de uno de los hombres más visionarios de su época y un amante empedernido de un deporte apasionante.

Ahora le traduzco y le cuento.

## NACE LA IDEA

**E**l que tuvo la idea fue un abogado francés. Se llamaba Jules Rimet, y como yo, también era "presidente," aunque no de una "República," sino de la Federación Francesa de Fútbol y años después, de la joven Federación Internacional de Fútbol Asociado, la famosa FIFA.

Comenzaba la década del veinte y la Primera Guerra Mundial acababa de terminar. El fútbol cumplía cincuenta años de ser inventado por los ingleses y ya se jugaba en muchos países del mundo, especialmente en Latinoamérica.

Ya existían algunos equipos que llenaban estadios como River de Argentina, Peñarol de Uruguay, Colo-Colo de Chile, Guadalajara de México y Millonarios de Bogotá.

## DON JULES ENTRA EN ESCENA

**L**a FIFA también existía, pero todavía no era la poderosa e influyente organización que es hoy. Había sido fundada en 1904 y dieciséis años más tarde, la mayoría de sus miembros, veinte en total, eran europeos, y la pausa forzada de la guerra la había debilitado muchísimo.

Sin embargo, en 1921, la elección como presidente de Jules Rimet, de cuarenta y ocho años, cambió todo.

Don Jules no sólo logró incorporar nuevos miembros, estandarizar las reglas del juego y organizar las competencias de fútbol de las Olimpíadas; sino que, en menos de diez años, logró crear la Copa del Mundo.

Su mandato duró treinta y tres años y al retirarse en 1954, la organización tenía nada menos que ochenta y cinco miembros y ¡ya se habían jugado cinco Mundiales! Sin su pasión y perseverancia, la historia sería otra, y tal vez, ni este libro existiría.

Pero aquí estamos y el Mundial es hoy una realidad.

El próximo a iniciarse muy pronto en Alemania, le debe todo a este excepcional francés que tanto amó el balompié y entendió su potencial económico.

Pero volvamos al relato de cómo nació el evento.

**TRIVIA**

¿Quién fue el padre de la Copa del Mundo?

## PRIMER PASO: LOS OLÍMPICOS

**G**racias a las habilidades organizativas de Jules Rimet, a partir de 1921 el fútbol siguió propagándose por el mundo, hasta el punto de convertirse en una de las mayores atracciones de los Juegos Olímpicos.

En los de París de 1924 y luego en los de Amsterdam del 28, participaron veinticuatro países y los europeos se maravillaron con el avance de los sudamericanos en este deporte, especialmente los uruguayos. En esas dos Olimpíadas, los Charrúas golearon a todos sus oponentes y ambas veces ganaron invictos la medalla de oro.

¡Y de qué manera!

En París, por ejemplo, golearon a Yugoslavia ¡7–0!; al anfitrión, ¡5–1!; y 3–0 a Estados Unidos. Cuatro años después, en Amsterdam, repartieron palizas similares y volvieron a llevarse el oro. Todo los diarios del mundo reportaron la hazaña, y el fútbol recibió un empujón publicitario inesperado y sin precedentes.

Y claro está, la FIFA se fortaleció como organización internacional.

# EL NACIMIENTO DEL MUNDIAL

Fue precisamente después de la Olimpíada de Amsterdam que Don Jules Rimet aprovechó la reunión anual de la FIFA para lanzar una gran idea: "¿Por qué no organizamos una competencia internacional, igual que las Olimpíadas, cada cuatro años, pero que sea sólo de fútbol? ¿Qué les parece?" La idea les encantó a los allí reunidos. De inmediato la aprobaron y crearon un trofeo llamado la Copa FIFA con el cual galardonarían al ganador. Así nació el Mundial de Fútbol, así de fácil, el día 28 de mayo de 1928. El rollo vino después.

## ¿DÓNDE QUEDA URUGUAY?

El evento se celebraría en 1930. Seis países se ofrecieron para organizarlo: Italia, España, Hungría, Suecia y Holanda. El sexto, Uruguay, era justamente el país que Rimet favorecía. Y tenía sus razones.

Se trataba del mejor equipo del mundo, el flamante Bicampeón Olímpico que había ayudado con su fama a propagar el balompié por todas partes. Además, en 1930, el país cumplía cien años de su independencia. El honor de organizar un evento de tal magnitud era un tributo más que apropiado. Y como Don Jules sabía que los votos sudamericanos le servirían para su reelección, pensó que era justo darle la sede a los uruguayos.

"¿Uru queeé?" fue la reacción colectiva.

"Eso está muy lejos," decían unos. "Cuesta mucho dinero viajar hasta allá," reclamaban otros. "Va a tomar dos meses ir y venir y los equipos no pueden prescindir de sus jugadores por tanto tiempo," fue otra de las quejas. Por si fuera poco, todos se preguntaban: "¿Qué tipo de jugadores participarían? ¿Los amateurs, como en los Olímpicos, o los profesionales?"

El rollo fue grande y caliente. Pero no había más que hablar. Rimet prevaleció, se contaron los votos y el Mundial sería en Uruguay. ¡Al que no le guste, que no vaya!

Y así fue.

Los italianos fueron los primeros en declinar la invitación. Después se unieron Francia y España, luego Holanda, Suecia y Yugoslavia. Todos dijeron que "no" al tal "Mundial" de Uruguay. (Note que los problemas políticos del fútbol no son nada nuevo, sólo cambian los protagonistas.)

## LA BRONCA INGLESA

El más ofendido fue Inglaterra. No sólo argumentaba lo ya mencionado, sino que también estaba en pie de guerra con la FIFA por aquello de "los profesionales." Su liga ya lo era y como la FIFA aún no se ponía de acuerdo sobre quién era o no "profesional," no le permitía a los ingleses participar en torneos amateurs.

Para mayor rabia británica, el resto de Europa practicaba un sistema disfrazado de "profesionales" bajo la aprobación tácita de la FIFA.

Por consiguiente, Inglaterra decidió también no participar en el primer Mundial y ¡retirarse de la FIFA de una vez por todas! La bronca les duraría dieciocho años e hizo que los ingleses se perdieran los primeros cuatro Mundiales.

Y había más problemas . . .

**TRIVIA**

¿Por qué Inglaterra no jugó en el primer Mundial?

## SE ROMPE LA BOLSA

Inesperadamente, a finales de 1929 la economía de los EE.UU. se desploma con el *crash* de la bolsa de Nueva York y a partir de 1930 todo el planeta se sumerge en una devastadora depresión económica.

Esto hizo que más países declinaran ir a Uruguay, a pesar de las promesas charrúas de correr con todos los gastos de viaje y alojamiento de los participantes.

"¿Habrá Mundial? ," se preguntaban todos.

Mundial hubo, pero boicoteado.

## UN POCO DE HISTORIA

Antes de irnos a Montevideo y comenzar a revivir la fascinante historia de la primera Copa del Mundo, le pregunto lo siguiente: ¿Cuántos Mundiales ha habido? ¿Quién ganó el primero? ¿Cuál fue el mejor de todos? ¿Cuántos jugó Pelé? ¿Y Maradona? ¿Quién anotó más goles? ¿En cuántos ha participado México? ¿Cuándo debutó Colombia? ¿Ha participado Honduras? En fin . . . las preguntas abundan.

La historia de los pasados Mundiales es extensa y maravillosa. Es el capítulo más fascinante del gran libro de la historia del fútbol. Y como dijo un amigo: "No se puede disfrutar un Mundial sin saber que pasó en los otros." No sé si es cierto, pero suena bien.

Tener una visión panorámica de lo que ha sido desde 1930 el evento deportivo más popular y exitoso del planeta Tierra, es un ingrediente indispensable de cualquier dieta mundialista.

Es más, hay tantos datos curiosos y llamativos, que cuando uno los menciona durante un partido ante amigos o recién conocidos, ya sea en un estadio o frente a la tele, uno luce bien y puede impresionar a cualquiera, hombre o mujer. Usted nunca sabe cuándo nombres como "Puskas" o "La Araña Negra," o anécdotas como "El Maracanazo," "La Batalla de Berna" o "La Mano de Dios" le van a servir de algo. ¿Listo?

# LA CLASIFICACIÓN HISTÓRICA

**P**ermítame que le clasifique los diecisiete Mundiales de la siguiente manera:

Los Mundiales Prehistóricos (3)
Los Mundiales Antiguos (4)
Los Mundiales Modernos (4)
Los Mundiales Contemporáneos (6)

Los *Mundiales Prehistóricos* son tres: Uruguay 1930, Italia (primera edición) en 1934 y Francia (primera edición) en 1938.

Los *Mundiales Antiguos* fueron cuatro: Brasil 1950, después de la Segunda Guerra Mundial, seguido por Suiza 54, Suecia 58 y Chile 62.

Los que yo llamo *Mundiales Modernos*, muchos de nosotros los recordamos porque los vivimos "en vivo, vía satélite" por televisión, fueron los últimos con dieciséis participantes y son cuatro: Inglaterra 66, México (primera edición) en 1970, Alemania (primera edición) en 1974 y Argentina 78.

A partir de España 82, el Mundial aumentó su número de países participantes a veinticuatro, expandió sus fronteras y se convirtió en un fenómeno comercial sin precedentes en la historia del deporte mundial, gracias a otro gran visionario de la FIFA, su nuevo Presidente, el brasileño Joao Havelange.

A ésta la llamo la Era los *Mundiales Contemporáneos*. Hasta ahora ha habido seis: España 82, México (segunda edición) en 1986, Italia (segunda edición) en el 1990 y USA 94 (primera vez en un país no futbolero). En Francia 98, el número de países aumentó a treinta y dos y se mantuvo en el más reciente, Corea del Sur y Japón del 2002, el único Mundial celebrado simultáneamente en dos países. Alemania (segunda edición) en el 2006 también contará con treinta y dos participantes.

Si alguien le pregunta de dónde sacó esta clasificación de los Mundiales, simplemente dígale que la leyó en el libro de Fernando.

Ahora sí, listo. ¡Metámonos en el baúl de los recuerdos!

# Dos:
# Los Mundiales
# Prehistóricos
## (1930–38)

### Los Mundiales Prehistóricos:
### de Uruguay 30 a Francia 38

**L**os primeros tres Mundiales de fútbol se jugaron hace tanto tiempo que tal parece tuvieron lugar en la prehistoria. Lo cierto es que ocurrieron hace menos de cien años.

En ese entonces, el deporte era el mismo y se jugaba casi con las mismas reglas. La diferencia estaba en el balón (mucho más pesado), las camisetas (se abotonaban) y los jugadores (la mayoría eran amateurs).

El número de países practicantes era muy pequeño, tal vez un tercio de los que hay hoy en día. Los estadios también eran pequeños. Los viajes eran largos y en barco. La aviación todavía estaba en pañales. Había muchos diarios y la radio crecía apresuradamente en todo el planeta, pero no había televisión, sólo cine mudo. Tampoco había tanto dinero en juego.

En otras palabras, ¡era realmente la prehistoria!

### Uruguay 1930:
### El Primer Mundial

**P**ara mí personalmente este primer Mundial prehistórico siempre ha estado presente en mis recuerdos.

¡Ya sé, ya sé! Yo todavía no había nacido en 1930, pero el evento ha formado parte de la historia de mi familia desde que yo tengo uso de razón.

Le cuento.

## LOS FIORE Y EL CENTENARIO

No sé si lo sabe, pero mi querida madre, María Teresa Fiore, Q.E.P.D., era uruguaya, nacida en Montevideo en 1922. A finales de los años cincuenta emigró a la Argentina donde conoció a mi padre, Manuel García Díaz, que era argentino. Allí se casaron y vivieron hasta 1980 cuando la familia se mudó a los EE.UU. Yo nací en 1960.

Como buena uruguaya, y bajo influencia de cinco hermanos mayores, mi madre se crió amando el fútbol. La Selección Uruguaya y el equipo Nacional de Montevideo eran la luz de su alma de fanática.

Para ella, ir con sus hermanos los domingos a la cancha del Estadio Centenario en el Parque de los Aliados de Montevideo, era uno de sus pasatiempos favoritos y uno de los recuerdos más dulces de su juventud.

Desde que yo tengo memoria, la escuchaba hablar con nostalgia y elocuencia de aquellas tardes de fútbol: los clásicos Nacional–Peñarol, las eliminatorias de los mundiales; las visitas de los equipos argentinos e italianos, la Copa América del 42 y el 56. En fin . . . ¡mamá hasta recordaba las golosinas que vendían en las tribunas!

Pero ella no era la única en la familia con anécdotas del Centenario. Hoy, al escribir estas líneas, me viene a la memoria otra anécdota que asocia sin pretensiones a los Fiore con la historia de los Mundiales.

## EL "TÍO NEGRO"

Resulta que un hermano de mi vieja, Luis Fiore, "Tío Negro" le decíamos, fue uno de los cientos de albañiles que a toda carrera trabajaron incansablemente en la construcción del Centenario.

Este hecho en sí no es gran cosa, pero como verán más adelante, la construcción fue tan accidentada y tuvo tantos contratiempos que todo el que allí trabajó ¡vivió el resto de su vida contándolo!

Tío Luis no fue la excepción. ¡Yo crecí escuchándolo!

Por eso es que cuando visité

el Centenario por primera vez en mi vida, en el verano de 1967, con siete años de edad, sentí que ya lo conocía. Fue todo un *déjà vu*. Y como todos los veranos de mi infancia los pasé en el Uruguay, volví muchísimas veces a esa cancha y aprendí a quererla como si fuera mía.

## EL CENTENARIO NO ESTÁ LISTO

**C**omo ya vimos, realizar el Mundial no fue nada fácil. Buena parte de Europa lo boicoteó y la depresión mundial le complicó los planes a los que sí querían ir. Para colmo de males, la construcción del estadio sede del evento estaba atrasadísima.

Para empezar, las obras arrancaron muy tarde, apenas seis meses antes del inicio de la competencia, y segundo, a sólo días de la inauguración, fuertes lluvias azotaron al Uruguay inundando la cancha e impidiendo que el cemento de las tribunas se secara. Aquí es donde entra "Tío Negro" con sus anécdotas.

Él relataba cómo, debajo de inmensos toldos plásticos, él y sus compañeros albañiles vertían el cemento en las tribunas y lo soplaban con ventiladores gigantes y sopletes de aire para ayudarlo a secar. La lluvia era torrencial y la presión sobre los trabajadores inmensa.

Había, sin embargo, un sentimiento patriótico entre los obreros, según mi tío. Lo hacían por el Uruguay y su reputación internacional. El estadio *tenía* que estar listo y el Mundial *tenía* que celebrarse a como diera lugar. No iban a darle la satisfacción a todos aquellos que lo boicotearon.

"¿Habrá Mundial? " seguía siendo la pregunta.

Mundial hubo, pero no empezó en el Centenario.

## "BUSQUEN OTRA CANCHA"

**E**se fue el mensaje del exhausto y frustrado jefe de proyecto, el arquitecto Juan Antonio Scasso.

A pesar de los tres turnos diarios de trabajo, uno de ellos de noche bajo inmensos reflectores de luz, y después de haber gastado un millón de dólares, "un dineral," decía "Tío Negro," llegó finalmente el 13 de julio, día de la inauguración.

Pero . . . el Centenario no estaba listo.

Finalmente, deciden jugar los primeros partidos del evento en la cancha del Parque Central de Nacional y en la de Peñarol del barrio Pocitos. Allí se jugaron los primeros ocho encuentros del torneo. El Parque Central pasó a la historia como la cancha donde se jugó el primer partido de un Campeonato Mundial de Fútbol. La cancha

*Mi madre María Teresa Fiore junto a mi tío Luis "El Negro" Fiore.*

todavía existe y en el 2005 Sepp Blatter, Presidente de la FIFA, visitó Montevideo y colocó una placa conmemorativa.

**TRIVIA**
¿En qué estadio se jugó el primer partido de los Mundiales?

No fue hasta la semana siguiente, el 18 de julio, cuando finalmente se pudo inaugurar el Centenario.

Mamá contaba que algunos diarios locales calificaban de "una locura" el meter a tanta gente, ¡70 mil personas!, en tribunas con cemento mojado. Algunos auguraban un desplome de la estructura. Afortunadamente, no pasó nada y el Centenario recibió al Mundial en su seno.

Cinco días más tarde.

## LOS GRUPOS

El 13 de julio, se echó a correr finalmente el reloj de estos Mundiales que hoy, setenta y seis años después, nos llevan a Alemania 2006.

Sólo cuatro países europeos viajaron a Montevideo: Francia (la tierra de Jules Rimet, ¿cómo le iban a decir que no al jefe?), Bélgica (que había tenido sus Olímpicos en 1920 y no le interesaba ser sede) y dos países pequeños: Rumania y Yugoslavia.

Los cuatro viajaron tal como se viajaba en ese entonces, por barco. Tardaron dos semanas a bordo del buque *Conte Verde* y el 5 de julio, una semana antes de comenzar el campeonato, arribaron al puerto de Montevideo junto con el Sr. Rimet, y después de parar en Río de Janeiro para recoger a la selección brasileña. Yugoslavia llegó tres días después en otro buque, el *Florida*.

**TRIVIA**
¿En qué Mundial participaron la mayor cantidad de países del continente americano?

A los cuatro europeos se unieron nueve equipos del contenente americano, incluyendo el anfitrión. Ellos eran: México, Estados Unidos, Argentina, Brasil, Bolivia, Chile, Perú y Paraguay. Gracias al boicot, Uruguay 30 fue la Copa Mundial que tuvo la mayor participación de países nuestros.

Una vez que llegaron los participantes (y no como se hace hoy en día, por adelantado) se sortearon los grupos y así quedó la competencia:

**Grupo A:** Argentina, Chile, Francia y México
**Grupo B:** Yugoslavia, Brasil y Bolivia
**Grupo C:** Rumania, Perú y Uruguay
**Grupo D:** Bélgica, Estados Unidos y Paraguay

Los ganadores avanzarían a una segunda ronda semifinal donde el equipo ganador del Grupo 1 jugaría contra el equipo ganador del 4, y el ganador del 2 contra el equipo ganador del 3.

## LAS ESTRELLAS

**N**o había muchas. Los jugadores uruguayos eran los más conocidos, casi todos mayores de treinta años y veteranos del 24 y el 28.

De ellos, el más famoso y admirado era el defensa José Nasazzi, capitán del equipo y mejor conocido como "El Mariscal" por sus dotes de líder. Había sido capitán en las dos Olimpíadas y en las tres Copas América que ganó Uruguay en 1923, 1924 y 1926.

Otras figuras charrúas importantes en esos años eran los goleadores del equipo: Pedro Cea (anotó cinco en esa Copa) y los dos Héctors, Héctor "El Mago" Scarone y Héctor "El Manco" Castro.

Los argentinos llevaban a quien resultó siendo el máximo goleador del torneo con 8 goles: el legendario Guillermo Stábile, estrella del Huracán de Buenos Aires y quien veinte años más tarde, fue técnico de la Selección Argentina. Duró diez años en el cargo y llevó a Argentina al Mundial de Suecia 58.

Otro argentino destacado era el sensacional mediocampista del San Lorenzo, Luis "Doble Ancho" Monti, quien en el Mundial siguiente se fue a jugar a Italia y es el único jugador en la historia de los Mundiales en jugar dos finales con dos equipos diferentes. Me estoy adelantando, ¡pero anoten la trivia!

> **TRIVIA**
> ¿Quién fue el primer goleador de un Mundial?

El más jovencito de la albiceleste era el centrodelantero Francisco "Panchito" Varallo. Tenía veinte años y después del Mundial tuvo una exitosa carrera y llegó a ser el máximo goleador en la historia del Boca con 181 goles.

## LOS FAVORITOS

**P**or la ausencia de tantas selecciones europeas y por ser Bicampeón Olímpico, Uruguay era el gran favorito.

También lo era Argentina, contra quien Uruguay había jugado la final olímpica del 28 en Amsterdam (Uruguay ganó 2–1). Francia y Bélgica tenían experiencia pero no se comparaban con el fútbol espontáneo y ofensivo de los rioplatenses.

¿Y los brasileños qué?

En 1930 estaban en sus "pañales futbolísticos" y aún no eran el Scratch (la Selección de Brasil) de veinte años más tarde.

El resto de los equipos del continente americano, incluyendo a México, tenían poca experiencia y jugaban primordialmente con jugadores amateurs. Los únicos que traían algo interesante en sus filas eran los estadounidenses, quienes alineaban con cuatro veteranos escoceses.

Así es como llegamos al histórico día 13 de julio de 1930 y se da comienzo al evento deportivo más importante jamás celebrado en tierra uruguaya.

## DEBUTA MÉXICO

**H**ubo dos partidos ese día. Uno en la cancha del Parque Central, donde EE.UU. le ganó 3–0 a Bélgica, y otro en la de Peñarol, donde México hizo su debut en un Mundial, contra Francia.

El Tri de ese entonces estaba formado principalmente por jugadores amateurs provenientes del América, del Atlante y del Necaxa.

Entre ellos había jugadores que más tarde se convirtieron en estrellas del fútbol mexicano, como el famoso "Récord" Rafael Garza, defensa del América, "el Diente" Felipe Rosas, mediocampista del Atlante y Luis Pérez "Pichojos," delantero del Necaxa. El entrenador era un español, Juan Luque de Serra Llonga.

En ese debut, México fue derrotado 4–1, pero Juan "El Trompo" Carreño, delantero del Atlante, anotó el gol mexicano y pasó a la historia.

**TRIVIA**
¿Cuál fue el primer Mundial de México y Estados Unidos?

**TRIVIA**
¿Quién anotó el primer gol de México en un Mundial?

## LA GRAN FINAL DEL CENTENARIO

**T**al como se esperaba, los dos favoritos del Río de la Plata cumplieron con los pronósticos y llegaron a la gran final, la primera de diecisiete que se han jugado hasta el día de hoy.

Durante el transcurso de este primer Mundial, ninguno de los dos tuvo equipos misericordia en golear a sus oponentes. Argentina le ganó 6–3 a México, 3–1 a Chile y en la semi le propinó 6–1 a los "gringuitos." Por su lado, los anfitriones se dieron un banquete de goles a expensas de Rumania ganando 4–0 y Yugoslavia ganó 6–1 en la semifinal.

Ahora se enfrentaban entre ambos y repetían la final olímpica de hacía dos años en Amsterdam.

Según muchos, aquella tarde del 30 de julio de 1930 en el

Centenario había ¡30 mil argentinos en las tribunas! Y así comenzó el mito de la "garra charrúa," esa fuerza indomable y famosa en todo el mundo que Uruguay utiliza cuando está por debajo en el marcador. Al irse al descanso perdían 2–1.

Lo que venía sería histórico.

"Tío Negro," quien consiguió entradas para el partido a través de la compañía constructora del Centenario, solía contar que el marcador parcial lo puso a sudar la gota gorda, tanto o más de lo que sudó construyendo el fulano estadio. Resulta que le había apostado a un amigo argentino 50 dólares en pesos por la victoria uruguaya, ¡un dineral en esa época!

Al empezar el segundo tiempo, Uruguay sacó la famosa garra y mi tío se alegró.

En pocos minutos Pedro Cea empató el partido. Minutos después "El Mago" Scarone lo puso 3–2 para los uruguayos. Cuando faltaban 2 minutos para el final, con los argentinos buscando desesperadamente el empate, "El Manco" Castro le dio la estocada a Argentina con el 4–2 final. Uruguay era Campeón del Mundo.

**TRIVIA**
¿Quiénes se enfrentaron en la final del primer Mundial?

"¡Un partidazo!" Así lo describió mi tío por muchos años.

## Italia 1934: El Mundial de Mussolini

Como el primero fue un éxito total, Jules Rimet y su FIFA se entusiasmaron y de inmediato se pusieron a organizar el segundo.

Se reunieron en Zurich en 1932 y decidieron que el turno le tocaba a Europa. ¿Y quién mejor que Italia que tanto lloró para obtener el primero?

### "IL DUCE"

En esos años, Benito Mussolini estaba en la cima de su popularidad como dictador de Italia. Cuando se enteró que les habían dado la sede del Mundial, el famoso *Duce* se volvió loco . . . loco de la emoción.

Animado por el potencial político del gran evento, Mussolini inmediatamente se involucró en la organización del mismo. Esta era una excelente oportunidad para mostrarle al mundo los logros de su revolución "fascista."

Dirigió la organización del evento, escogió personalmente las sedes, dio dinero para construir y remodelar estadios (uno de ellos, el de Turín, llevaba su nombre), ofreció boletos de tren gratis para los obreros y ofreció miles de entradas a bajo costo. Hasta habló con el técnico italiano, Vittorio Pozzo, para asegurarse de que Italia tuviese el mejor equipo posible. Dicen que hasta los amenazó de muerte si no ganaban. Al comenzar la Copa el día 27 de mayo de 1934, los *Azzurri* (la Selección de Italia) eran los favoritos junto con Checoslovaquia y España (cuyo arquero era el legendario Ricardo Zamora, "El Divino," según muchos, uno de los mejores de la historia).

## LA RADIO Y OTRAS INNOVACIONES

La primera innovación de este Mundial es que hubo eliminatorias. Uruguay fue por invitación. La FIFA seguía creciendo y ya tenía cincuenta miembros. Solo dieciséis irían a Italia.

La segunda innovación fue que el anfitrión también tuvo que participar en las eliminatorias, primera y única vez que se hizo esto. A los italianos les tocó ganarse el puesto ante Grecia y no tuvieron mayores problemas.

Otra peculiaridad de Italia 34 es que el campeón anterior no jugó. Fue el único Mundial donde esto ocurrió. Resulta que los uruguayos tomaron represalias contra los italianos por haber boicoteado su Mundial cuatro años antes y decidieron pagarle con la misma moneda.

Además, la FIFA decidió que la primera ronda sería de eliminación directa, es decir, si pierdes te vas a casa. ¡Imagínense hacer eso hoy en día!

Finalmente, este Mundial pasó a la historia como el primero que se transmitió por radio a varios países del mundo. (Recuerde que la tele todavía no existía.)

# LOS PROTAGONISTAS

En total quedaron dieciséis selecciones y la eliminatoria directa quedó así:

Italia elimina a EE.UU. 7–1
Checoslovaquia a Rumania 2–1.
Alemania a Bélgica 5–2.
Austria a Francia 3–2.
España a Brasil 3–1.
Suiza a Holanda 3–2.
Suecia a Argentina 3–2.
Hungría a Egipto 4–2.

Como vemos, por las Américas sólo participaron Argentina, Brasil y EE.UU. Argentina envió un equipo de segunda y Brasil todavía no era Brasil.

Estados Unidos por su parte, jugaba su segundo Mundial y tenía a dos estrellas. Uno era un chico de Boston, goleador nato, hijo de inmigrantes portugueses, llamado Adelino "Billy" Gonsalves, y el otro, un muchacho de San Luis, un danés nacionalizado, llamado Werner Nilsen. Ambos se fueron en blanco en Italia, pero vivieron para hacer historia en el *soccer* gringo como dos de sus mejores estrellas de todos los tiempos.

Hoy en día, Nilsen y Gonsalvez son miembros del Salón de la Fama del Soccer de los EE.UU. en Oneonta, N.Y. Cuando Nilsen recibió el honor póstumo de entrar al Salón, yo tuve el privilegio de estar presente en la ceremonia y compartir con su familia. La emoción que los embargaba era contagiosa. Vi correr más de una lágrima ese día con el discurso de aceptación de su hijo, Werner Nilsen, Jr.

Por cierto, el Salón de la Fama es un museo maravilloso. Si algún día tiene la oportunidad de visitarlo, no lo dude porque está muy bien hecho y muestra cómo el fútbol *soccer* no es cosa nueva en los Estados Unidos.

Pero volviendo al Mundial del 34, es importante resaltar que a los tres representantes del continente americano los enviaron a casa en la primera ronda. En otras palabras, viajaron más de 10,000 km para jugar un solo partido y regresar enseguida.

¡Qué perdida de tiempo! Ahora entendemos por qué la FIFA desechó este sistema en futuras Copas.

## ¿QUÉ PASÓ CON MÉXICO?

Lo mismo que pasa hoy en día: los EE.UU. los tiene en un puño y le echan una broma cada vez que pueden, ¿recuerdan el Mundial pasado? Para ir a Italia 34 a los aztecas les tocó jugar con "los USA" y se quedaron en el camino, 4–2, ¡ay! Si eso hubiese pasado en la eliminatoria para el Alemania 2006, ¿qué habría dicho Hugo Sánchez de Ricardo Lavolpe?

Lo más doloroso es que el partido eliminatorio no fue ni en México ni en los Estados Unidos. ¡Fue en Roma! Es decir, ¡México se tiró los 10,000 km para nada!

**TRIVIA**
¿Qué país eliminó a México de la segunda Copa?

## LA PRIMERA FINAL DE ROMA

El día de la gran final de Roma, el 10 de junio de 1934, *Il Duce* estaba presente en las tribunas del estadio, al que él mismo le había cambiado el nombre, de Estadio Nacional pasó a ser Estadio Nacional del P.N.F. (Partido Nacional Fascista).

En la cancha estaban los dos mejores equipos del torneo.

Por un lado, Italia, con sus dos estrellas, Giuseppe Meazza (el mejor futbolista italiano de la época, cuyo nombre lo lleva hoy el estadio de Milán) y Angelo Schiavio. Italia también alineaba, como les mencioné anteriormente, a Luis "Doble Ancho" Monti y a otros tres argentinos, hijos de italianos. Monti es el único jugador en haber jugado dos finales representando a dos países diferentes.

**TRIVIA**
¿Quién fue el máximo goleador de Italia 34?

El otro finalista era Checoslovaquia, que jugaba con el goleador de la Copa, Oldrich Nejedly (5 goles) y un arquerazo, Frantisek Pánica, el mejor del mundo en ese momento. Cuentan que el partido fue parejo y muy reñido. Terminó 1–1 y fue la primera final en irse a tiempo extra (la siguiente final en que sucedería esto sería Inglaterra 66).

**TRIVIA**
¿Cuál es el nombre del primer jugador en jugar dos finales con dos equipos diferentes?

A los 5 minutos del tiempo extra, con pase de Meazza, Schiavio anotó el gol de la victoria. Italia ganó 2–1.

Puede imaginarse a Mussolini brincando en su palco presidencial mientras abajo, en la cancha, su selección lo saludaba con el brazo extendido hacia arriba, como obedientes "fascistas."

**TRIVIA**
¿Cuál fue la primera final en irse a tiempo extra?

Pero qué importaba, Italia era *il campione del Mondo*.

## Francia 1938: El Mundial del Boicot

En el tercer Mundial de la Era Prehistórica, nuestro querido Jules Rimet volvió a salirse con las suyas.

"Ni aquí, ni allá," le dijo a los miembros de la organización. "Yo sugiero que sea en mi país." No se discutió mucho. Tampoco se votó.

Los candidatos eran Italia y Argentina. Italia solicitaba la sede nuevamente por ser el Campeón y Argentina porque según la promesa no escrita de la FIFA de alternar las sedes entre Europa y América, el turno le tocaba al Nuevo Continente.

Pero eso no sucedió.

Rimet volvió a prevalecer y de un "dedazo," como dicen en México, escogió a su país natal, Francia, para organizar el Tercer Campeonato Mundial de Fútbol, Copa FIFA.

### BOICOT AMERICANO

Argentina, por supuesto, no aceptó la decisión. Uruguay tampoco, por solidaridad con sus vecinos. Ambos decidieron no asistir.

El resto de nuestros países latinoamericanos clasificados, también se solidarizaron con Argentina y tampoco fueron. Ellos eran: México, El Salvador, Costa Rica y Colombia. Sólo Cuba y Brasil aceptaron participar y nadie sabe por qué. Cuba porque tal vez tenía muchas ganas de jugar su primer Mundial, y Brasil, ¿quién sabe? Quizás porque ya le había tomado el gusto al *futebol* y tenía más ganas que Cuba de jugar. Sea como sea, Brasil asistió a Francia 38 y Argentina no se lo perdonó por muchos años. Es más, aquí comenzó oficialmente la rivalidad entre estos dos colosos sudamericanos.

Hubo dos selecciones europeas que no se inscribieron para la competencia, España e Inglaterra. España, debido a su Guerra Civil, e Inglaterra por seguir peleada con la FIFA (como ya le conté, ¡la bronca duró dieciocho años!).

## CUBA Y LOS QUE SÍ FUERON

**E**n total eran dieciséis países. Además del anfitrión, que era Francia, y el Campeón, Italia, clasificaron las siguientes selecciones y se eliminaron entre sí de esta manera, utilizando la misma fórmula del Mundial anterior:

Suiza y Alemania
Francia y Bélgica
Checoslovaquia y Holanda
Italia y Noruega
Hungría y las India Orientales Holandesas (hoy Indonesia)
Suecia y Austria
Cuba y Rumania

Hablando de Cuba, le cuento que empató 3–3 con los rumanos en la primera ronda y hubo que jugar un partido de desempate. Cuba lo ganó 2–1 y avanzó a cuartos de final en su primer Mundial. ¡Increíble! Toda una hazaña para la modesta selección caribeña de ese entonces, formada mayormente por españoles nacionalizados que habían huido de la Guerra Civil de España. (La pregunta de trivia es: ¿En qué Mundial jugó Cuba?)

TRIVIA
¿Ha jugado Cuba en una Copa del Mundo? ¿Cuándo?

En la segunda ronda los eliminó Suecia 8 a 0. ¡No!

## EL PRIMER PELÉ

**S**i Brasil se hubiese unido al boicot americano, el mundo se habría perdido la actuación del primer superestrella carioca de la historia: "El Diamante Negro."

Su nombre era Leónidas da Silva, un espigado y escurridizo

delantero de veintiséis años, el precursor de la magia y popularidad que más tarde derrocharía Pelé.

Se le acredita con ser el creador del tiro de "bicicleta," "tijera" o "chilena," como quiera llamarlo. Fue también el primer futbolista en endosar un producto, una barra de chocolate llamada precisamente "Diamante Negro," en su honor.

Su popularidad no tuvo precedentes en Brasil y ayudó a convertir el fútbol en la pasión que es hoy en ese país.

Leónidas terminó siendo el máximo goleador del campeonato con 8 anotaciones y fue el primer jugador en anotar 4 goles en un partido de un Mundial. (¡Otra trivia más!) Ocurrió en el mejor encuentro de la Copa, y probablemente uno de los mejores de la prehistoria mundialista, el Brasil–Polonia de octavos de final.

Brasil ganó 6–5 en tiempo extra gracias a la magia del "Diamante Negro," quien según la leyenda, ¡jugó descalzo ese día! Pero la verdad es que se le salió un zapato al anotar uno de los goles.

Se retiró del fútbol en 1951 después de haber jugado en el Sao Paulo, Vasco de Gama, Botafogo y Flamengo. Falleció del mal de Alzheimer en el 2004 a los noventa años de edad.

TRIVIA
¿A quién le decían "El Diamante Negro"?

## LA PRIMERA FINAL DE PARÍS

La primera final francesa se jugó el domingo 19 de junio de 1938 en el Estadio Colombes de París. La segunda, sesenta años después en Francia 98, en otro estadio de París, donde Francia le propinó un 3–0 a Brasil. Pero me estoy adelantando. De eso hablaremos más adelante.

Al gran día llegaron, el Campeón del Mundo y favorito de la Copa, Italia, y Hungría, favorito del público francés.

A los italianos no los quería nadie (a pesar de tener al mejor centro delantero europeo de ese momento, Silvio Piola) porque habían eliminado al anfitrión en cuartos de final 3–1, y porque Mussolini seguía cayéndole gordo a todo el mundo.

El apoyo del público era para los húngaros, pero no sirvió de mucho. Aguantaron a los italianos lo mejor que pudieron, pero terminaron perdiendo 4–2. Piola anotó 2 goles esa tarde e Italia se convirtió en el primer Bicampeón Mundial de la historia.

Desafortunadamente, la Segunda Guerra Mundial se venía encima. Se desató un año después y el Campeonato Mundial de Fútbol de la FIFA tuvo que tomar un receso forzado de doce años.

Concluyendo así la Era Prehistórica.

# Tres:
# Los Mundiales
# Antiguos
## (1950–62)

## Los Mundiales Antiguos: de Brasil 50 a Chile 62

El Campeonato Mundial de Fútbol reinició sus actividades en Brasil en 1950. Desde entonces no se ha detenido. Por el contrario, ha crecido maravillosamente, pasando de una era a otra y convirtiéndose en el evento deportivo más popular del planeta.

En Brasil, el campeonato dejó atrás lo que yo he llamado la Era Prehistórica. Comenzaba la Era Antigua. La bauticé así sencillamente porque muy pocos de nosotros la vivimos. Ni siquiera nuestros padres, porque no había televisión.

La Era duró dieciséis años y sólo la conocemos por libros, artículos de prensa y el testimonio de algunos de sus protagonistas sobrevivientes. También por las películas que hemos visto a través de los años. Terminó con el Mundial de Chile en 1962.

¡Acompáñeme a ritmo de samba al Brasil de 1950!

## Brasil 1950: El Mundial que Perdió Brasil

En 1946, mientras Europa se recuperaba de la destrucción y muerte dejada por la guerra, la FIFA se reunió para tratar de revivir su Campeonato Mundial de Fútbol. Esta vez lo quieren hacer bien, mejor, como Dios manda, con la participación de todo el mundo, sin peleas, politiquería ni boicots.

Jules Rimet, quien para entonces ya llevaba veinticuatro años de Presidente de la organización, logró el cometido. No sólo devolvió la sede de la próxima Copa a las Américas, sino que también planeó las

subsiguientes, Suiza en 1954 y Suecia en 1958, dos país europeos en condiciones financieras para organizar el gran evento por no haber sufrido los estragos de la guerra.

Y por si fuera poco, Rimet se reconcilió con los británicos y éstos regresaron a la organización después de dieciocho años de ausencia.

En otras palabras, todo era paz y armonía en la FIFA. Tanto es así, que decidieron honrar a Don Jules rebautizando la Copa del Mundo con su nombre.

**TRIVIA**
¿En qué Mundial se comenzó a jugar la Copa Jules Rimet?

La única nota discordante la dio Argentina, quien decidió no ir al Mundial en represalia contra los brasileños. Recordemos que Brasil no apoyó el boicot americano del Mundial del 38. Como ven, las cosas no iban bien entre los colosos suramericanos, mas pólvora para la histórica rivalidad.

## EL MARACANÁ

El anuncio de la sede fue celebrado como un Carnaval en todo Brasil. De inmediato, los brasileros pusieron manos a la obra y entre las muchas cosas que construyeron, está el estadio de fútbol más grande del planeta Tierra. Así nació el glorioso Maracaná en el corazón de un barrio de Río de Janeiro.

**TRIVIA**
¿Cuál es la capacidad del Estadio Maracaná?

Lo construyeron en apenas dos años con una capacidad hasta ese entonces inimaginable, y todavía no superada, de ¡200 mil espectadores!

El fútbol ya era el deporte rey del Brasil y su producción de estrellas ya había comenzado. Es decir, un estadio de tal magnitud era lo más natural y apropiado para celebrar tan magno evento.

## ESTA VEZ SON TRECE

Originalmente eran dieciséis equipos pero solamente jugaron trece. Argentina, ya sabemos, se excusó y no participó. Austria y Turquía declinaron por razones económicas.

Los participantes fueron, además del Bicampeón que era Italia y el anfitrión, Brasil, los europeos España, Inglaterra, Suiza, Suecia y Yugoslavia.

Y de las Américas estaban: México y EE.UU. por Centro y Norteamérica, y Bolivia, Chile, Paraguay y Uruguay por Sudamérica.

## APARECEN LOS NÚMEROS, NUEVO FORMATO

Una de las novedades históricas de esta Copa de 1950 es que los jugadores lucieron números en sus camisetas por primera vez. La razón fue la radio: era la única manera que tenían los locutores para identificar a los jugadores en la cancha de un inmenso estadio. En términos del formato del campeonato, la FIFA descartó la primera ronda de eliminación directa utilizada en Francia y volvió al sistema de grupos. Debido a las ausencias, así quedaron los grupos:

**Grupo A:** Brasil, Yugoslavia, Suiza y México
**Grupo B:** Inglaterra, España, EE.UU. y Chile
**Grupo C:** Suecia, Italia y Paraguay
**Grupo D:** Bolivia y Uruguay

Para la segunda ronda clasificarían los ganadores de cada grupo y jugarían una serie de todos contra todos. Al final, el que obtuviera más puntos sería el campeón.

**TRIVIA**
¿En qué Mundial se usaron camisetas con números por primera vez?

## DEBUTA "LA TOTA"

La Liga Mexicana se había hecho profesional en 1943 y paulatinamente fue forjando nuevos ídolos nacionales. Entre ellos estaba el legendario Horacio Casarín del Necaxa, ya veterano, el mejor futbolista mexicano de los años cuarenta. También estaba el arquero del León de Guanajuato, un joven de veintiún años de edad, llamado Antonio Carbajal, mejor conocido como "La Tota." En Brasil jugó su primer Mundial.

**TRIVIA**
¿En que mundial debutó "La Tota" Carbajal?

Tuve el honor de conocerlo en la *República Deportiva* en diciembre de 1999. Lo invitamos como panelista de un programa especial dedicado a los mejores futbolistas del mundo en el siglo XX, según muchos expertos, él está en la lista. Nunca antes había estado yo en presencia de un futbolista tan famoso.

Se trataba del único jugador que había participado en cinco Copas Mundiales (récord que mantuvo hasta 1994 cuando el alemán Lothar Matthaeus lo empató) y específicamente, el único portero en la historia del fútbol en enfrentar a los mejores futbolistas del siglo.

Para Don Antonio, su primer Mundial quedó en su memoria con un sabor agridulce. Por un lado, dulce por haber sido el primero y porque México regresaba al gran evento después de veinte años. Pero por el otro, "amargo y triste" me decía, "porque la selección se armó

deprisa." Cambió de técnico a última hora (Octavio "La Pulga" Vial por Rafael "Récord" Garza), sólo entrenó por quince días antes de viajar a Brasil y en juegos de preparación fueron vencidos por el Real Madrid (7–1) y el Atlético de Bilbao (6–3).

"Para colmo de males," agrega Carbajal, "nuestro debut fue un desastre."

Llegaron a Brasil después de una semana en barco y les tocó abrir el evento el 24 de junio en Río de Janeiro, nada menos que contra el dueño de casa y en estadio nuevo. Perdieron por un feo 4–0 y pudo ser peor, si no hubiese sido por las jugadas sensacionales de "La Tota."

Después viajaron a Porto Alegre, casi un día de carretera, para perder 4–1 con Yugoslavia. En ambos partidos, el contraste entre las magníficas actuaciones de Carbajal y los abultados marcadores era inexplicable.

La despedida también fue amarga.

No sólo perdieron 2–1 ante Suiza (gol de Casarín), sino que también tuvieron que jugar con la camiseta prestada del Porto Alegre. El color de la camiseta azteca (rojo en ese entonces) se parecía a la del equipo suizo y un tonto determinó quien se la cambiaba.

**TRIVIA**
¿Contra quién jugó México con camiseta prestada en Brasil 50?

"O sea," recuerda Carbajal, "empezamos el partido perdiendo."

*De izquierda a derecha: Con "La Tota" Carbajal, Luis Blanco, Alfredo Domínguez Muro, Manuel Negrete y Oscar Restrepo.*

# EL "SHOCK" DEL SIGLO

**L**o llamo *shock* porque la sacudida fue en inglés.

Se la propinaron a Inglaterra el 29 de junio de 1950 en Belo Horizonte y está considerada como la victoria más grande e importante en la historia del Team USA, la selección de fútbol *soccer* de los Estados Unidos.

Era el tercer Mundial de los norteamericanos, en su mayoría jugadores amateurs provenientes de Boston, New York, Filadelfia y San Luis con poca experiencia internacional. Compartieron el Grupo 2 con España, Inglaterra y Chile. El debut fue frente a los españoles el 26 de junio en Curitiba y no pasó nada inesperado. España les ganó fácilmente 3–1.

Lo único memorable del partido es que el gol de EE.UU. lo anotó la estrella del equipo y uno de los mejores futbolistas que ha dado el *soccer* de ese país, John Souza, hijo de padres portugueses, criado en Boston y miembro del Salón de la Fama del *Soccer* estadounidense en Oneonta, NY.

El *shock* vino en el segundo partido.

Los gringuitos se enfrentaban en Belo Horizonte a Inglaterra, uno de los favoritos y, como dijimos, estaba participando en la Copa Mundial después de dieciocho años de estar peleada con la FIFA. Entre sus figuras estaban tres de los mejores jugadores de la historia del fútbol inglés: el gran Billy Wright, Tom Finney, y el mejor de todos, el legendario Stanley Matthews, ya de treinta y cinco años, considerado por muchos el mejor *footballer* británico de todos los tiempos (mejor que Bobby Charlton, dicen los que lo vieron jugar).

Para los jugadores norteamericanos, el partido iba a ser una repetición del debut o tal vez peor. Uno de ellos, Harry Keough de San Luis, describía el ánimo del equipo, el *mood* antes del partido, de esta manera: "Si España nos hizo 3, Inglaterra nos va a pasar por encima."

Keough lleva cincuenta y cinco años contando la historia. Es todo un personaje, un hombre alegre y lleno de vida a sus ochenta y dos años de edad. Y su español es impecable. Está casado con una mexicana

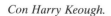

*Con Harry Keough.*

y juntos pasan los inviernos en Guadalajara. Lo conocí en el Salón de la Fama el día de la inducción de Marcelo Balboa y de mi gran amigo Fernando Clavijo.

"Me acuerdo de ese día como si fuera ayer," dice Don Harry al preguntarle por el partido. "Salimos a aguantar para que no nos golearan. No nos colgamos del palo porque era ilegal," agrega soltando una carcajada.

Y así fue. Los ingleses dominaron a placer pero no pudieron llegar. Los chicos del Team USA estaban muy bien plantados atrás, con una pared impenetrable. De vez en cuando hacían un contragolpe y se acercaban al arco inglés, pero sin mayores consecuencias.

Uno de esos ataques vino en el minuto 37 del primer tiempo. Walter Bahr, figura del equipo, hace un centro diagonal al área del portero inglés Burt Williams, donde se encuentra el centro delantero americano de origen haitiano, Joe Gaetjens.

El centro sale un poco desviado y cuando parece que Williams se dispone a salir de su arco a interceptarlo, Gaetjens se lanza de palomita para alcanzar el balón y lo roza con la cabeza.

Fue un roce "milimétrico," relata Don Harry, pero un roce lo suficientemente fuerte como para desviar el balón y sorprender al arquero inglés.

"Si Joe estuviese vivo y con nosotros aquí hoy, no sabría decirte cómo diablos le llegó a ese," dice Keough. "¡Mucho menos con qué parte de su cabeza lo tocó!"

El hecho es que el balón burló al arquero y se fue al fondo de la red. Gol. Gol de Estados Unidos.

Después de celebrar con sus compañeros, Harry recuerda que uno de ellos, Joe Maca, le dijo: "Se despertaron los ingleses. Ahora sí, agárrate el sombrero."

**TRIVIA**
¿Quién anotó el gol de Estados Unidos contra Inglaterra en Brasil 50?

El resto del encuentro fue de un sólo callejón, con los ingleses desesperados disparando al arco del portero Frank Borghi, quien tuvo una tarde inolvidable y ayudó a mantener el marcador. Al final, lo imposible ocurrió: la ceni-

*De izquierda a derecha: Con tres glorias estadounidenses del Mundial del '50: John Souza, Walter Bahr y Harry Keough.*

cienta del fútbol internacional le ganaba 1–0 nada más y nada menos que a los padres del fútbol.

*Unbelievable!*

Es como si hoy en día Bolivia le ganara a USA en . . . qué se yo . . . ¡fútbol americano! Algo así.

Al día siguiente, pocos en Estados Unidos se enteraron de la proeza. Solamente *The New York Times* la incluyó en su titulares. "A mí no me importa," dice Keough. "Yo sólo sé que estuve allí y lo viví. Nadie me lo puede quitar. Lo recordaré hasta el día que me muera."

El último partido fue contra Chile en Recife y los muchachos perdieron 5–2. Pero ese recuerdo se perdió con el éxtasis que les produjo su histórica hazaña de Belo Horizonte.

## LA RONDA FINAL

La jugaron cuatro equipos: Brasil, España, Suecia y Uruguay. En esta ronda todos se enfrentaban contra todos. Brasil empezó destrozando 7–1 a Suecia y luego humillando 6–1 a España. Su tercer partido era contra Uruguay, quien venía de empatar con España y vencer a duras penas a los suecos.

O sea, Brasil tenía 4 puntos y los uruguayos 3 al momento de enfrentarse. Era el último partido de la serie y de ahí saldría el ganador. En otras palabras, era una final. Con un empate los brasileños alzarían la Copa Jules Rimet por primera vez. Los Charrúas tenían que ganar para ser campeones.

Ya se imagina lo que vino después.

## EL "MARACANAZO"

Para que mida la magnitud del llamado "Maracanazo," transpórtese mentalmente al Brasil de ese día, el domingo 6 de julio de 1950.

El país acababa de organizar exitosamente su primer evento deportivo de envergadura; la fiebre del fútbol estaba encendida en todo el país; la Selección Nacional había goleado sin misericordia a todos sus rivales, produciendo 21 goles en cinco partidos; y tal como se esperaba, sus estrellas habían brillado al máximo. Ademir, el centro delantero, era el máximo goleador del torneo con 9 goles.

La lógica decía: "¡Pobre Uruguay! ¡Los van a masacrar!"

Pero como todos sabemos . . . no hay lógica en el fútbol.

Brasil saltó a la cancha del majestuoso Maracaná, abarrotado con 205 mil espectadores, en medio de cohetes, bombas y tambores. Estaba absolutamente convencido de que en 90 minutos más, sería el nuevo Campeón del Mundo.

Empieza el partido.

Ruido ensordecedor en las tribunas. Cantos, pitos y tambores. Brasil domina a gusto. Uruguay aguanta y contragolpea. Disparo de Oscar Omar Míguez. Pega en el palo. Brasil reacciona. Toques por aquí. Pases largos por allá. No pueden entrar. Avanzan los minutos. Disparan desde lejos al arco uruguayo. Roque Máspoli se luce. El público celebra. El gol brasileño no llega. Contragolpe "charrúa." Dispara Ruben Morán. Pasa rozando el arco. Termina el primer tiempo. Cero a cero.

"En 45 minutos más somos campeones," se decían a sí mismos los brasileños.

Se reanuda el juego. Brasil sale con todo. El concreto del Maracaná se estremece. Minuto 47, Zizinho y Jair hilvanan grandes jugadas. Una vez. Dos veces. Uruguay aguanta el vendaval. Jair se la pasa a Friaca. Dispara. Gol.

Brasil 1, Uruguay 0.

Algarabía absoluta. "Ya somos campeones," pensaban en Brasil.

Continúa el partido. Corren los minutos. Uruguay no pierde la calma. Su capitán Obdulio Varela, "El Negro Jefe," dirige la defensa. Minuto 67. Otro contragolpe. Uruguay ataca por la derecha. Pase largo de Varela al número 7, Alcides Ghiggia. Llega a la línea final, cruza hacia atrás. Entra "Pepe" Schiaffino. La empeina de primera. El balón va al ángulo. El portero Barbosa no puede hacer nada. Gol. Empate.

Silencio sepulcral.

Brasil todavía puede coronarse con el empate. Regresan los cantos. Disparan más cohetes. Bombas. Se oyen más tambores. Brasil acecha. Máspoli salva otra vez. Minuto 30. "En 15 minutos somos campeones." Ya falta poco. Minuto 34. Faltan 11. Otro ataque uruguayo por la derecha. Julio Pérez y Ghiggia se la pasan. Una, dos, tres veces. Ghiggia sale embalado con el balón hacia la línea. Se parece a la jugada del primer gol. Lleva la marca de Bigode encima. Ve que Barbosa sale del arco. Esta vez Ghiggia no corta hacia atrás. Patea. Abajo al palo. Barbosa se lanza. No llega a tiempo. Gol.

**TRIVIA**

¿Quién anotó el gol de la victoria del "Maracanazo"?

Uruguay 2, Brasil 1.

Sólo se escucha la celebración "charrúa" en la cancha. Las tribunas desaparecen. Se callan los tambores. Las gargantas se anudan. Ojos atónitos lloran. Incredulidad total. El corazón de una nación está partido. Destrozado.

Se acaba el tiempo. Brasil quiere pero no puede. El árbitro inglés Ridel suena los tres pitazos finales. Se acabó. Uruguay hacía historia, protagoniza el "Maracanazo" y se convertía en el segundo Bicampeón Mundial de la historia.

Un gran carnaval arrancó, pero no en Brasil, sino en la Avenida 18 de Julio de Montevideo. Según los relatos de mi vieja, ella y sus hermanos fueron los primeros en lanzarse a la calle. La fiesta fue apoteósica y duró toda la noche. Cientos de miles de uruguayos abrazándose unos a otros, cantando, bailando, llorando, embriagados. Hubo muertos en las calles y en algunas casas por ataques al corazón, al lado de los radios.

Brasil entero, en contraste, se sumergió en un luto nacional sin precedentes en su historia. También hubo muertos, pero de suicidios.

Tendría que esperar ocho años más para curar la pena.

## HABLA GHIGGIA

**C**uando conocí a Alcides Ghiggia me sorprendió su figura. Es pequeño y flaco pero está en excelente forma física para un hombre de setenta y nueve años. Se ve que la gloria lo conserva, le cae bien.

Me citó una tarde de septiembre del 2005 en el Museo del Fútbol del Uruguay en Montevideo. El museo es espectacular y está ubicado en el mejor lugar posible de todo Uruguay, el Estadio Centenario. Allí, frente a decenas de fotos suyas y un inmenso mural con la foto del famoso gol, hablamos de aquella final.

"Solo tres personas han callado al Maracaná," me dice seriamente y con cierto orgullo. "El Papa, Frank Sinatra y Alcides Ghiggia."

Se refiere al silencio sepulcral que consumió al famoso estadio aquella tarde hace más de cincuenta años, el mismo silencio que los brasileños guardaron años después en una misa de Juan Pablo II y durante un concierto de Sinatra en los años setenta.

"Lo único que se oía era la celebración nuestra," afirma Ghiggia y yo me imagino la escena: él y sus compañeros abrazándose frenéticamente en medio de la cancha, gritando de alegría, casi llorando.

Su memoria es privilegiada. No sé si porque ha contado la historia mil veces o porque hazañas así no se olvidan nunca. Se acuerda de todo lo que pasó con lujo de detalles, hasta el nombre de los fotógrafos uruguayos posicionados detrás del arco de Barbosa cuando marcó el famoso gol.

"Barbosa hizo lo lógico y yo lo ilógico," comenta Don Alcides al explicarme la reacción del portero brasileño en el segundo gol uruguayo. Barbosa pensó que Ghiggia iba a centrar hacia atrás nuevamente, como en el primer gol, pero no fue así.

"Barbosa esperaba mi centro y se abrió un poco, lo cual era lógico, pero yo hice lo ilógico y pateé al primer palo, sin ángulo," agrega con una sonrisa leve que rompe la seriedad de su relato.

Mientras me habla, miro hacia la inmensa foto del gol en color sepia que cubre toda una pared del museo. Barbosa está en el suelo, el número 6 brasileño, Bigode, se lleva la mano derecha a la cabeza y Ghiggia, con un gran número 7 en la espalda, emprende la carrera de la celebración. Todos los uruguayos conocen esta fotografía.

No es la única del "gol del siglo,"que hay en el museo. Están todas las que capturaron el instante desde diferentes ángulos, antes, durante y después del disparo de Ghiggia. También hay botines y camisetas de la selección "charrúa," así como también hay afiches, panfletos, objetos y más fotos de aquel y todos los Mundiales.

Al terminar el partido, Ghiggia cuenta que el Capitán del equipo, Obdulio Varela, el mismo que le había hecho el pase, lo levantó y le dijo: "¡Somos campeones, Negro, somos campeones!"

Después vino la confusión. Los uruguayos no sabían qué hacer, si quedarse a esperar la ceremonia de premiación o irse a los vestuarios.

"Sentíamos un desconcierto tremendo," recuerda Ghiggia. "Nos metimos en el túnel porque no aparecía nadie a darnos la Copa."

La Copa la traía desde su palco de honor del Maracaná el propio Jules Rimet. Le tomó varios minutos bajar a la cancha. Lo hizo antes de terminar el partido, cuando todavía iban 1–1. Nunca vio el gol

*Con Alcides Ghiggia, el héroe uruguayo del Marcanazo.*

uruguayo. Al llegar a la cancha, se encontró con una aglomeración de gente, sin protocolo, sin guardias, sin festejo. Buscó a los brasileños pero no los encontró. No entendía que estaba pasando.

Ghiggia relata que cuando Varela vio a Don Jules llegar con la Copa en la mano se le acercó y le dijo: "¿Me va a dar la Copa o no?"

Así fue como coronaron a Uruguay Campeón de Mundo, sin celebración solemne, sin discursos ni fiesta, en medio de una multitud de fotógrafos y curiosos.

"Agarramos la Copa y nos fuimos a los vestuarios," dice Don Alcides. Ahí siguieron festejando con botellas de champaña. Después se fueron a las duchas. El partido terminó a las 5:00 de la tarde. Esperaron que el estadio se despejara.

"A las 8:00 nos asomamos, vimos que todo estaba despejado y salimos calladitos. Subimos al ómnibus. En las calles no quedaba nadie."

Al día siguiente, Montevideo los recibía como héroes.

## Suiza 1954: El Mundial que Perdió Hungría

En 1954, Jules Rimet estaba listo para el retiro. Cumplía ochenta años de edad y la FIFA cumplía cincuenta.

La verdad es que podía retirarse satisfecho porque su Mundial, la gran obra de su vida, se alistaba para su quinta edición en la bella Suiza. El escenario no podía ser mejor. Era la nueva sede de la organización y además era un país hermoso, con ciudades espectaculares (Berna, Ginebra, Zurich, Basilea) y ajeno por completo a la destrucción de la Segunda Guerra Mundial.

Este sería el último Mundial de Don Jules. Apenas terminó, le entregó la Copa con su nombre al ganador y se retiró de la FIFA. Tal vez por eso el destino le rindió tributo. Suiza 54 fue, hasta ese momento, el mejor de los Mundiales, no por la organización, sino por los goles. ¡Se marcaron 140! ¡Un promedio de 5 goles por partido! Definitivamente, fue el más productivo. Dudo que este récord se llegue a superar.

**TRIVIA**

¿Cuál fue el primer Mundial transmitido por televisión?

## APARECE LA TELE

El Mundial de Suiza también pasó a la historia por la televisión. Fue el primero en ser televisado. Sin embargo, tal como sucede hoy en día con la alta definición, en 1954 el invento de la tele ya existía, pero muy poca gente lo tenía.

Fue un experimento de limitada difusión. La televisión estatal suiza transmitió solamente nueve partidos en vivo para las ciudades donde se jugaba y para algunos países vecinos. En el resto del mundo pobre, como en latinoamérica, el nuevo medio de comunicación aún no había llegado, o la gente simplemente no tenía televisor.

Sólo México, Brasil y Cuba disfrutaban de la nueva tecnología. La habían inaugurado en 1950.

Comparado con las audiencias astronómicas de hoy, la de Suiza fue insignificante. Se calcula que un total de 8 millones de personas vieron los partidos en la pantalla chica, nada mal para ser el primero.

## PRIMERA RONDA: ¡UN DESCARO!

**L**o único que empañó la memoria de esta Copa fue el formato de la competencia.

Por razones extrañas, tal vez la edad de Jules, quién sabe, la FIFA volvió a experimentar con la primera ronda y decidió formar cuatro grupos de dos cabezas de serie cada uno que no jugarían entre sí.

¿Cómo? Le explico.

**TRIVIA**

¿En qué Mundial debutó Corea del Sur?

En el Grupo A, por ejemplo, los cabezas de serie eran Brasil y Francia y no se enfrentaron entre sí. En el B estaban Hungría y Turquía, y tampoco se vieron las caras. Lo mismo Uruguay y Austria en el C, e Italia e Inglaterra en el D. La idea fue un descaro por parte de la FIFA para garantizar el avance de los favoritos. A pocos les gustó y muchos protestaron. Pero igual se aplicó.

En total clasificaron dieciséis países: doce europeos, tres latinoamericanos y un asiático, Corea del Sur, debutando en Mundiales.

## LOS AMERICANOS

**L**os representantes de nuestro continente fueron Uruguay, Bicampeón y todavía el mejor equipo del mundo, Brasil, con una selección totalmente renovada después del "Maracanazo;" y México, representando nuevamente a Norte y Centroamérica, y con "La Tota" jugando su segunda Copa.

## LOS EUROPEOS

**E**ntre los doce europeos estaba Inglaterra, asistiendo por segunda vez a una Copa del Mundo, y los de casa, favoritos de muchos, Suiza.

También estaba un país que reaparecía después de la Segunda Guerra Mundial, Alemania Occidental (en Brasil, la FIFA la había castigado por las atrocidades de la guerra).

Italia, Bicampeón Mundial, volvió a participar, siempre peligrosa y aguerrida.

Finalmente, el favorito y la sensación del momento, Hungría, conocida en todo el mundo civilizado como "la Maquina Húngara," "los Maravillosos Magiares" o simplemente "los Mágicos Magiares."

## LOS "MAGIARES" INOLVIDABLES

**E**l equipo era sencillamente sensacional. El mejor equipo del planeta. Contaba con varios jugadores excepcionales y estaba pasando por el mejor momento de su historia. Habían sido Campeones Olímpicos dos años antes en Helsinki y llevaban treinta y un partidos invictos en cuatro años.

Es más, antes del Mundial, en noviembre del 53, visitaron a los ingleses en el Wembley y les propinaron un 6–3 histórico, la primera derrota de Inglaterra en su propio patio. Todo el universo se enteró de la noticia.

TRIVIA

¿Quién era Puskas?

Entre sus estrellas habían dos superdotados. Uno era el capitán Ferenc Puskas, un zurdo fuera de serie, quien brilló años después en el Real Madrid y se convirtió en uno de los mejores futbolistas de todos los tiempos.

El otro grande era Sandor Kocsis, una máquina de hacer goles. Debutó en la Copa clavándole 3 a Corea, 4 a Alemania y 2 a Brasil. Terminó como máximo goleador del evento con 11 anotaciones en tan sólo cinco encuentros.

¡Un bárbaro!

Hungría comenzó el torneo como favorito absoluto de la prensa, los expertos y el público. Y tal como se esperaba, llegó a la final.

Pero ahí no terminó la historia. El partido jamás lo han olvidado en Hungría.

## "LA TOTA" Y "EL GÜERO"

**E**ste fue el tercer Mundial de los mexicanos y el primero que jugaron con la camiseta verde y los pantalones blancos.

También fue el primero para otro grande de México, uno que llegó a participar en tres Copas como jugador y dos como entrenador. Me refiero al Raúl Cárdenas.

Para clasificar, México no tuvo mayores problemas. Volvió a jugar con "La Tota" bajo los palos y eliminó fácilmente a los Estados Unidos (4–0 y 3–1) y Haití (8–0 y 4–0).

**TRIVIA**
¿En qué Mundial empezó México a usar la camiseta verde?

Pero poco antes del Mundial hubo un cambio de técnico. Renunció Horacio Casarín después de una desastrosa gira internacional y fue reemplazado por el español Antonio López Herranz.

La actuación en Suiza 54 fue menos amarga que la de Brasil 50. Jugaron dos partidos y casualmente, volvieron a debutar contra los brasileños. Esta vez perdieron 5–0 en Ginebra, el 16 de junio. "La Tota" no jugó ese día. Los goles se los hicieron a su suplente, Salvador Mota, portero del Atlante.

El segundo partido en Ginebra tres días después, fue el mejor de México hasta esos momentos en las Copas del Mundo. Carbajal salió como titular y según él, merecieron ganar.

"El árbitro le regaló un penalti a los franceses," me comentó Don Antonio cuando lo conocí.

El Tri se mandó un partidazo y remontó sorpresivamente un 0–2 contra Francia, con goles de José Luis Lamadrid, compañero de Carbajal en el León, y de Tomás Balcázar de las Chivas. Cuando ya todos daban el juego por terminado y empatado, el árbitro español vio una mano de Jorge Romo (Toluca) y cobró la pena máxima.

**TRIVIA**
¿En qué Mundial debutó Raúl Cárdenas como jugador?

Lo pateó nada menos que el famoso y legendario delantero francés Raymond Kopa (años después, estrella del Real Madrid). "La Tota" dio un paso hacia la derecha pero Kopa se la puso arriba, a la izquierda. Gol.

Francia ganó 3–2 y México se fue a casa, nuevamente en blanco.

"Asensi se llamaba el árbitro," comenta Carbajal. "Manuel Asensi. Nunca me olvidaré de ese nombre."

## SEGUNDA RONDA HISTÓRICA

Si la primera ronda fue controversial por su formato, la segunda borró el mal sabor.

Quedó grabada en la historia como una de las más electrizantes y espectaculares de todos los Mundiales. Incluyó tres partidazos que, de haber habido más televisores en el mundo, todavía estaríamos hablando de ellos.

Se trata del Austria–Suiza, el Hungría–Brasil y el Hungría–Uruguay. Los dos primeros en cuartos de final, el último en semifinales.

## LA GOLEADA DEL SIGLO

**N**o se la propinaron a un equipo, sino que se la repartieron entre dos. Ha sido la más grande de un Mundial, un récord aún no superado. ¡Con decirles que el primer tiempo terminó 5 a 4!

Los protagonistas fueron Austria y Suiza, el día 26 de junio en la cancha de Lausana. El marcador lo abrió Suiza a los 15 minutos y de ahí en adelante el partido fue un ping-pong de goles. Uno para ti, uno para mí. Uno por aquí, otro por allá. Cuando faltaban 5 minutos para cerrar la etapa inicial y el marcador iba 4–4, Suiza anotó el quinto.

Al empezar el segundo tiempo, el guión se repite.

Gol de Austria a los 8 minutos y empatan 5–5. Tres minutos más tarde, los austriacos se van arriba con otro gol. Logran mantener la ventaja y la avalancha suiza hasta el final del encuentro, cuando faltaban 5 minutos, anotaron el último gol poniendo el marcador en 7–5 y sacan a los locales del Mundial.

El austriaco Wagner anotó 4 goles esa tarde e igualó el récord de Leónidas de Italia 34.

## LA BATALLA DE BERNA

**L**o anticipado como un juegazo terminó siendo un bochorno.

Fue la primera y última trifulca de las Copas Mundiales y una que muchos quisieran olvidar, especialmente la FIFA. Ocurrió el 27 de junio de 1954 en la cancha del Estadio Wankdorf de Berna y la protagonizaron Hungría y Brasil (que a partir de esta Copa empezó a usar su casaca verde-amarilla).

**TRIVIA**

¿Cuál fue el primer Mundial de Didi?

Brasil recién comenzaba a calentar los motores en el torneo y jugaba con una de sus nuevas figuras y futura estrella del equipo, Didi. Golearon a México y empataron con Yugoslavia, suficiente para pasar a la segunda ronda. En sus mentes, sin embargo, todavía quedaba el amargo sabor del "Maracanazo."

"¿Qué mejor contrario que la Máquina Húngara para demostrar lo que somos?" pensaban ellos.

Hungría, como ya les conté, era la sensación del momento. Un partido de este calibre simplemente les aguaba la boca. "Si somos tan buenos, tenemos que demostrarlo ante estos sudamericanos," se decían los húngaros. (¡Digo yo!)

El primer tiempo terminó 2–1 para los Magiares, quienes jugaron sin Puskas por estar lesionado. Para el segundo tiempo, los brasileños salieron con más bríos en busca del empate.

Tal vez con más bríos de lo necesario.

Empezaron a jugar duro. No habían pasado 15 minutos y ya había dos jugadores expulsados, uno por cada bando. Un minuto después, Hungría les hacía el tercer gol. Esto alborotó a los brasileños y los puso a jugar más fuerte todavía en busca del descuento. A los 20 minutos lo lograron y no bajaron la guardia. Siguieron presionando y dando patadas hasta que faltaban 2 minutos para el final, cuando Hungría les clavó el cuarto y expulsaron a otro brasileño.

Con el pitazo final empezó la batalla.

Golpean al técnico húngaro en la cara. Botellazo para un brasileño (dicen que fue Puskas quien lo lanzó desde la banca). Patadas para Kocsis. Entran los fotógrafos y la policía. Más golpes y empujones. Entran masajistas y suplentes, parte del público también. Los húngaros huyen hacia los vestuarios, pero los brasileños los persiguen. Allí continua la reyerta. Llegan los directivos. Llega la policía. Finalmente todos se calman.

La FIFA nunca supo qué hacer con este bochornoso episodio, ¡menos mal que no había tanta gente viéndolo por televisión! La única conclusión fue culpar a los brasileños, pero sin multas ni castigos.

Y así quedó todo, ¡sin multas ni castigos!

Brasil empacó las maletas y Hungría avanzó a semifinales.

Años después, el árbitro del partido, el inglés Arthur Ellis recordaba la batalla en una entrevista: "Se comportaron como bestias. Fue una desgracia."

No quedó claro si se refería a los brasileños o a todos los involucrados.

TRIVIA

¿Qué partido se conoce como "La Batalla de Berna"?

## URUGUAY PIERDE EL INVICTO

Así fue. No perdieron ni en el 30 ni en el 50. En Suiza, jugando con muchos de los héroes del "Maracanazo," le ganaron a Yugoslavia 2–0 y golearon a Escocia 7–0 en la primera ronda. Luego despacharon a Inglaterra 4–2, en cuartos de final.

En la semi les tocó Hungría. El encuentro del 30 de junio en Lausana se vislumbraba como otro "partidazo." Con Brasil e Inglaterra eliminados, jugaban las dos mejores escuadras del planeta.

Lo esperado se cumplió. Fue un partidazo.

Ambos países jugaron de tú a tú por 90 minutos. Hungría se fue arriba 2–0, pero "la garra charrúa" no se hizo esperar. En los últimos 15 minutos del partido empataron con 2 goles de Juan Eduardo Hohberg, estrella de Peñarol y años después DT del Cúcuta de Colombia y el San Luis de México, y se fueron a la prórroga.

Para desgracia del Uruguay, la magia de Sandor Kocsis salió a flote en el tiempo extra y ¡opacó el esfuerzo de Hohberg! En 20 minutos anotó 2 goles y la cosa terminó 4 a 2.

Hungría estaba en la final.

Uruguay caía derrotado por primera vez en un Mundial y de paso perdía su corona.

## LA GRAN FINAL DEL BERNA (El "Wankdorfazo")

La gran final se jugó un domingo frío y lluvioso, el 4 de julio de 1954 en el Wankdorf de Berna.

Los húngaros regresaban al escenario de "la batalla" para enfrentarse a los alemanes, quienes venían de humillar a sus primos austriacos 6–1 en semifinales. Esta era la primera de las siete finales que han jugado los alemanes hasta el presente.

Los alemanes también buscaban una revancha contra Hungría, ya que les habían propinado una paliza vergonzosa de 8 a 3 en la primera ronda.

Los invictos húngaros no solamente habían demostrado su superioridad ante Alemania, sino que también se sentían inspirados tras haber dejado en el camino a los dos grandes de Suramérica, Brasil y Uruguay.

Y como Puskas regresaba a la alineación, sentían más confianza todavía.

El partido fue digno de una final, la primera por televisión. Desde las primeras jugadas, Hungría demostró su condición de favorito. A los 5 minutos Puskas anotó el primer gol y 2 minutos más tarde, Zoltan Czibor anotó el segundo.

Tal como le pasó a los brasileños en el Maracaná, los húngaros ya se sentían campeones.

Pero Alemania, al igual que Uruguay en el 50, no perdió la calma. Se le plantó duro a los húngaros y demostró que aquel nefasto 8 a 3 fue fortuito. A los 10 minutos descontó y a los 20 minutos empató.

Así se fueron al descanso. "Al reanudarse las acciones," como dicen los narradores famosos, Hungría se le fue encima a Alemania y empezó a bombardearlos. Llegaron a pegar tres balonazos en los palos y tal vez ahí nació la teoría, no muy científica, de un amigo que dice que "equipo que pega tiros en los palos, pierde." Según él, eso es indicio de mala suerte. ¡Vaya usted a saber!

Sea como sea, la suerte no estaba ese día con los "Mágicos Magiares."

TRIVIA

¿Cuál fue la primera final que jugó Alemania?

Después de dominar todo el segundo tiempo y después que el árbitro suizo les invalidó un gol, vino un contragolpe alemán que resultó mortal. El punta derecha, Helmut Rahn, conocido en Alemania como "El Jefe," el mismo que logró el empate en el primer tiempo, desempató el partido faltando 5 minutos para el pitazo final. Alemania 3, Hungría 2. ¿Quién iba a creerlo?

Lo que fue el "Maracanazo" para Brasil, se repetía con un "Wandorfazo" para Hungría. En Alemania todavía lo recuerdan como "El Milagro de Berna."

Aquí nació la otra teoría (¡mucho más científica que la de mi amigo!) de "no siempre gana el favorito."

Para Hungría era el fin de un sueño. La culpa se la echaron a Puskas por haber jugado lesionado. Al equipo entero lo ignoraron al volver a casa.

## FIN DE UNA ERA

La derrota en Suiza fue un mal presagio del destino de Hungría. Dos años más tarde, los rusos invadieron el país para reprimir un movimiento democrático y prolongar así el dominio comunista por más de treinta años.

Muchos de sus jugadores estrellas terminaron en el exilio, donde algunos encontraron el éxito. Puskas, por ejemplo, se fue a España y vivió años triunfales con el Real Madrid junto a Alfredo Di Stéfano. Kocsis se fue al Barcelona.

Futbolísticamente, Hungría nunca más se recuperó. En el siguiente Mundial no pasaron de la primera ronda y en el Inglaterra 66 fueron eliminados justamente por los mismos rusos. Se perdieron el México 70 y el Alemania 74. Reaparecieron en Argentina 78, pero perdieron todos los juegos.

Su próximo momento de gloria sería en España 82 cuando golearon 10–1 a El Salvador. Pero no les sirvió de mucho porque tampoco avanzaron a la segunda ronda.

Para Alemania 2006 ni siquiera clasificaron. El calvario húngaro continúa.

### Suecia 1958: El Mundial de Pelé

El Sexto Campeonato Mundial de Fútbol Copa Jules Rimet, Suecia 1958 fue el primero sin la tutela del francés.

Don Jules Rimet se retiró de la FIFA en 1954, apenas le entregó

¡Vamos al Mundial!

la Copa con su nombre a los alemanes. Tenía ochenta años. Falleció dos años después, en octubre de 1956.

Con él en la memoria, los suecos se dedicaron a organizar uno de los Mundiales más recordados de la historia. Y hay tres razones para ello: primero, una organización impecable. Segundo, un francés de apellido Fontaine, y tercero, un brasileñito con el sobrenombre "Pelé."

## LOS GRUPOS

Los organizadores suecos rechazaron el controversial sistema eliminatorio empleado en Suiza y aplicaron por primera vez, un sistema que duró varios Mundiales: cuatro grupos de cuatro equipos cada uno, donde todos juegan contra todos y los dos primeros avanzan a una segunda ronda de eliminación directa. No tiene ciencia.

Volvieron a participar dieciséis países y así quedó el sorteo:

**Grupo A:** Alemania Occidental, Checoslovaquia, Irlanda del Norte y Argentina
**Grupo B:** Francia, Yugoslavia, Escocia y Paraguay
**Grupo C:** Suecia, Hungría, Gales y México
**Grupo D:** Austria, Brasil, Inglaterra y la URSS

## GRANDES DEBUTANTES

Antes de nombrar a los nuevos, le aclaro que de los viejos hubo dos grandes ausentes en Suecia: los dos Bicampeones del Mundo, Italia y Uruguay. Los primeros fueron eliminados por Paraguay y los segundos por Irlanda del Norte.

Afortunadamente, la ausencia no se sintió porque la lista de jugadores que debutaron es, hasta el día de hoy, la más extensa y distinguida en la historia de los Mundiales. Incluye a una docena de jóvenes que eventualmente se convirtieron en máximas figuras de sus respectivos países y del balompié mundial.

Además del ruso Lev Yashin, la "Araña Negra," hacían su debut mundialista otros porteros legendarios, Amadeo Carrizo de Argentina y Gilmar de

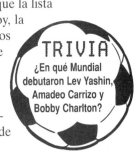

TRIVIA

¿En qué Mundial debutaron Lev Yashin, Amadeo Carrizo y Bobby Charlton?

Brasil. Argentina también estrenaba al "Pipo" Néstor Rossi y México su máximo goleador en la historia de las Chivas de Guadalajara, Salvador "El Chava" Reyes.

Inglaterra llevó a quien llegaría a ser uno de sus mejor futbolistas, la estrella del Manchester United, Bobby Charlton (aunque no jugó). Alemania presentó a una de sus futuras superestrellas, Uwe Seeler. Francia jugó con el delantero más goleador de los Mundiales, Just Fontaine.

Pero fue Brasil quien presentó al mundo la lista más impresionante de futuras estrellas: Garrincha, Zagallo, Vavá y el mejor de todos, un "garotinho" morenito de diecisiete años, llamado Edson.

## NACE "O REI"

**E**l nombre completo era Edson Arantes do Nascimento y por razones que él mismo desconoce, desde niño un amiguito lo empezó a llamar Pelé.

Así se quedó para siempre.

Nació en un pueblecito del Estado de Minas Gerais, Tres Corazones, el 23 de octubre de 1940. Su sueño siempre fue ser futbolista como su padre, jugador del Fluminense.

Cuando Edson tenía seis años, la familia se mudó al pueblo de Bauru, en el Estado de Sao Paulo y allí creció, pobre, jugando fútbol con pelotas de trapo y limpiando zapatos.

A los dieciséis años de edad, un ex jugador de la selección, Waldemir de Brito, lo vio jugar y lo invitó a presentarse a una prueba con un equipo profesional de la ciudad de Sao Paulo, el Santos.

Y como todos sabemos, "el resto es historia."

Al equipo le gustó el chico y le ofreció un contrato de $10 mensuales. El día 7 de septiembre de 1956, Pelé hizo su debut, entró como suplente, anotó un gol y se ganó el puesto. Poco a poco, partido tras partido, el "garotinho" fue captando la atención de los paulistas. Varios periodistas lo elogiaron y la gente empezó a reconocerlo y hablar de él.

**TRIVIA**
¿Cómo se llama el técnico que trajo por primera vez a Pelé a la selección de Brasil?

Durante todo el año 1957 la prensa nacional de Brasil escribió crónicas sobre el nuevo morenito del Santos. El nombre de Pelé empezó a hacer ruido en todo el país.

Un gordito de gafas oscuras, Vicente Feola, nuevo técnico de la Selección Nacional, en plenas eliminatorias para el Mundial de Suecia, se hizo eco de las notas de prensa y fue a verlo jugar.

Lo vio, le gustó y lo convocó.

Lo puso a jugar en un partido amistoso frente a Argentina a finales de 1957. Pelé entró en el segundo tiempo pero fue suficiente para que luciera sus mejores virtudes: velocidad, inteligencia y en especial, una calma y frialdad inusitada para un chico de esa edad. El "gordo" veía en el chico un diamante en bruto con un futuro excelente. Sin embargo, pensaba que no estaba listo para un Mundial. Su plenitud, según Feola, llegaría en cuatro años más, para el Mundial de Chile en 1962, no en Suecia en 1958.

Decidió no llevarlo.

Entra en escena Joao Havelange.

## APARECE DON JOAO

Joao Havelange era el nuevo presidente de la CBD, la poderosa Confederación Brasileña de Deportes. Un visionario.

En su nuevo cargo se planteó la misión de modernizar el fútbol brasileño. Su meta era borrar la mala imagen de Berna, sacarse la espina del "Maracanazo" y ganar una Copa del Mundo.

Para ello, había que escoger muy bien a los jugadores, desarrollar nuevas figuras, darles todo el apoyo necesario y especialmente, enseñarles disciplina. En la filosofía de Havelange, al jugador había que prepararlo no sólo física sino también mentalmente.

Él fue el primero en el mundo en contratar a un médico, un dentista y un cocinero para una selección nacional. Hasta un psicólogo trajo para el Scratch.

Feola comulgaba con la filosofía de su jefe, pero disentía en un sólo punto: Pelé. Joao pensaba que el muchacho tenía que ir a Suecia, pero el técnico decía que no, "todavía le falta." Joao insistía y el "gordo" se resistía. Joao presionaba y el "gordo" rehusaba.

Ya sabemos quien ganó la pelea.

Pelé viajo a Suecia.

Feola, sin embargo, se salió con las suyas. No lo puso a jugar, ni en el debut frente a Austria, ni en el segundo partido contra Inglaterra.

Vuelve a entrar Havelange en escena.

No sabemos exactamente que le dijo al "gordo," pero Pelé estuvo en la alineación del tercer encuentro frente a la URSS.

## EL NUEVO SCRATCH

El Scratch del 58 incluyó a cuatro jugadores que junto a la "Perla Negra," vivieron para hacer historia en Brasil.

Ellos eran el portero Gilmar, el centro delantero Izidio Neto, mejor conocido como Vavá y dos punteros, Mario "El Lobo" Zagallo por la izquierda y Manoel Dos Santos, el sensacional Garrincha, por la derecha.

Del Mundial anterior sólo quedaban los dos "Santos," Nilton y Djalma (sin parentesco alguno) y Valdir Pereira, el motor del equipo, el famoso Didi.

Solo Gilmar y Zagallo eran titulares. Ambos debutaron frente a Austria, y Brasil ganó 3–0. Vavá debuto frente a Inglaterra pero no pasó nada, terminaron 0–0.

Gracias a Havelange, Pelé hizo su debut mundial en el tercero, contra la Unión Soviética, el 15 de junio de 1958. Jugó muy bien y llamó mucho la atención de la prensa internacional. Ganaron 2–0 con goles de Vavá. Brasil avanzó a la segunda ronda.

"¿Viste Gordo?" me imagino a Havelange diciéndole a Feola después del partido.

A propósito de debuts, otro grande que jugó su primer partido de un Mundial ante los rusos fue Garrincha. También se llevó elogios de los periodistas. Así comenzaron las carreras mundialistas de los dos mejores futbolistas que ha dado Brasil, ¡y que por favor me perdonen Romario y Ronaldo!

En los cuartos de final, Brasil se midió con Gales. Feola volvió a alinear a Pelé, quien hizo el único gol del partido, su primero en Copas del Mundo. ¡Un golazo! En el video se ve como a los 25 minutos del segundo tiempo de un partido reñido, Pelé baja la bola con el pecho dentro del área, de espaldas al arco, se da media vuelta, se quita la marca y patea a la base del poste izquierdo del portero galés, Jack Kelsey. Gol. ¡Espectacular!

**TRIVIA**

¿Contra qué equipo debutó Pelé en un Mundial y a quién le anotó su primer gol? (¡Punto extra si nombra al arquero!)

Fue suficiente para que Brasil avanzara a las semifinales y el muchacho se ganara el puesto. El próximo capítulo sería histórico: Pelé cara a cara ante la otra sensación del torneo, Just Fontaine.

## JUST FONTAINE

Así se llama el hombre que hasta el día de hoy posee el título de "Máximo Anotador de Campeonatos Mundiales." Fueron 13 goles en total y hasta el día de hoy, después de cuarenta y ocho años y once Mundiales, nadie le ha quitado la corona.

Ni se le han acercado.

Cuando llegó a Suecia ese verano para jugar su primer Mundial, tenía veintisiete años y era la estrella del Reims de Francia. Su selección llegaba como favorita al evento y gracias a él, llegó muy lejos. En el debut le ganaron 7–3 a Paraguay y Fontaine anotó 3 goles. Después perdieron 3–2 con Yugoslavia, pero Fontaine anotó los 2 de Francia. En el tercer partido, vencieron 2–1 a Escocia y Fontaine volvió a anotar.

¡Seis goles en la primera ronda!

En los cuartos de final, "Justito" seguía con la pólvora encendida y metió 2 más en la victoria de 4–0 sobre Irlanda del Norte. Luego, en la semifinal, se encontraría frente al hombre, mejor dicho, el muchacho que le robó el *show* en Suecia.

## REAPARECE ARGENTINA (¡Qué desastre!)

En Suecia, Argentina jugó por primera vez un Mundial desde 1934. Recuerden que habían boicoteado el del 38 y el del 50 y Brasil los eliminó camino al Suiza 54.

Esta nueva selección Albiceleste acababa de ganar la Copa América de 1957 y su base era el equipo de mis amores, el River Plate de Buenos Aires. En ese momento era el Campeón de Argentina y pasaba por la mejor etapa de su historia: se habían coronado campeones en los años 52, 53, 55, 56 y 57.

El técnico de la selección argentina era Guillermo Stábile, el máximo goleador del primer Mundial. Convocó a trece jugadores del River, nueve de ellos titulares, algo inédito en la Argentina.

Entre ellos había luminarias como Néstor "Pipo" Rossi, "El Negro" José Ramos Delgado, "El Feo" Ángel Labruna, y como portero, el héroe de mi infancia, Amadeo Raúl Carrizo.

Desafortunadamente, a este equipazo le ocurrió en Suecia exactamente lo mismo que a sus herederos en el Mundial de Corea/Japón del 2002, cuarenta y cuatro años más tarde: llegaron de favoritos y se fueron en la primera ronda.

La diferencia es que lo de Suecia fue humillante.

Abrieron la Copa el 8 de junio en la ciudad de Malmo, perdiendo 3–1 con el campeón del Mundo, Alemania. Después se sacaron la espina en Halmstad ganándole 3–0 a Irlanda del Norte.

Para el tercer partido en una semana, el 15 de junio en Helsingborg frente a Checoslovaquia, Argentina sólo necesitaba un empate para avanzar. Ese día se les olvidó el fútbol y cayeron, mejor dicho, se fueron de boca estrepitosamente en una derrota catastrófica y vergonzosa.

¡6 a 1!

El primer tiempo terminó 3 a 0. Al comenzar el segundo,

Argentina descontó pero inmediatamente después les metieron 3 goles más. Fue la goleada más horripilante de la historia de la selección y del fútbol argentino, ¡olvídese del 5–0 que nos propinó Colombia en el 93!

En Argentina nadie vio el partido porque todavía no había televisión, pero sí lo escucharon por radio y leyeron las crónicas de prensa. Los periodistas no escatimaron en sus críticas. Fueron crudos e hirientes. Del técnico para abajo, nadie se salvó.

El más castigado fue precisamente mi ídolo. Toda la prensa coincidió en señalar a Carrizo como el gran culpable.

"La prensa fue despiadada conmigo," me comentó Don Amadeo cuando lo fui a entrevistar en su casa de Buenos Aires para este libro, el año pasado. "Fue muy duro para mí. Yo estaba acostumbrado a tener actuaciones sobresalientes. Yo admito la cuota que me corresponde, pero no creo que fui el único causante."

Carrizo me confesó que los checos tenían mejor preparación física y eran más jóvenes que ellos. "Nos pasaron por encima," comentó.

Labruna lo resumió de esta manera: "Fuimos con los ojos vendados, completamente a ciegas." Amadeo está de acuerdo.

El regreso a casa fue peor. Les tiraron "monedazos" en el aeropuerto y después, cada vez que River jugaba, los hinchas contrarios los ofendían y les recordaban el fracaso de Suecia.

"Muchos jugadores se desanimaron y bajaron su rendimiento," asegura Carrizo. "De hecho," dice, "River no volvió a ser campeón ¡en dieciocho años!"

La primera víctima, sin embargo, fue el técnico Stábile, quien renunció después de nueve años en el cargo. "Ahora tendremos que cambiar nuestros planes si queremos vencer a los europeos," fue su conclusión.

Les tomó veinte años cambiar. En 1978 ganaron su primera Copa y los argentinos borraron el amargo recuerdo. Todos menos Manuel García Díaz, mi padre.

*Con el legendario arquero argentino Amadeo Carrizo.*

# MI PRIMER MUNDIAL

**P**apá me hizo hincha del River y me inició en el culto de su jugador favorito, el gran Amadeo.

Mi habitación en Buenos Aires la adornaban fotos del legendario portero en agradecimiento a su inspiración, mis primeros pasos en el fútbol los di en el arco. Al igual que millones de pibes de mi generación, ¡yo también quería ser como Amadeo! El destino, obviamente, tenía otros planes para mí.

Como buen argentino y fanático del fútbol, papá nunca olvidó el fracaso en Suecia. Recuerdo que cuando yo era muy chico, mucho antes de ir al Uruguay y escuchar los cuentos del "Tío Negro" y la construcción del Centenario, yo ya escuchaba a mi padre hablar de Suecia.

Y lo hacía con frecuencia, con ira y frustración. No por la vergüenza que pasamos, sino por las críticas que le hicieron a su ídolo.

"Lo dejaron solo," lo defendía papá cada vez que alguien tocaba el tema, especialmente si eran sus amigos hinchas del Boca. Yo los veía

discutir acaloradamente, como buenos argentinos, pero no tenía idea de qué se trataba.

Según mi viejo, la culpa nunca fue del arquero. Esa fue su conclusión después de ver en el cine imágenes de cada uno de los 6 goles checos.

"¡Sólo un gol fue su culpa!" discutía con pasión. "Si no fuera por Amadeo, ¡nos hubieran hecho veinte!"

La anécdota hizo reír a Carrizo. Después me dijo: "Afortunadamente tu padre no era el único. Mucha gente me apoyó y nunca me abandonó. Mandale saludos al viejo," concluyó con una sonrisa franca. Le conté que había fallecido en 1982 y que seguramente se fue tranquilo sabiendo que su ídolo era inocente del humillante 6–1.

Así fue como conocí al gran Amadeo y cómo, gracias a él, tuve mis primeros conocimientos de un lugar llamado Suecia y de un evento llamado "el Mundial."

Por eso siempre digo que, técnicamente, Suecia fue mi primera Copa.

# EL PRIMER GOL DE MÉXICO

**E**n Suecia 58, México corrió con mejor suerte que Argentina. De igual manera los golearon y eliminaron en la primera ronda, pero

*Paseando por el jardín zoológico con me papá.*

al menos se llevaron un buen recuerdo. Todo gracias al país de Gales.

El Tri se había ganado el boleto a Suecia dejando en el camino a Canadá y Estados Unidos, y después a Costa Rica en una segunda ronda de la CONCACAF.

La base de la selección eran las Chivas del Club Guadalajara, en esos años, el mejor equipo de México. Acababan de ganar el primer campeonato de su historia en 1957 y a partir de ahí, ganaron cinco campeonatos más de la Liga Mexicana, ¡al hilo! ¡Se parecían a mi River! Por eso se ganaron el nombre de "Campeonísimo."

En total convocaron a siete jugadores del "chiverío": Héctor "Chale" Hernández, José "Jamaicón" Villegas, "El Niño" Paco Flores, Crescencio "Mellone" Gutiérrez, "El Tigre" Guillermo Sepúlveda y un delantero que llegó a convertirse en el máximo goleador de las Chivas de todos los tiempos, el maravilloso "Chava" Reyes.

El legendario portero del Guadalajara, Jaime "Tubo" Gómez, también fue convocado, pero no jugó. El puesto todavía le pertenecía a "La Tota," quien jugaba su tercera Copa.

**TRIVIA**
¿En qué Copa debutó el "Chava" Reyes de las Chivas?

También se convocaron a otros famosos del momento, entre ellos, Jesús del Muro, del Atlas, y "El Güero" Raúl Cárdenas, del Zacatepec, quien jugaba su segunda Copa.

El técnico seguía siendo el español Antonio López Herranz, pero el público y la prensa pedían a gritos al "Nacho" Tréllez, en ese momento el mejor técnico mexicano.

La solución de la Federación fue contratarlo como "Entrenador" del Tri al lado del español, quien viajó a Suecia con el título de Director Técnico. Imagínense si hubiesen hecho lo mismo este año con Hugo y Lavolpe. ¡Mama mía!

Tal como les pasó en Brasil 50, a los aztecas les tocó nuevamente inaugurar el Mundial frente al anfitrión, esta vez Suecia, en el Estadio Solna de Estocolmo. Fue el día 8 de junio. Jugaron bien pero perdieron 3–0.

Para el segundo partido en el mismo estadio, el día 11 de junio, los mexicanos sacaron las garras. En el último minuto le robaron un empate precioso al país de Gales, con un gol de cabeza de Jaime "El Flaco" Belmonte del Irapuato. Quedaron 1–1 y México obtuvo el primer punto de su historia. De ahí en adelante Belmonte fue conocido como "El Héroe de Solna." (Tome nota de la trivia).

Para el tercer partido contra Hungría en la ciudad de Sandviken, México parecía un hospital.

**TRIVIA**
¿Cuál fue el primer empate de México en un Mundial y quién anotó el gol?

Como todavía no se permitían los cambios, jugaron con "Chava," "La Tota," "El Tigre" y Jesús Del Muro (del Atlas) lesionados. Aun así, jugaron bien, pero volvieron a perder 4–0 ante Hungría.

Pero ya no importaba. Se llevaban a casa un puntito inolvidable. Tuvieron que esperar cuatro años más para ganar su primer partido, pero eso se los cuento más adelante.

## PELÉ VS. FONTAINE

**A**hora volvamos al duelo de Pelé y el francés de los 13 goles.

Brasil había avanzado a semifinales con el gol de Pelé a Gales, y Francia había hecho lo suyo ganándole 4–0 a Irlanda con 2 goles de Fontaine. ¡Ya llevaba 8 en cuatro partidos!

Inevitablemente, toda la atención de la prensa y del mundo entero estaba concentrada en el mano a mano que se avecinaba. Lo veían como una final anticipada. Se medía la mejor delantera, Francia, con 15 goles en cuatro partidos, y la mejor defensa, Brasil, con su valla invicta.

Jugaron en la cancha de Rasunda el día 24 de junio de 1958. Había 35 mil espectadores en las tribunas y un millón frente a los televisores.

La cosa fue así: Vavá abrió el marcador en el primer minuto, pero Fontaine empató 7 minutos más tarde. Siguieron empatados y bastante parejos por media hora. Faltando 6 minutos para el descanso, Didi anotó el segundo de Brasil.

Segundo tiempo: No se sabe qué instrucciones Feola le da a Pelé en los vestuarios, pero el pibe saltó a la cancha embalado. Anotó a los 7 minutos, a los 19 minutos y a los 30.

*Next!*

Pelé 3, Fontaine 1.

El pobre Just desapareció. Francia logró un segundo gol casi al final y el pleito pasó a la historia 5–2 a favor del Scratch.

Brasil estaba en la final por segunda vez en su historia.

## FONTAINE ROMPE EL RÉCORD

**E**liminados de la gran final, Francia se consuela con jugar por el tercer puesto. Se enfrentaban a Alemania, que acababa de perder su título de Campeón con los suecos en semifinal 3–1.

Hasta ese momento, el récord de más goles en un Mundial lo tenía el húngaro Sandor Kocsis con 11, logrados en la Copa anterior. Fontaine llegaba con 9 al partido. Era su oportunidad para borrar el mal sabor que le dejaron los brasileños y romperle el récord al húngaro.

Alemania pagó los platos rotos.

El "Justito" se soltó el moño y les hizo 1, 2, 3 y ¡pum! ¡4 a los alemanes! Francia los masacró 6–3 y Fontaine se despidió del torneo con 13 goles, dejando el récord bien alto para que nadie se lo tocara. Y no se lo han tocado.

**TRIVIA**
¿Quién es el máximo goleador de todos los Mundiales?

Han pasado cinco décadas y once Copas y el récord todavía es suyo. El que más se le ha acercado es el alemán Gerd Muller, quien anotó 10 en México 70, de él hablaremos más adelante.

¿Quién romperá el récord de Fontaine en este 2006? ¿Adriano? ¿Ronaldo? ¿Ronaldinho? ¿Borgetti? ¿Crespo?

¡Haga su apuesta!

## LA GRAN FINAL DE ESTOCOLMO (El "Rasundazo")

**B**rasil tenía una cuenta personal que saldar con ellos mismos. En el 38, Italia los paró en semifinales. En el 50, Uruguay les ganó la final en casa. En el 54, Hungría los dejó en cuartos de final. Ahora no podían permitir que Suecia repitiera la historia. Havelange se había marchado a Brasil para atender "asuntos de la Confederación," pero el chisme es que se fue para no encarar la vergüenza de una derrota. ¡Dicen!

Pero como dice el dicho, "A la tercera va la vencida," ¿o no?

Con esta motivación, el Scratch de Feola, luciendo sus nuevas promesas Pelé, Vavá y Garrincha, salió a la cancha del Estadio Rasunda de Estocolmo, mojada por la lluvia que cayó aquel domingo 29 de junio. La motivación de Suecia era ganar en casa su primera Copa, frente a su Rey Gustavo VI en las tribunas y evitar así un "Maracanazo" escandinavo.

¡Y empezaron ganando! A los 4 minutos abrieron el marcador.

Pero eso fue todo. De ahí en adelante Brasil tomó al toro por los cuernos y se lanzó a borrar su maleficio.

Vavá empató a los 9 minutos y aumentó el marcador a los 32 minutos rematando dos centros endiablados de Garrincha. En el segundo tiempo, a los 10 minutos, Pelé marcó el 3–1 con el gol más lindo del torneo. La tele mostró como Pelé dentro del área, con el defensa encima, bajó el balón con el pecho y se lo quitó de media vuelta. Inmediatamente se le acerca otro defensa y también se lo quita de encima ¡con un "sombrerito"! Cuando el balón va cayendo y antes de que toque el piso, Pelé lo lanza con la derecha al arco. ¡Fuácata! ¡Golazo!).

Zagallo anotó el cuarto 13 minutos después y Suecia descontó a los 35 minutos.

A Pelé todavía le quedaba gasolina.

Cuando todos creían que la final quedaba 4–2, selló la victoria con otro gol faltando 1 minuto de juego. Permítanme nuevamente que se los describa: Pelé está parado fuera del área y recibe un pase largo de Didi. Controla el balón y se lo pasa de taquito hacia atrás a Zagallo en la punta izquierda. Arranca a correr hacia el punto penal pidiendo el balón y al llegar, cabecea el centro de Zagallo y le mete el quinto gol al portero Karl Svensson.

Por eso también dicen que "No hay quinto malo."

Un periodista francés escribió en el *Paris-Match* que había nacido un Rey y así lo bautizó, *"O Rei du futebol."* El sobrenombre caló y lo demás es historia.

Brasil alzaba la "Jules Rimet" por primera vez y fundaba una dinastía futbolística que hasta hoy nadie ha podido igualar.

¡Ahora tóquenme una cueca porque nos vamos para Chile!

## Chile 1962: El Mundial de Garrincha

A la FIFA ya no le quedaba otra. Después de dos Copas seguidas en Europa, tenía que darle la sede del Mundial de 1962 a un país del continente americano.

Una vez más, como en el 38 y el 50, Argentina lo quería pero se lo dieron al otro candidato, en esta ocasión, a Chile. La FIFA se reunió en Lisboa, en junio de 1956 y la votación final fue de treinta y dos votos para los chilenos, diez para los argentinos y ¡catorce países no votaron! Interesante.

¿Y por qué Chile?

El crédito lo tiene un hombre que dio la vida por llevar el Mundial a Chile. En su discurso ante los delegados en Lisboa, en cuatro idiomas, lanzó una frase apasionada que hasta el día de hoy los chilenos recuerdan: "Porque nada tenemos, queremos hacerlo todo."

CAMPEONATO MUNDIAL DE FUTBOL
WORLD FOOTBALL CHAMPIONSHIP
CHAMPIONNAT MONDIAL DE FOOTBALL
COUPE JULES RIMET
CHILE 1962

Su nombre era Carlos Dittborn, Presidente del Comité Organizador del Chile 62.

Su célebre frase hacía alusión al hecho de que su país, pobre, subdesarrollado, con malas comunicaciones y pocas instalaciones deportivas, estaba dispuesto a echar la casa por la ventana si lo honraban con la sede.

Funcionó.

Dittborn regresó a Santiago con el Mundial y enseguida empezó a dirigir incansablemente la organización del Séptimo Campeonato Mundial de Fútbol, Copa Jules Rimet de 1962. La Copa viajaba de un extremo al otro de la Tierra, de Suecia a Chile, de Escandinavia a la Patagonia.

Y la verdad es que los chilenos lo hicieron todo. Desde carreteras, hoteles, aeropuertos y aduanas, hasta nuevos estadios. Construyeron el de Arica y expandieron el Estadio Nacional de Santiago, el Sausalito de Viña y el de Rancagua, cerca de la capital.

El proyecto les tomó seis años y cuando estaban en la recta final, dos años antes del Mundial, por cosas de Dios, un terremoto destruyó el sur del país, desde Chiloé hasta Concepción.

La FIFA se asustó.

Consideraron llevar la competencia a otra sede, pero ni Dittborn ni los chilenos lo permitieron. El gobierno del Presidente Alessandri intervino, las obras continuaron y el Mundial se inauguró en Santiago el 30 de mayo de 1962.

Dittborn, sin embargo, no estuvo presente.

Un mes antes del inicio, el 28 de abril, falleció de un ataque al corazón. Tenía apenas treinta y ocho años de edad. Su esposa estaba embarazada y lista para dar a luz. Sus dos hijos, Carlos y Juan Pablo, lo representaron en la emotiva inauguración, izando el pabellón nacional mientras la banda de la Escuela Militar entonaba el himno.

El padre seguramente miraba desde el cielo, junto a Jules Rimet.

## OTRA VEZ DIECISÉIS

El número de participantes seguía igual, dieciséis países, diez de Europa y seis de latinoamérica. No hubo representación asiática ni africana.

Volvieron a jugar con el sistema de cuatro grupos, con los 2 primeros avanzando a la segunda ronda de eliminación directa. Pero para que las selecciones no viajaran mucho, recuerden que no había muchas carreteras, decidieron que cada grupo jugaría en una sola sede. Así quedaron. Note lo parejo y difícil de los grupos, en el papel:

**Grupo A** (Arica): Unión Soviética, Yugoslavia, Uruguay y Colombia

**Grupo B** (Santiago): Chile, Suiza, Italia y Alemania Occidental

**Grupo C** (Viña del Mar): Brasil, México, España y Checoslovaquia

**Grupo D** (Rancagua): Argentina, Hungría, Bulgaria e Inglaterra

# DEBUTA LA ROJA

Una vez empezadas las obras para la Copa, el siguiente paso para Chile era armar la selección, la famosa Roja por el color de su camiseta.

La federación nombró al veterano Fernando "Tata" Riera como técnico y lo trajo de Portugal donde entrenaba al Belenense. El proceso de selección de jugadores fue largo y meticuloso, pero produjo el resultado esperado: la mejor Selección Nacional de todos los tiempos.

Los pilares del equipo eran el portero Misael "Gato" Escuti, el defensa Lucho Eyzaguirre, los medios Jorge "Chino" Toro y Eladio Rojas, y los delanteros Jaime Ramírez, Alberto "Tito" Fouilloux y la máxima estrella de la "Roja" y uno de los mejores futbolistas que ha dado Chile, Leonel Sánchez.

El día del debut en Santiago contra Suiza, el 30 de mayo, Chile estaba feliz. Era el país más democrático del continente, Pablo Neruda ya era famoso, Pinochet todavía no, Salvador Allende era un político con futuro, Violeta Parra ya cantaba, Don Francisco no salía al aire todavía y el "Bam Bam" Zamorano no había ni nacido.

La felicidad se completó con el triunfo ante los helvéticos. La Roja, jugando con camiseta blanca, arrancó perdiendo pero terminó ganando 3 a 1 con 2 goles de Leonel y uno de Jaime Ramírez. Empezaron con buen pie.

El segundo partido fue contra Italia, jugado en un ambiente tenso y políticamente cargado. Previo al Mundial, la prensa italiana publicó un par de artículos no muy halagadores sobre Chile, haciendo énfasis en su pobreza y sus problemas sociales. Como a nadie le gusta que le saquen sus trapos al sol internacionalmente, los chilenos se ofendieron muchísimo con los italianos.

Y como siempre sucede en estos casos, los futbolistas pagaron los platos rotos.

El partido fue duro y pesado, a veces violento. Se empujaron, se dieron patadas y casi se convirtió en "la Batalla de Santiago." Los chilenos fueron los que pegaron más duro. Leonel Sánchez hasta un puñetazo le tiró abiertamente a un italiano, pero el árbitro inglés expulsó al italiano. Después expulsaron a otro.

Italia terminó con nueve jugadores en la cancha. Chile no desperdició la ventaja numérica y ganó el partido 2 a 0, con goles de Jaime Ramírez, su segundo en el torneo, y un golazo desde fuera del área del "Chino" Toro.

Eventualmente, Italia se fue a casa temprano y Chile avanzó a cuartos de final, dejando atrás el resentimiento contra los italianos.

# DEBUTA COLOMBIA

Chile 62 tuvo la peculiaridad de ser el primer y único Mundial en que latinoamérica contó con dos plazas automáticas: Chile, por ser el anfitrión y Brasil por ser el Campeón. Esto benefició a Colombia, quien aprovechó para ganarse un puesto.

¡Valió la pena!

Los colombianos, entrenados por el famoso técnico argentino Adolfo Pedernera, hicieron historia mundialista con un empate sensacional y un golazo insólito, ¡al mejor portero del mundo!

"¿Cómo así?" se preguntará usted con buen acento colombiano.

"Ponga cuidado," le contesto yo, imitando a un "paisa."

"Venga, y le digo pues."

**TRIVIA**
¿Quién fue el técnico de Colombia en Chile 62?

Debutaron el día inaugural, el 30 de mayo de 1962 en la cancha de Arica, recién bautizada Estadio Carlos Dittborn en honor al padre del Mundial chileno. El contrario era Uruguay, Bicampeón del Mundo, estrenando en sus líneas a dos chicos de Peñarol y futuras estrellas charrúas: Pedro Virgilio Rocha y Luis Cubilla, quien también jugó en mi River.

Colombia perdió el partido después de ir ganando 1–0 con un penalti cobrado por Francisco "Cobo" Zuluaga. Al empezar el segundo tiempo, Cubilla empató por Uruguay y "El Pepe" José Sasia puso en 2–1 el marcador final.

El "empate sensacional" vino en la segunda aparición de los Cafeteros (Selección de Colombia).

También fue en la cancha de Arica, el 3 de junio, frente a la URSS. Los rusos asistían a su segunda Copa como flamantes Campeones Olímpicos y Campeones de Europa. En su arco todavía jugaba el mejor portero del mundo, "La Araña Negra" Lev Yashin del Dynamo de Moscú.

Nadie se sorprendió cuando el primer tiempo termino 3–1 a favor de los comunistas.

Después del descanso, los soviéticos siguieron dominando a los sudamericanos y anotaron el cuarto gol a los 12 minutos del reinicio. ¡Ya! ¡Listos! 4 a 1. Se acabó el partido.

Aquí fue donde los dioses del fútbol se pusieron de pie y le mandaron un rayo de luz al barranquillero Marcos Coll, un mediocampista de veintisiete años de edad. A los 68 minutos pateó un corner endiablado (¡endiosado, dirá usted!) e insólitamente ¡le metió un golazo olímpico al mero Yashin!

"¡Tómele Compadre!" diría mi querida Rosana Franco.

Primera vez en la historia de una Copa que alguien hacía un gol de semejante categoría. También era la primera vez que un equipo remontaba tres goles de diferencia y empataba un partido.

El "golazononón" del "Olímpico" Coll, así lo bautizaron los colombianos, puso las cosas 4 a 2 y despertó a la Selección Colombia que se abalanzó sin piedad contra el arco de la "Araña."

José Antonio Rada anotó el tercero 5 minutos más tarde y para dolor de los rusos y su arquerote, 2 minutos después Marino Klinger empató el cotejo.

¡Qué manera de debutar en un Mundial!

Desafortunadamente para los colombianos, la alegría sólo les duró cuatro días. El 7 de junio se enfrentaron a Yugoslavia y sucumbieron 5–0, cerrando así este primer capítulo de Colombia en su historia mundialista.

El siguiente lo escribieron veintiocho años después, en Italia. Y fue un capitulazo. Ya verán.

**TRIVIA**
¿Quién anotó el primer y único gol olímpico de un Mundial?

## MI VIEJA NO VA AL MUNDIAL

**M**i querida madre quiso estar presente en el debut de la Celeste (Selección de Uruguay) frente a Colombia, pero por culpa mía no pudo ir. Esto fue lo que aconteció.

Yo tenía apenas dos años cuando sus hermanos en Uruguay la invitaron a ir a Chile, en bus desde Montevideo. Cuando ella le comentó a papá sobre sus planes, él pegó el grito en el cielo y le prohibió terminantemente hacer el viaje.

"¿Y quién cuida al pibe? ¿Yo? ¡Vos estás loca!" Así mismo le dijo.

Mamá, que nunca le aceptó órdenes a papá, esta vez se quedó callada. Como no tenía intenciones de perderse un Mundial de fútbol, mucho menos uno tan cercano, empezó a buscarme una niñera por todo Buenos Aires y así poder alcanzar a sus hermanos en la segunda ronda del torneo.

Ya se imagina el resto.

Después de ganarle a Colombia, Uruguay perdió con Yugoslavia 3–1 y con

*Con mi mamá María Teresa.*

la URSS 2–1. Los eliminaron en la primera ronda y regresaron a Montevideo. Mis tíos también. Mi vieja, que ya había encontrado niñera, se quedó con las ganas en Buenos Aires, atendiendo a su bebito.

Lo único bueno de la experiencia fue que "Tío Negro" vio su segundo Mundial y yo no me quedé solo con la niñera.

## EL CUARTO DE "LA TOTA"

**P**ara llegar a Chile, México tuvo que viajar un largo camino eliminatorio. Primero se ganó el puesto de la CONCACAF eliminando a las Antillas Holandesas y a Costa Rica, ¡otra vez!, y después un repechaje a Paraguay.

Llegaba al evento con una nueva actitud, gracias al liderazgo del nuevo Presidente de la Federación, el hombre que modernizó el fútbol mexicano, el gran Guillermo Cañedo.

Una de sus primeras decisiones fue preparar al Tri como Dios manda, con tiempo y fogueo internacional. Para dirigirlo todo, contrató al hombre de las cachucas, el "Nacho" Tréllez como entrenador. Era la primera vez que en México decían "Sí se puede."

Nuevamente el "Campeoncillo" Chivas aportó la mayoría de los seleccionados, seis en total; Necaxa cuatro, América, Atlas, Toluca y Oro dos, Monterrey, Irapuato, Zacatepec y León uno cada uno.

Jugaban su segunda Copa el "Chava" Reyes, el "Chale" Hernández y el "Tubo" Gómez, quien todavía seguía siendo el suplente de Carbajal y quien a su vez, jugaba su Mundial número cuatro, un nuevo récord. "El Güero" Raúl Cárdenas hacía su tercera aparición.

Una vez más, volvieron a tener la mala suerte de compartir el grupo con los brasileños, en este caso los flamantes Campeones Mundiales.

¡Órale!

El debut fue también contra ellos, miren nomás, tal como lo hicieron en Río en 1950 quedaron 0–4 y en Ginebra en el 54 donde quedaron 0–5. Esta vez era Viña del Mar, el 30 de Mayo, día inaugural del Mundial.

Volvieron a perder, pero ya no por goleada.

Le jugaron un partidazo a los Campeones y sólo cayeron por 2–0. El segundo gol fue un golazo de Pelé a "La Tota," el gol que Don Antonio más recuerda de toda su carrera. ¿Quién no? Es como un honor . . . bueno . . . más o menos.

Haber limitado a Brasil a dos goles inspiró al Tri y en el siguiente partido volvieron a jugar como los grandes y casi casi empatan sin goles con España, si no hubiese sido por Joaquín Peiró quien venció la valla de Carbajal ¡en el minuto 89!

¡Híjole!

## PRIMER TRIUNFO AZTECA

**P**ara el tercer encuentro, México salió a la cancha de Viña dispuesto a mejorar su suerte. Los contrarios eran los checoslovacos, los mismos que en su debut habían empatado a cero con el Scratch de Pelé y compañía (¡después se volvieron a ver en la final!).

Lo triste de este encuentro es que a Carbajal le hicieron el gol más rápido de la Copa y de muchas Copas por venir. Lo hizo Vaclav Masek a los 15 segundos de arrancar el partido.

¡No manchen!

**TRIVIA**
¿En qué juego le hicieron el gol más rápido de su carrera a "La Tota"?

Este récord duró hasta el Corea/Japón del 2002, cuando el turco Hakan Sukur abrió el marcador contra Corea del Sur en cuartos de final a los 11 segundos del pitazo inicial.

Los mexicanos, sin embargo, no se amilanaron. Se pusieron las pilas y empezaron a jugar de tú a tú con los europeos. El esfuerzo pagó dividendos. A los 13 minutos el "Chololo" Isidoro Díaz del Irapuato empató las acciones. A la media hora de juego "El Negro" Alfredo del Águila del Toluca, quien jugó un partidazo y fue muy elogiado por la prensa chilena, puso a México arriba en el marcador. El primer tiempo en Viña terminó México 2, Checoslovaquia 1.

Era la primera vez que México se iba al descanso arriba en el marcador.

En el segundo tiempo el Tri salió a aguantar a Checoslovaquia lo mejor que pudo. El reloj corría y los checos cañoneaban desesperadamente el arco de "La Tota," quien lo salvó magistralmente en más de tres ocasiones.

**TRIVIA**
¿Cuál fue la primera victoria de México en un Mundial?

El empate checo nunca llegó. Sí llegó un contragolpe azteca y el "chivas" Héctor "Chale" Hernández puso el marcador en los libros de la historia mexicana, 3 a 1, la primera victoria en una Copa del Mundo.

A los muchachos del Tri no les alcanzó para avanzar, pero sí para regresar a casa por primera vez en sus vidas con la cabeza muy en alto. Se ve que después de cinco apariciones ya empezaban a tomarle el gusto a la competencia.

¿A poco no?

Gracias a su gran actuación en Chile, "La Tota" fue incluido por una revista italiana en la lista de los mejores futbolistas del mundo en ese momento y al llegar a casa fue contratado por la *Coco Milk* para hacer comerciales de televisión.

¡Ándele compadre!

## CARRIZO DICE "NO, GRACIAS"

**A**rgentina llegó a Chile asustada.

Después del fracaso de Suecia, muchos jugadores no quisieron participar en el siguiente Mundial por temor a ser víctimas nuevamente de la exigente prensa e hinchada argentina. Uno de ellos fue mi querido Amadeo Carrizo.

Al nuevo técnico albiceleste, Juan Carlos "Toto" Lorenzo, le tocó la tarea de convencerlo para jugar en la selección. Le rogó, le suplicó, hizo todo lo posible para persuadirlo, pero Amadeo ni se inmutó. Simplemente no quería saber nada de un Mundial.

A Chile volaron sin él.

El único veterano convencido por Lorenzo fue Oscar Rossi. Los demás eran caras nuevas, entre ellos Silvio Marzolini, Vladislao Cap, José Sanfilippo y Antonio Ubaldo Rattín. Como arquero viajó Antonio Roma del Boca.

¿Mejoró Argentina?

Sí, porque no los humillaron, pero tampoco tuvieron un éxito resonante. Les tocó jugar en el Grupo 4 de Rancagua contra Bulgaria, Inglaterra y Hungría. A los búlgaros les ganaron 1–0, no pudieron con los ingleses y quedaron 1–3 y ante los húngaros empataron (0–0).

Se les quitó el susto pero regresaron a casa sin pena ni gloria, un Mundial más sin aparecer.

¿Y Carrizo?

Ese año 62, su racha y la del River permaneció intacta: nuevamente subcampeones, esta vez a 2 puntitos del Boca, ¡grrrrr!

## LA "ONU" ESPAÑOLA

**A**sí calificó la prensa chilena a la selección de España. Fue el equipo que llevó más extranjeros en sus filas, cinco para ser exacto.

El primero de ellos era el técnico, un argentino, el legendario Helenio Herrera, quien convocó al famoso húngaro del Mundial del 54, jugando ahora su segundo Mundial con otro país, Ferenc Puskas (que no hizo nada esta vez), al uruguayo José Santamaría, al paraguayo Eulogio Martínez y al gran ausente de esta Copa, el argentino

Alfredo Di Stéfano, quien se lesionó días antes del evento y se perdió el Mundial.

¡Qué pena!

## PELÉ TAMBIÉN SE LESIONA

Los Campeones del Mundo llegaron a Chile como favoritos. La base del equipo era la misma del 58 y Pelé, con veintiún años de edad, seguía siendo el mejor futbolista del planeta.

El debut como ya vimos, fue en Viña del Mar contra el Tri mexicano y Pelé le hizo un golazo a Carbajal. Brasil ganó 2–0. El siguiente partido fue contra Checoslovaquia, los mismos que enfrentarían en la final, y terminaron empatados en blanco. En un disparo al arco checo, Pelé se desgarró el muslo izquierdo y quedó fuera de la competencia.

¡Pánico en Brasil!

"Qué vamos a *facer agora* sin Pelé," se preguntaban todos los brasileños.

Tranquilos porque aquí están Amarildo y Garrincha.

Amarildo entró por Pelé en el tercer encuentro contra España, e hizo los dos goles de la victoria, justo a mediados del segundo tiempo, cuando Brasil estaba sudando y perdiendo 1–0. El que le puso los balones en los dos goles fue su compañero del Botafogo, Garrincha, quien no dudó en echarse el Scratch al hombro ante la ausencia de *"O Rei."*

En los cuartos de final, Garrincha solito le ganó el partido a los ingleses. Los mareó por 90 minutos, le dio el pase a Vavá para hacer un gol y personalmente hizo 2 para sellar la victoria 3–1 (el segundo fue hermoso, desde fuera del área).

El mundo se dio banquete.

Brasil avanzaba a las semifinales y la prensa chilena e internacional no hallaban palabras para elogiar al carioca, cuya actuación hizo a todos olvidar la ausencia de Pelé.

## CHILE DESPIDE A "LA ARAÑA"

No fue con flores, sino con goles.

Jugaban Chile y la URSS en el desierto de Arica y la expectativa era grande. Primero, porque era la primera vez que Chile avanzaba a la segunda ronda de un Mundial y segundo, porque se enfrentaba a los Campeones de Europa y al mejor portero del Mundo, Lev Yashin, "La Araña Negra."

¿Negra?

¡Negra se la puso Leonel Sánchez al ruso!

Abrió el marcador a los 10 minutos de juego con un tiro libre espectacular, su tercer gol de la Copa, y casi le encaja 2 más en el primer tiempo. Los rusos empataron a los 27 minutos, pero vino Eladio Rojas un minuto después con un cañonazo desde fuera del área y puso el pleito 2–1 para los sureños.

Así terminó el partido y arrancó la celebración en todo el territorio nacional. Los chilenos no lo podían creer. Estaban en semifinales y Yashin se iba a casa.

La fiesta se les acabó cuando vieron que el contrario era Brasil.

¡Gulp!

## CHILE–BRASIL EN SEMIFINAL

¡Qué pena que ambos tuvieron que eliminarse! Una final americana entre el Campeón y el anfitrión hubiese sido el toque perfecto de este Mundial. Pero no iba a ser. A Chile le tocó el Scratch y se preparó para lo peor, esperando lo mejor.

El partido estaba programado para la cancha de Viña, pero los organizadores lo movieron para el Estadio Nacional de Santiago, con mayor capacidad. Esa tarde del 13 de junio de 1962, 70 mil personas en las tribunas y 4 millones frente a televisores, presenciaron el *show* de Garrincha y sus amigos.

¡Tremendo *show!*

Empezó temprano, a los 9 minutos. Amarildo falla una chilena dentro del área y el rebote le cae a los pies de Garrincha, quien la empalma fuerte y de primera, abriendo el marcador con un golazo.

Veinte minutos después, Garrincha entra velozmente al área chica para cabecear un corner de Zagalo y marcar el segundo gol.

La cosa se le puso fea a los chilenos, pero no se desesperaron. Antes de terminar el primer tiempo, el "Chino" Toro cobra perfectamente un tiro libre y descuenta para la "Roja," su segundo gol del torneo.

Todavía había esperanzas.

En el segundo tiempo, Brasil volvió a anotar a través de un corner. Esta vez lo cobró Garrincha y fue Vavá el que entró como una fiera al área chica para cabecear. Brasil 3, Chile 1.

Chile sufría pero no se rendía.

Leonel Sánchez descontó nuevamente con un penalti a los 75 minutos (su cuarto gol de la Copa), pero Brasil volvió a irse arriba 3 minutos después, con otro cabezazo de Vavá.

Brasil avanzaba a la gran final, su segunda consecutiva, pero una expulsión les opacó la alegría. Cuando faltaban 5 minutos para terminar el partido, Garrincha, que había vuelto locos a los defensores chilenos, aparentemente se cansó de recibir patadas y le lanzó un golpe a Toro. El árbitro peruano de origen japonés, Arturo Yamasaki, el mismo que hoy en día es mexicano y dirige la Comisión de Árbitros de la Federación, lo expulsó.

**TRIVIA**
¿De dónde era el árbitro que expulsó a Garrincha en una semifinal?

Garrincha se perdería la final... bueno... ¡vamos a ver!

## CHILE: TERCERO DEL MUNDO

El episodio sería olvidado rápidamente. La atención del país se concentró en el partido por el tercer lugar entre la Roja y Yugoslavia, quien perdió 3–1 contra los checos en semifinales.

Se jugó en Santiago, el día 16 de junio, el mismo día en que nació el hijo de Carlos Dittborn en una clínica de la ciudad.

El cotejo fue parejo y sin muchas emociones. Todo cambió cuando Eladio Rojas anotó para Chile su segundo gol del torneo, y las tribunas se despertaron. La gente se percató del consuelo de un tercer lugar en el campeonato y empezó a apoyar a su selección. La Roja logró aguantar el marcador y ganó el partido 1–0.

**TRIVIA**
¿En qué lugar quedó Chile en su Mundial?

No fue el mejor de Chile, pero sí el más recordado. Contra todos los pronósticos, incluso los más optimistas, Chile era tercero en el Mundo, nada mal por tratarse apenas de su tercer Mundial.

## LA GRAN FINAL DE SANTIAGO

La incógnita antes de empezar la gran final de Santiago era si jugaba o no Garrincha.

Se ha dicho de todo: que hubo muchas llamadas telefónicas, que el gobierno brasileño ofreció dinero, que el de Chile ayudó, que una maleta llena de billetes llegó a Santiago desde Brasil, que la FIFA le pidió a Yamasaki que cambiara el informe del juego, que esto y lo otro.

Lo único que se sabe es que la FIFA reconsideró la expulsión de Garrincha y le permitió jugar el partido. ¡El pobre hombre jugó con 40 grados de fiebre!

¡Vámonos al partido!

Brasil, jugando la tercera final de su historia, se enfrentaba a Checoslovaquia, quienes jugaban su segunda (la primera fue en Italia 34 donde perdieron 2–1 en la prórroga contra los italianos).

Con Chile eliminado, las tribunas repletas del Estadio Nacional apoyaban a los brasileños. Sintiéndose en casa, los Campeones Mundiales salieron a la cancha aquel domingo 17 de junio de 1962 con Garrincha y sin Pelé, quien seguía lesionado, a repetir lo de Suecia cuatro años antes.

Y tal como ocurrió en aquella final, Brasil empezó abajo en el marcador con un gol del checo Josef Masopust, el mejor jugador europeo de ese año.

Pero igual que en Suecia, los brasileños no se asustaron y encontraron el empate rápidamente. A los 14 minutos Amarildo se escapó por la izquierda, sobre la línea final y en vez de centrar, pateó al arco y le coló el balón al arquero checo por el primer palo.

Después del descanso, a los 69 minutos, Amarildo volvió a escarparse por la izquierda, llegó a la última línea nuevamente, quebró hacia dentro y esta vez sí centró el balón, para que el defensa Zito cabeceara el segundo de Brasil.

Faltaba otro.

Djalma Santos recibe un saque de banda y manda un centro altísimo sobre el arco. El arquero checo Willy Schrojv sale a atraparlo sin problemas, pero se enreda, pierde el balón y cae a los pies de Amarildo quien no lo perdona y lo lanza al fondo de las redes (su cuarto gol de la Copa).

Brasil ganaba la Copa Jules Rimet por segunda vez, sin Pelé, pero con suficientes estrellas para soñar con un futuro brillante.

Inglaterra 66 sería la prueba de fuego.

Pelé se sacó la mala espina de Chile ese mismo año. Con su equipo, el Santos, ganó la Copa Libertadores y la Copa Intercontinental, como diciéndole al mundo "¡para que vean!".

# Cuatro:
# Los Mundiales
# Modernos
# (1966–78)

## Los Mundiales Modernos:
## de Inglaterra 66 a Argentina 78

**F**inalmente llegamos a los Mundiales que todos conocemos y hemos vivido personalmente. Por eso llamo a esta etapa la Era Moderna. Nació con el invento más impactante del siglo XX, un invento que cambió la sociedad, la economía e inevitablemente, el fútbol.

¿Adivinó?

Me refiero a la televisión, la bendita televisión.

Suiza 54 experimentó con el nuevo medio, y Chile 62 lo usó en forma limitada. Pero fue Inglaterra 66 el que lo absorbió como parte del espectáculo y lo llevó a todo el planeta, a través, coincidentemente de otro medio de comunicación recién nacido: el satélite.

El primer satélite comercial de comunicaciones, el "Pájaro Madrugador," subió al espacio a principios de 1965. Cuando llegó el Mundial de Inglaterra, la BBC, pionera de la tele en el mundo, estaba lista para transmitir en vivo, vía satélite, pero en blanco y negro, el primer evento deportivo universal.

¡Páseme el control remoto y vámonos para Londres!

## Inglaterra 1966: El Mundial de Eusebio

**A**demás de la televisión, Inglaterra fue el Mundial de los árbitros raros, las expulsiones polémicas, el robo de la Copa, el boicot africano, una sorpresa asiática, otra lesión de Pelé, la primera mascota y el debut de los chicos "recogepelotas" y de extraordinarios jugadores como Beckenbauer, Perfumo, Tostao, Jairzinho, Figueroa, Mazzola y un fabuloso delantero portugués llamado Eusebio Ferreira da Silva, conocido simplemente como Eusebio, "La Pantera Negra."

# WORLD CUP

JULY 11 to 30
1966
ENGLAND

Veamos qué pasó en este Octavo Campeonato Mundial de Fútbol, Copa Jules Rimet, Inglaterra 1966, mientras reinaba la música de Los Beatles y las minifaldas de Carnaby Street fascinaban a todas las mujeres del planeta, ¡y a los hombres también!

## BOICOT AFRICANO

Irónicamente, los hermanos de sangre del gran Eusebio, quien nació en Mozambique, no participaron en este Mundial. La razón fue muy sencilla: querían tener su puesto propio entre los dieciséis finalistas sin tener que eliminarse con Asia ni Oceanía.

Como resultado y en forma de protesta, los dieciséis países africanos miembros de la FIFA decidieron no participar en esta Copa y así forzar a la organización a darles un puesto directo en la competencia, sin ningún tipo de repechaje con otro continente. La FIFA, por alguna razón desconocida, no accedió, y los africanos dijeron *sorry* al Mundial de Inglaterra y no participaron.

TRIVIA
¿Qué Copa boicotearon los países africanos?

Tomaría cuatro años más para que la FIFA se ablandara y les diera a los africanos lo que ya se merecían.

## ¿DÓNDE ESTÁ LA COPA?

¡Se la robaron! Nadie se dio cuenta y nunca se supo quién tuvo la osadía de hacerlo. Ni para qué la quería. Lo cierto es que los ingleses amanecieron el 20 de marzo de 1966 con la noticia de que la famosa Copa Jules Rimet, de oro puro, había sido robada durante la noche de una vitrina donde la exhibían en el Central Hall de Westminster en Londres.

¡Qué vergüenza!

La Scotland Yard se movilizó inmediatamente y empezó a buscarla por toda la ciudad y el resto de Gran Bretaña. Los organizadores del Mundial ofrecieron 6 mil libras esterlinas de recompensa. Sin embargo, ¿quién cree usted que fue el que la encontró?

TRIVIA
¿Quién encontró la Copa Jules Rimet cuando fue robada?

¡Un perro!

Así es. Se llamaba Pickles, y era un terrier blanco y negro. Una semana después del robo, caminaba de mañana con su amo David Corbett en un barrio del sur de Londres, cuando

TRIVIA
¿En qué Mundial se robaron la Copa?

olfateó algo extraño en el jardín de una casa. Al acercarse, encontró la Jules Rimet en una bolsa de papel.

¡Héroe nacional!

Toda una nación agradecida se volvió loca con el perrito. Fotos, películas, apariciones en TV, radio, más fotos, más películas. Los ingleses y el resto del mundo estaban fascinados con la historia del robo, el hallazgo y el nuevo héroe. La FIFA por supuesto, respiraba profundo después del susto.

## "WILLIE," LA MASCOTA

**E**l único que pudo competir con Pickles por el corazón de los ingleses fue un león. Se llamaba Willie, un leoncito de peluche muy simpático, quien hizo historia como la primera mascota oficial de un Campeonato Mundial.

La idea fue del comité organizador, y el fin era representar "el linaje y la nobleza del Reino Unido." En otras palabras, estaban tan orgullosos de tener un Mundial que querían gritárselo al mundo entero. ¡Y qué mejor que un muñeco para hacerlo!

**TRIVIA**
¿Cuál fue la primera mascota oficial de un Mundial?
¿Qué Mundial?

Se fabricaron cientos de miles de "Willies" de todos los tamaños y se produjeron todo tipo de dibujos con su imagen. "Willie" fue un éxito.

Los ingleses no sólo lograron promover su "linaje" y "nobleza," sino que también se ganaron varios millones de libras esterlinas en las ventas. Cuando la FIFA vio los billetes, decretó inmediatamente que de ahí en adelante, todos los Mundiales debían tener su mascota oficial.

*Yes, Sir!*

## TODAVÍA SON DIECISÉIS

**A**ún no llegaba la época de los treinta y dos finalistas. El Mundial seguía siendo un club exclusivo de dieciséis países. En éste de Inglaterra, los privilegiados fueron los siguientes, divididos en cuatro grupos en siete ciudades:

**Grupo A** (Londres): Inglaterra, Uruguay, Francia y México
**Grupo B** (Sheffield y Birmingham): Alemania Occidental, Argentina, España y Suiza
**Grupo C** (Liverpool y Manchester): Brasil, Bulgaria, Portugal y Hungría

**Grupo D** (Middlesbrough y Sunderland): Chile, URSS, Corea del Norte e Italia

# ADIÓS A "LA TOTA"

El Mundial de Inglaterra comenzó el día 11 de julio de 1966, cuatro días después de que nuestro querido Antonio Carbajal cumpliera treinta y siete años de edad.

El regalo de cumpleaños de la Federación Mexicana de Fútbol fue llevarlo a otro Mundial, aunque fuera como suplente de "Nacho" Calderón de las Chivas, el nuevo titular de la selección.

"La Tota" aceptó encantado de la vida y batió un récord increíble: 5 Copas del Mundo, el primero de la historia en lograrlo y el único por muchos años.

El corolario de jugar tantos campeonatos es que también tuvo el récord de portero más goleado en Copas Mundiales, 25 goles, uno de ellos, otro récord: el gol más rápido de los Mundiales (15 segundos). Pero nada de eso le quitó brillo a su gloria y su grandeza. Por eso le erigieron una estatua en León, Estado de Guanajuato.

Sólo jugó un partido en Inglaterra, pero se despidió contento. El equipo también. Se habían preparado conscientemente por seis meses, nuevamente bajo la dirección del "Nacho" Tréllez y el apoyo total del mero jefe de la Federación, Guillermo Cañedo. No avanzaron a la segunda ronda, pero disminuyeron drásticamente el número de goles en contra, esta vez solamente 3. Es más, fue el primer Mundial donde México perdió menos partidos, uno solamente.

Debutaron en el Estadio Wembley de Londres el 13 de julio con buen pie, empatándole a Francia 1–1 con un gol de Enrique Borja del América, a los 3 minutos de empezar el partido. Después perdieron 2–0 ante Inglaterra y empataron 0–0 con Uruguay, el partido donde "La Tota" se despidió de las Copas para siempre.

Esa noche en el hotel de Londres, sus compañeros lo despidieron con una fiesta mexicana y Carbajal cantó a todo pulmón *Cucurrucucú, paloma.*

¡Me parece oírlo!

# DEBUTA "DON ELÍAS"

Después de lograr su exitoso tercer lugar en el Mundial anterior, Chile mantuvo su calidad futbolística y con un nuevo técnico, Don Lucho Alamos, logró clasificar para el Mundial de Inglaterra, el cuarto de su historia. Acompañó a Argentina, Uruguay y México como representantes de nuestro continente.

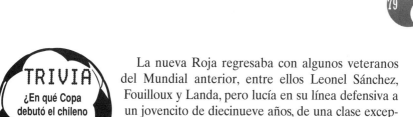

TRIVIA

¿En qué Copa debutó el chileno Elías Figueroa?

La nueva Roja regresaba con algunos veteranos del Mundial anterior, entre ellos Leonel Sánchez, Fouilloux y Landa, pero lucía en su línea defensiva a un jovencito de diecinueve años, de una clase excepcional y una elegancia poco vista en un defensa. Eventualmente, el chico se convirtió en el mejor defensa chileno de todos los tiempos, y fue seleccionado como uno de los cien mejores futbolistas de la historia. Me refiero al sensacional Elías Figueroa.

El Mundial de Inglaterra lo catapultó a la fama. Después de la Copa, Peñarol se lo llevó a Uruguay y más tarde el Internacional de Porto Alegre a Brasil. Allí vivió "Don Elías" sus mejores años como futbolista. Llevó al Inter a ganar su primer campeonato brasileño, fue escogido tres veces por la prensa latinoamericana como el mejor futbolista de América, más veces que Pelé, Zico, Cubillas, Rivelino y Valderrama, y fue elegido como el mejor defensa de Brasil de todos los tiempos.

En Inglaterra, La Roja inició su participación en el estadio de Sunderland el 13 de julio, contra Italia, a quienes les habían ganado 2–0 en Santiago en el Mundial anterior en un feo partido lleno de patadas, puños y expulsados. Es decir, era una revancha muy ansiada.

Italia llegaba a Inglaterra con una selección totalmente renovada, llena de caras nuevas y mucha clase. La prensa inglesa los daban como favoritos. Entre ellos había hombres que se convirtieron en leyendas: el arquero Enrico Albertosi, el defensa Giacinto Facchetti y los medios Gianni Rivera y Sandro Mazzola.

TRIVIA

¿Cuándo debutaron Mazzola, Facchetti y Rivera?

Ni Figueroa ni sus compañeros pudieron con los italianos esa tarde. Abrieron el marcador a los 8 minutos con un gol de Mazzola, y aguantaron los esfuerzos chilenos por el resto del partido. Cuando faltaban 2 minutos para el final, anotaron el segundo y saldaron su cuenta con Chile. Esta vez, sin patadas ni expulsados.

En el segundo encuentro de este Grupo 4, Chile enfrentó a los debutantes de la Copa, Corea del Norte, en Middlesbrough. Aquí no hubo sorpresas con los coreanos (¡todavía!) y terminaron empatados 1–1.

TRIVIA

¿Cuál fue el último Mundial de Yashin?

En el tercer partido, Chile jugó otra revancha, esta vez contra los rusos de la "Araña Negra" Lev Yashin, a quienes habían eliminado

2–1 en cuartos de final de Chile 62. Esa tarde, Yashin no jugó, era el portero suplente y se despedía después de tres Mundiales. Chile tenía que ganar para avanzar.

El marcador se repitió, pero no la victoria chilena. Los rusos avanzaron 2–1 a cuartos de final y Figueroa y sus compañeros regresaron tristes a casa.

## OTRO DEBUTANTE: BECKENBAUER

**A**penas tenía veinte años, pero ya se le veía la clase.

Por eso Franz Beckenbauer se ganó un puesto en la defensa de la Selección Alemana, aunque en realidad él no era un defensa en todo el sentido de la palabra. Era lo que en ese entonces llamaban un "líbero," es decir, un jugador que juega detrás de la línea de defensa y desde ahí defiende y se suma a la ofensiva según las necesidades del partido. Hoy en día nadie juega esta posición porque los futbolistas juegan tantos partidos que simplemente ¡nadie la aguanta!

Cuando llegó al Mundial de Inglaterra, Beckenbauer llevaba solamente dos años como profesional con el Bayern Munich, y había debutado en la Selección Nacional nueve meses antes.

Su debut en esta Copa no pudo ser mejor. Alemania le ganó a Suiza 5–0 y Franz anotó ¡2 goles! Inmediatamente, como es natural en estos torneos, la prensa internacional empezó a preguntarse quién era el espigado y elegante jovencito alemán que lucía tan cómodo paseándose por toda la cancha.

Ahí nació la leyenda.

*"El Kaiser,"* que en alemán quiere decir emperador, jugó la final en Wembley. Tuvo otra gran actuación en México 70. Ganó la Copa del Mundo como Capitán en Alemania 74 y como técnico la ganó en Italia 90. ¿Qué tal? Casi nada.

Tuve el placer de entrevistarlo en Hanover durante la Copa Confederaciones del 2005. Le pregunté al ahora Presidente del Comité Organizador de la Copa Alemania 2006 si le interesaba la presi-

*En Hanover, Alemania con Franz Beckenbauer.*

dencia de su país, dado el amor que le tienen los alemanes. Se rió y me dijo, "No, la política no me interesa. Más que ser Presidente, me gustaría descansar por un buen tiempo." Después me estrechó la mano y se subió al helicóptero privado para ir a ver otro partido de fútbol.

¡En helicóptero!

Las ventajas de ser Presidente del Comité, aunque no le guste la política.

## EUSEBIO Y LOS FABULOSOS PORTUGUESES

Eusebio llegó a Inglaterra como una de las grandes atracciones de la Copa, con sólo veinticuatro años de edad y muchas ganas. Lo habían elegido el mejor jugador de Europa del año anterior y su equipo, el Benfica de Lisboa, era el Campeón del continente.

Su talento era indiscutible. Además de rápido y fuerte, tenía un disparo potentísimo con ambas piernas y podía hacer goles desde ángulos imposibles. Inevitablemente, la prensa internacional lo comparaba con Pelé.

La Selección de Portugal debutaba en Copas del Mundo y, además de Eusebio, exhibía en sus filas a grandes jugadores, la mejor generación de futbolistas portugueses: Morais, Hilario, José Augusto, Torres y Simoes.

**TRIVIA**
¿En qué Mundial jugó Eusebio y a quién le anotó su primer gol?

El debut del equipo fue sensacional y cumplió con todas las expectativas, a pesar de que Eusebio no anotó. Fue el 13 de julio en Manchester y Portugal arrolló 3–1 a Hungría. El segundo partido fue contra los búlgaros y volvieron a golear, 3–0, y Eusebio anotó el primero de los 9 goles que hizo en esta Copa.

El tercer encuentro sería histórico. "La Pantera Negra" se enfrentaba a "La Perla Negra" del fútbol. Ya hablaremos de eso.

## ARGENTINA: OTRO EQUIPAZO

Tal vez en ese momento nadie se dio cuenta, pero la Selección de Argentina se presentó en este Mundial con un grupo de nombres que, al igual que los italianos, eventualmente se convirtieron en leyendas del fútbol internacional.

Me refiero a personajes del folklore futbolístico argentino como Roberto Perfumo, Luis Artime, Ermindo Onega y Óscar Mas, quienes hicieron su debut mundialista en Inglaterra, acompañando a tres veteranos que jugaron en Chile: Antonio Roma, Silvio Marzolini y Antonio Rattín.

Y no les fue tan mal, hasta que les fue mal, muy mal. Feo, diría yo.

Debutaron en Birmingham frente a la Selección de España (de Gento, Luisito Suárez, del Sol y Pirri) y ganaron 2–1 con 2 goles de Luis Artime.

Después se enfrentaron a los alemanes occidentales, también en Birmingham, y empataron a cero. El tercer partido de este Grupo 2 fue en Sheffield contra los Suizos y Artime volvió a anotar junto con Onega. La Albiceleste ganó 2–0 y avanzó a la segunda ronda por primera vez desde el Mundial de 1930.

Hasta aquí todo iba bien.

El quilombo se armó en los cuartos de final frente a los anfitriones, los mismos que habían llevado este deporte a Argentina cien años atrás. Hasta el día de hoy se habla de este partido, y se acusa a la FIFA de juegos turbios y raros.

Ya le contaré lo que pasó y usted decidirá.

## LA SORPRESA DEL SIGLO

**E**l "Maracanazo" fue histórico; el 1–0 de EE.UU. sobre Inglaterra en el 50, insólito, y la final del 54, increíble. Pero lo que nadie se imaginó jamás, es que un equipo de amateurs, provenientes de un pequeño y oscuro país comunista de Asia, le pudiera ganar a Italia, una potencia europea y favorita del torneo.

Nadie lo imaginó, pero eso fue exactamente lo que pasó.

El 19 de julio del 2006 se cumplen cuarenta años de aquella odisea en Middlesbrough. Para el momento del partido, los italianos se peleaban el segundo boleto del grupo. Con un empate avanzaban. Corea necesitaba ganar para seguir con vida.

El cuento es largo y todavía lo recuerdan en Italia y en Corea del Norte. Basta decirles que desde el comienzo del partido parecía que los italianos no tendrían ningún problema con los rápidos y escurridizos "chinitos." Dominaron a placer y de paso se comieron varios goles. Y el que no hace goles, los ve hacer.

A los 42 minutos del primer tiempo, Corea hizo su gol, un tiro fuerte, cruzado y rasante de Pak Doo Ik. El marcador quedó 1–0 y Corea se ganó su pase a la segunda ronda, el primero de un equipo asiático en la historia de las Copas. (¡Trivia, trivia! Le doy otra: el coreano Pak Doo Ik era dentista, tenía treinta y un años, y jugaba fútbol en su tiempo libre.)

Italia se despedía, atónita. *Vergogna nazionale*, que quiere decir vergüenza nacional, y *Il nostro calcio e'morto*, que quiere decir nuestro fútbol está muerto, escribían los diarios italianos al día siguiente. El equipo cambió sus planes de viaje para evitar un desorden en el

**TRIVIA**

¿A qué se le llama la "sorpresa del siglo"?

aeropuerto de Roma y voló a Génova, donde cientos de fanáticos ofendidos los recibieron a tomatazos.

Menos mal que Mussolini ya estaba muerto, si no, ¡quién sabe lo que les habría hecho a los pobres Azzurri (Selección de Italia)!

De todas las excusas dadas por los jugadores italianos, la mejor fue ésta: Nos ganaron porque en el medio tiempo cambiaron de jugadores en los vestuarios. Como todos son iguales, no nos dimos cuenta.

## BRASIL TAMBIÉN DICE "CIAO"

El único consuelo de los italianos fue que los otros Bicampeones del Mundo, Brasil, también fueron eliminados en la primera ronda. Y peor que ellos, porque los golearon feamente: 6 goles en dos partidos. ¡Con Pelé y Garrincha en la cancha!

Todo comenzó el 15 de julio en el segundo juego del Grupo 3 en Liverpool, frente a los húngaros. Brasil había debutado dentro de los pronósticos ganándole 2–0 a los búlgaros, donde Pelé y Garrincha anotaron los goles, aunque desafortunadamente, Pelé se lesionó con las patadas de los búlgaros.

Se esperaba de todas maneras un resultado similar frente a Hungría porque éstos habían debutado muy mal frente a los fabulosos portugueses, perdiendo 3–1.

Los Magiares buscaban revivir la gloria del 54, y aprovechando la ausencia de Pelé, le pasaron por encima al Scratch con un contundente 3–1. Tostao, quien debutaba en Copas Mundiales junto a Gerson y Jairzinho, anotó el único gol de Brasil.

Después vendría el mano a mano final en Liverpool, entre "la Pantera Negra" de Portugal y "la Perla Negra" de Brasil, quien parecía haberse recuperado de la lesión.

Pero no fue así. "El Rey" seguía lesionado de la pierna y pasó desapercibido. En esta ocasión fue Eusebio quien se lució.

Anotó dos goles, uno de ellos un bombazo sensacional dentro del área, para sellar un 3 a 1 histórico. Portugal eliminaba espectacularmente a los Bicampeones *do mundo* y avanzaba a la segunda ronda.

Al regresar derrotado y lesionado a Brasil, Pelé juró que más nunca jugaba una Copa del Mundo. La violencia lo tenía asqueado.

¡Menos mal que no cumplió su palabra porque nos hubiésemos perdido lo que hizo cuatro años después!

**TRIVIA**

¿Qué país eliminó a Brasil en Inglaterra 66?

## LOS ÁRBITROS DEL BOCHORNO

**E**n los cuartos de final, a Argentina le tocó Inglaterra, y a Alemania le tocó Uruguay. Para el partido de Inglaterra, la FIFA asignó un árbitro alemán, y viceversa, para el de Alemania uno inglés.

¿Coincidencia?

Posiblemente. Pero al ver lo que pasó en cada encuentro, uno no puede evitar hacer conjeturas.

La prensa en Suramérica, en especial la rioplatense, asegura hasta el día de hoy que hubo una conspiración para favorecer a los europeos. Los europeos por su parte, especialmente los ingleses, todavía se ríen y piensan que todo fue paranoia de los sudamericanos. Sea como sea, Argentina y Uruguay quedaron fuera del Mundial.

## EL SHOW DE RATTÍN

**T**odo iba bien en el Wembley de Londres el 23 de julio de 1966. Argentina se enfrentaba por segunda vez consecutiva a Inglaterra en un Mundial (en Chile, Inglaterra le ganó 3–1).

El partido se desenvolvía animadamente y prometía cosas buenas, con Argentina jugando mejor. Poco a poco, el partido se fue poniendo reñido, con faltas de ambos bandos que el árbitro alemán, Rudolph Kreitlein, ignoraba.

A los 34 minutos del primer tiempo, hay una falta de Perfumo fuera del área y el árbitro cobra un tiro libre. El capitán argentino, Antonio Ubaldo Rattín le protesta al árbitro, quien no le hace caso y reanuda las acciones. Rattín, sin embargo, insiste y le sigue hablando al árbitro, quien de repente se voltea y lo expulsa.

**TRIVIA**

¿Quién era Rattín y por qué lo expulsaron?

Empieza el *show*.

Rattín se niega a abandonar la cancha y el partido se detiene. Algunos compañeros tratan de convencerlo para que se vaya, otros amenazan que si se va, se van todos. Pasan 10 minutos. Rattín finalmente sale del terreno de juego, pero se sienta en una alfombra roja que iba de la cancha al palco de la Reina Isabel. El público lo abuchea y le tira caramelos y vasos de cerveza. Vino la policía y el capitán argentino accedió a irse a los vestuarios, no sin antes arrugar encolerizado el banderín del corner (con los colores de la bandera inglesa).

¡Y el mundo entero mirando por televisión!

En inferioridad numérica y de mal humor, Argentina siguió jugando y logró mantener el marcador en blanco hasta los 32 minutos del segundo tiempo, cuando Hurst anotó para los ingleses. Inglaterra ganó 1–0 y avanzó. Los argentinos volvieron a casa, avergonzados y encolerizados.

# HABLA RATTÍN

**D**e este incidente se ha escrito mucho y todo el mundo ha dado su opinión. Sin embargo, la última palabra la tienen los protagonistas. En declaraciones después del partido, el árbitro dijo que Rattín lo miró mal y él asumió que lo había insultado, y por lo tanto lo expulsó. Así mismo lo explicó Herr Kreitlein.

Para escuchar su versión de los hechos, fui a Buenos Aires a entrevistar al propio Rattín, ahora dedicado a la política y todavía en excelente forma física. Amablemente, accedió a verme y me recibió en su casa. Tal como siempre lo ha dicho, Rattín me confirmó que sus intenciones eran "enfriar el partido" porque se estaba poniendo violento y los ingleses estaban dominando.

Con respecto a los 10 minutos que le tomó salir de la cancha, me comentó que él pedía un traductor porque "no entendía lo que el árbitro me decía. Yo no hablaba ni inglés ni alemán y el hombre no hablaba español. Por eso no me fui de la cancha hasta que no llegó el traductor."

¿Y por qué se sentó en la alfombra roja?

Según él, "no sabía el significado de la alfombra," y lo dice con tanta convicción que uno le cree. Dice también que ahí se tiró para "descansar" y ver el resto del partido.

Después cambia el tono y con cierta picardía juvenil, recuerda que el público le tiraba chocolatines y él se los comía. "Me gritaban 'animal, animal' y yo me reía y seguía comiendo."

Con respecto al banderín, hoy admite Don Antonio que lo hizo para "darle bronca" a los 70 mil fanáticos que lo abucheaban y le gritaban.

Ahora bien, ¿piensa él que se le pasó la mano con tanto quilombo?

El ex capitán de la selección simplemente concluye que todo fue consecuencia de la presión que había para ese partido. "Lo del árbitro fue un descaro," me comenta. "Los ingleses hicieron todo para ganar."

Me contó que los organizadores habían citado a los representantes de las dos selecciones para el sorteo del juez del partido y que la cita era a cierta hora en un hotel de Londres. Cuando llegaron los argentinos "¡ya lo habían escogido!"

Han pasado cuarenta años y Rattín todavía lamenta lo sucedido, no por su conducta sino por la de los ingleses. Su resentimiento contra ellos es obvio. "Yo pienso que eran mejores que nosotros, sí, pero hicieron todo lo posible para garantizar el partido. Hicieron todo lo posible para que Argentina no los eliminara."

Y así fue. ¿Usted qué piensa?

# URUGUAY–ALEMANIA: MÁS EXPULSIONES

Uruguay también las sufrió, pero no armó ningún escándalo. Jugaba los cuartos de final contra Alemania ese mismo día, el 23 de julio, en Sheffield, con el arbitraje del inglés James Finney.

El primer tiempo había terminado 1–0 a favor de los alemanes, y apenas se reinició el partido, vino un ataque uruguayo que terminó en gol, bueno, casi gol, porque cuando el balón iba a pasar la línea, el central alemán, Schnellinger lo sacó con la mano.

Todo el mundo vio la mano, menos el árbitro.

Los uruguayos se le lanzaron encima. Vinieron las protestas, los reclamos, las voces alteradas, pero Mr. Finney no marcó la falta y expulsó a dos jugadores celestes: Horacio Troche y Héctor Silva; y con nueve jugadores fue imposible aguantar a la máquina alemana.

Minutos después, Beckenbauer anotaría el segundo gol, Uwe Seeler el tercero, y Haller el cuarto. Eliminaban al último equipo suramericano y el Mundial le quedaba a los europeos y a los sorprendentes coreanitos.

## MI RADIO "SPICA"

Inglaterra fue mi segundo Mundial. Yo tenía seis años en 1966, y fue cuando empecé a jugar fútbol en un parque con mis amigos del primer grado de la Escuela Esteban Echeverría de Belgrano, Buenos Aires.

De fútbol no sabía mucho y de Mundiales menos, sólo lo que ya les conté de mi viejo y de Amadeo Carrizo, a quien recién empezaba a admirar e imitar en el parque.

Esta vez, gracias a la radio, me enteré que había un Mundial.

Mis padres siguieron las incidencias de la Copa a través de la radio. Todavía me acuerdo del aparato. Era pequeño, portátil y de transistores, la novedad del momento, forrado en cuero y de marca "Spica."

Gracias a esa "Spica," nunca olvidaré aquellos días del Mundial.

Primero, por los gritos de gol y los comentarios de los adultos sobre el acontecer en las canchas de Inglaterra, comentarios que subieron de tono y color con la expulsión de Rattín y la eliminación de Argentina y Uruguay. Y segundo, por el sonido inigualable que llenaba nuestro pequeño apartamento de la calle Luis María Campos #1372, en Belgrano.

Cuando jugaban Argentina, Uruguay e Italia, la voz emocionada del narrador proveniente de Inglaterra, se mezclaba con los gritos de papá, sus amigos y la "Singer" de mi vieja, quien trabajaba en casa como costurera.

Como una ametralladora, el rá-tá-tá-tá-tá incesante de la máquina de coser se perdía entre las jugadas de la radio y las emociones de los oyentes en el apartamento, incluyendo a mamá, quien también expresaba las suyas sin dejar de trabajar.

Todo regresó a la normalidad cuando Argentina y Uruguay quedaron eliminados. Es día, el Mundial terminó para mi familia y la "Spica" volvió a su música.

¡Me parece que fue ayer!

## EL SUSTO DE PORTUGAL

**L**iverpool, 23 de julio, cuartos de final. Se enfrentan Portugal y Corea del Norte, ambos debutantes de la Copa. Corea viene de eliminar inesperadamente a Italia, y Portugal a Brasil. Se esperaba un gran encuentro.

A los 60 segundos de comenzado el partido, más sorpresas: Corea anota un gol. Veinte minutos después, otro. Dos minutos más tarde, otro más. Corea del Norte 3, Portugal 0, en tan sólo 24 minutos de juego.

¡Insólito! Nadie lo podía creer.

¿Dónde está Eusebio?

"Espera un *momentinho*," dijo "La Pantera." "Aquí estoy *Eu*" y se despertó.

A los 27 minutos anotó el primero, a los 43 minutos el segundo, a los 57 minutos el tercero de penal, y 2 minutos más tarde, el cuarto, también de penal. Puso las cosas 4 a 3 y a los norcoreanos en su sitio. Antes de finalizar el partido, José Augusto anotó el quinto y los portugueses se secaron el sudor frío del cuerpo. Ganaron 5–3 y avanzaron a las semifinales.

Los "chinitos" regresaron a Pyongyang llenos de gloria. Hasta el día de hoy, son los máximos héroes de Corea del Norte.

## LA GRAN FINAL DEL WEMBLEY

**L**a catedral del fútbol se vestía de gala el domingo 30 de julio de 1966, para escenificar por vez primera una final de la Copa del Mundo. En la cancha, los orgullosos anfitriones, portando camisetas rojas para que amablemente los alemanes pudieran usar sus blancas tradicionales. En las tribunas, 70 mil almas acompañando a la Reina Isabel II, el Primer Ministro inglés, Harold Wilson, el Canciller alemán, Ludwig Erhard, y al Presidente de la FIFA, Stanley Rous, feliz de ver a sus compatriotas en la gran final.

En el resto de mundo, 20 millones de personas mirándolo todo por televisión.

Los ingleses tenían que jugar un partidazo para despejar de una vez por todas las dudas de que de que este Mundial había sido planeado, organizado, manipulado y arbitrado con el solo fin de hacerlos campeones. Si no ganaban, ¡que bochorno para el Reino!

Afortunadamente, la selección de Alf Ramsey sacó la cara y jugaron un gran partido, bajo la batuta del capitán, el gran central Bobby Moore, el gran delantero Geoff Hurst, un arquerazo llamado Gordon Banks y el alma del equipo, el mejor futbolista inglés de todos los tiempos y el máximo goleador de la selección inglesa, el legendario Bobby Charlton.

Era sin dudas, el mejor equipo inglés de todos los tiempos.

Pero los alemanes no se quedaban atrás. Además del sensacional pibe debutante, Beckenbauer, tenían a otro de los grandes defensas de la Copa, Karl-Heinz Schnellinger, el mismo que le sacó el gol a Uruguay con la mano, y adelante, el siempre peligroso Uwe Seeler y el máximo goleador de Alemania en el torneo, Helmut Haller quien además fue el segundo goleador de todo el torneo.

Fue un juego disputado intensamente, rápido, vistoso y por momentos, polémico. El primer tiempo terminó 1–1 con goles de Haller y Hurst. A los 58 minutos Peters desempató y los ingleses veían su sueño hacerse realidad.

Pero cuando faltaba exactamente un minuto de juego, cuando los ingleses ya se sentían Campeones del Mundo y la Reina hacía un esfuerzo extraordinario para ocultar su emoción, vino el alemán Weber y les empató el partido.

*"No way!"* dijeron los ingleses y la final se fue a tiempo extra, la segunda vez en la historia de los Mundiales.

Aquí fue donde Hurst hizo historia.

Primero, hizo el gol más controversial de todas las Copas, el ya famoso, discutido y ultra analizado gol que rebotó del travesaño y pegó en el piso. Todos los análisis de films y video indican que el balón no pasó la línea de gol, pero el árbitro suizo Gottfried Dienst, después de consultarlo con sus auxiliares, dijo que sí y lo convalidó.

Después, para despejar todas las dudas y re-que-te-confirmar el triunfo inglés, Geoff Hurst anotó nuevamente y puso el marcador 4–2, convirtiéndose en el único jugador en anotar 3 goles en una final. Y por supuesto, Inglaterra se llevó la Jules Rimet por primera y hasta ahora, única vez en su historia.

## CONSUELO ARGENTINO

**N**o todo se perdió en Londres. Esta noticia no tuvo mucha difusión en esos días, pero durante la Copa de Inglaterra, el Comité Ejecutivo de la FIFA decidió otorgarle a Argentina (¡finalmente!) la sede del Mundial de 1978.

No sé si la noticia calmó la frustración de la selección, aunque lo dudo. Ahora prepare los tacos y llame a los mariachis ¡porque nos vamos pa' México!

## México 1970: El Otro Mundial de Pelé

**L**os viajes, los trámites y la persuasión de Guillermo Cañedo, dieron fruto durante las Olimpíadas de Tokio de 1964.

Allí se reunió la FIFA para escoger la sede del Mundial de 1970 entre México y el eterno candidato, Argentina. Muchos europeos pensaban que era un disparate celebrar una Copa del Mundo a la altura de algunas de las ciudades mexicanas. Pero ya sabemos cual fue la decisión. Don Guille regresó al D.F. con la sede del Noveno Campeonato Mundial de Fútbol, Copa Jules Rimet, México 1970, el segundo Mundial con mascota oficial, en este caso un charrito "chaparrito" llamado Juanito.

En la decisión de la FIFA también influyó el hecho de que México iba a organizar los Olímpicos de 1968. Según ellos, eso le daría experiencia y nuevas instalaciones al país azteca.

Tenían razón. Por la calidad de juego y excelente organización, el primer Mundial de México se recuerda como el mejor de todos los tiempos, y el recién construido Estadio Azteca de la Ciudad de México, El Coloso de Santa Úrsula, como el escenario de la mejor final de la historia.

**IX football world championship**
may 31 - june 21

**TRIVIA**

¿Cómo se llamó la mascota de México 70?

## CAMBIOS Y TARJETAS

**M**éxico 70 también se recuerda por ser el primer Mundial donde se usaron las tarjetas rojas y amarillas, y donde se permitieron cambios de jugadores durante los partidos.

¡Ya era hora! Hasta ese momento, los jugadores lesionados tenían que quedarse sufriendo en la cancha sin poder salir y así evitar que su equipo se quedara con menos jugadores. Eso le pasó a Pelé en Chile frente a Checoslovaquia, y en Inglaterra frente a Portugal.

**TRIVIA**
¿En qué Mundial se iniciaron los cambios de jugadores y cuál fue el primero?

Al mismo tiempo, la violencia de esos dos Mundiales hizo que la FIFA instaurara un sistema de advertencia a los que jugaban sucio. Así nació la tarjeta amarilla, que después era seguida por la roja y ¡fuera!

En ese año de 1970 no hubo expulsados y el primer cambio de un jugador por otro ocurrió en el partido inaugural de México contra Rusia. En el segundo tiempo, entró el ruso Anatoli Puzach por Víctor Serebrianikov. Minutos después, México cambió a Mario Velarde por Antonio Munguía.

## PELOTA NUEVA

Comenzando con esta Copa, la FIFA firmó un contrato de al parecer mil años porque todavía está vigente, con la compañía alemana de productos deportivos Adidas para proveer los balones de las Copas Mundiales.

El primer modelo utilizado fue el Telstar, el famoso balón de hexágonos negros y blancos que se hizo famoso en todo el mundo y que hasta el día de hoy se usa como un símbolo del fútbol.

## SOL Y TELEVISIÓN

Como se trataba de un Mundial en vivo, transmitido vía satélite a todo el planeta, había que tomar en cuenta el horario de los partidos.

La FIFA pensó en Europa y decidió iniciarlos a las 12:00 del día. Esto benefició a los televidentes europeos, quienes vieron sus partidos al caer la tarde, pero no a los jugadores, quienes tuvieron que jugar bajo el inclemente sol mexicano del mediodía.

Además de la altura, ¡ahora tenían que soportar el calor!

Hubo protestas, pero la televisión ganó. Para contrarrestar los efectos, la mayoría de las selecciones arribaron a México con un mes o tres semanas de anticipación para aclimatarse.

## "MI CASA ES SU CASA"

**L**as selecciones arribaban al aeropuerto de la Ciudad de México al son de mariachi y ante las sonrisas amables de hermosas "Lupitas" en trajes típicos, que los recibían con besos, flores y *souvenirs*. Era una gran fiesta mexicana, observada atentamente por las miradas curiosas de fans y reporteros, y captada por las cámaras de televisión para todo el mundo.

¡Bienvenidos a México!

El recibimiento era un adelanto de las atenciones que venían, y una prueba de que el dicho "Mi casa es su casa," resume magistralmente la hospitalidad mexicana. Por eso los aztecas se ofendieron tanto al enterarse de que la selección inglesa había traído su propia agua de beber para evitar la "Venganza de Moctezuma."

¡Qué falta de respeto!

## SIGUEN SIENDO DIECISÉIS

**E**sto no cambiaba todavía. Los participantes seguían siendo dieciséis, y seguían jugando con el mismo formato iniciado en Suecia 58, es decir, cuatro grupos de cuatro equipos, con los dos primeros de cada grupo avanzando a la segunda ronda de eliminación directa.

El sorteo se realizó en el Salón Independencia del Hotel María Isabel de la Avenida Reforma de la capital, frente al Ángel de la Independencia. Así quedaron los grupos:

**Grupo A** (Ciudad de México): México, URSS, Bélgica, El Salvador
**Grupo B** (Puebla y Toluca): Italia, Uruguay, Suecia, Israel
**Grupo C** (Guadalajara): Brasil, Inglaterra, Checoslovaquia, Rumania (el primer "Grupo de la Muerte" de un Mundial)
**Grupo D** (León): Alemania, Perú, Bulgaria, Marruecos

## ¡BIENVENIDA ÁFRICA!

**L**a otra peculiaridad del México 70 es que la FIFA finalmente oyó los reclamos africanos y le dio al continente un boleto directo al Mundial, sin eliminatorias con Asia y Oceanía.

El honor le correspondió a Marruecos, quien asistió por primera vez a una Copa. Le tocó jugar en el Grupo 4 con Alemania, Perú y Bulgaria. Y no les fue tan mal para ser la primera vez. Perdieron contra Alemania y Perú, pero en el último partido, empataron 1–1 con Bulgaria aunque no les alcanzó para avanzar.

El representante de Asia y Oceanía fue Israel, también debutante en Copas Mundiales. Jugó en el Grupo 2, de Italia, Uruguay y Suecia, y les fue mejor que a los marroquíes porque lograron dos empates. Su única derrota fue ante Uruguay, 2–0.

También se fueron a casa temprano, pero cargados de *souvenirs* mexicanos.

## "LA GUERRA DEL FUTBOL"

Como México clasificó automáticamente, El Salvador vio una extra-ordinaria oportunidad para asistir a un Mundial por primera vez. Honduras también. Por eso se fueron a la guerra.

En realidad no fue así, pero el mito creado por la prensa interna-cional lo ha hecho ver del esa manera. La llamada "Guerra del Fútbol" no tuvo nada que ver con el deporte. Fue un rollo limítrofe y migrato-rio de más de cincuenta años entre los dos países que desgraciada-mente, coincidió con las eliminatorias al Mundial y terminó en un con-flicto militar.

Sí hay que apuntar, sin embargo, que en 1969, camino al Mundial de México, las relaciones entre hondureños y salvadoreños estaban calientes y alborotadas. Honduras había iniciado un proceso de deportación de miles de campesinos salvadoreños, y El Salvador lo tomó como un insulto y una violación a los derechos humanos.

El ambiente se caldeó aún más, cuando los dos países tuvieron que enfrentarse para el Mundial.

El partido de ida fue en el Estadio Morazán de Tegucigalpa, el 8 de junio de 1969, y no es difícil imaginarse la tensión que había. La noche anterior, los hinchas catrachos no dejaron dormir a los jugadores salvadoreños, haciendo ruido y tirando piedras a las ven-tanas del hotel.

Al día siguiente, Honduras ganó 1–0.

Una semana después, en la cancha del Flor Blanca de San Salvador, los hinchas locales hicieron lo mismo y recibieron a la selec-ción hondureña con cantos y amenazas de muerte. El partido lo ganó El Salvador 3–0 y hubo que sacar a los hondureños del estadio con protección militar.

Al haber ganado un partido cada uno, había que jugar un desem-pate en terreno neutral. La FIFA escogió el Azteca de México y allí se enfrentaron el 27 de junio. El Salvador volvió a ganar 3–2 y Honduras fue eliminado del Mundial.

Mientras, la tensión política entre los dos gobiernos continuaba. El 14 de julio, el ejército salvadoreño invadió a Honduras y se desató la guerra. Duró cien horas y dejó más de 2 mil muertos y miles de heridos y damnificados. La OEA intervino a tiempo y decretó un alto al fuego. Como ven, una cosa no tuvo que ver con la otra, pero así se percibió.

## DEBUTA EL SALVADOR

El hecho es que El Salvador asistió al primer Mundial de su historia, y por ser vecinos, no tuvieron que viajar mucho. Les tocó compartir el Grupo 1 precisamente con sus vecinos, México, y con Bélgica e Italia.

"El Mágico" Jorge González, el mejor futbolista salvadoreño de todos los tiempos, apenas tenía once años en 1970 y obviamente, todavía no era estrella de la selección. Pero sus predecesores sí lo eran. Entre ellos, había grandes futbolistas como Raúl Magaña, Mauricio "Pipo" Rodríguez, Saturnino Osorio y los dos "Salvadores" de El Salvador, Salvador Mariona y Salvador Cabezas.

Desafortunadamente, esta primera participación mundialista no fue la esperada por los fanáticos salvadoreños ni por los jugadores tampoco. Perdieron los tres partidos, no hicieron goles y les anotaron 9.

Eventualmente, las relaciones entre El Salvador y Honduras mejoraron y en 1980 firmaron un tratado de paz. Hoy en día se enfrentan los equipos regularmente sin temores de guerra.

¡Gracias a Dios!

## LA PRESIÓN DEL TRI

Para los muchachos del Tri era la hora de la verdad. Este era su Mundial y tenían que lucir bien, por lo menos, "no embarrarla," como dicen en México.

Bajo la tutela de Guillermo Cañedo a la cabeza de la Federación, la selección volvió a prepararse con tiempo y seriedad. En un partido amistoso a finales del 68 le ganaron a Brasil en el Maracaná. Pero después, las cosas no salieron tan bien. En mayo del 69 hicieron una gira por siete países europeos donde México sólo ganó un partido, empató dos, y perdió cuatro. Como resultado, el "Nacho" Tréllez renunció como Director Técnico (o lo hicieron renunciar) y el puesto se lo dieron a su asistente y ex estrella de la selección en tres Mundiales, "El Güero" Raúl Cárdenas.

Después de muchos cambios y de probar a varios jugadores, la selección quedó formada por cinco jugadores del Cruz Azul, cuatro del América, tres del Pumas, dos del Chivas y Necaxa, y uno de Veracruz, Toluca, Atlante y León.

¡Vamos al Mundial!

Las figuras eran el "Nacho" Calderón, portero del Chivas, "El Halcón" Gustavo Peña y "El Negro" Antonio Munguía del Cruz Azul, Aaron Padilla y José Luis "la Calaca" González de los Pumas, Javier "El Cabo" Valdivia de las Chivas y el gran goleador de México y el América, Enrique Borja.

## MÉXICO INAUGURA SU COPA

**A**México le tocó inaugurar su primer Mundial contra la Unión Soviética, el día 31 de mayo de 1970. El partido fue aburrido y empataron sin goles, pero pasó a la historia de las trivias mundialistas como el primer partido donde hubo cambios de jugadores y porque "El Halcón" Peña fue el primer jugador en recibir una tarjeta amarilla.

En el segundo encuentro, tal como lo hacía México regularmente en esos años, golearon a El Salvador 4–0. El tercero frente a Bélgica era crucial, porque necesitaban una victoria para avanzar a la segunda ronda. Temprano en el partido, el día 11 de junio, México empezó ganando con un penal cobrado impecablemete por su capitán, "El Halcón" Peña a los 16 minutos. Durante el resto del partido, los mexicanos supieron replegarse y disciplinadamente aguantar el marcador. Ganaron 1–0 y pasaron a la segunda ronda por primera vez en su historia.

En todos los hogares, calles y cantinas de México, se gritó y se cantó en una gran fiesta nacional. La alegría sólo duró tres días. El 14 de junio se apagó en "la Bombonera" del Toluca. Esa tarde, México se enfrentó a Italia, que había avanzado a duras penas anotando solamente un gol en tres partidos.

Probablemente eso incrementó la confianza del Tri, pero seguramente asustó a los italianos. Todo México pidió un milagro cuando "La Calaca" González anotó el primer gol del partido, a los 13 minutos de juego. Pero Italia se sacudió, se puso las pilas y le pasó por encima a los mexicanos, quienes jugaron su peor partido de la Copa. Mario Bertini empató, Gigi Riva desempató, Gianni Rivera anotó el tercero y Riva nuevamente anotó el cuarto.

Italia 4, México 1.

El milagro nunca llegó y lo que pudo haber sido, no fue. No se pudo. El Tri quedó fuera de su propio Mundial y a los mexicanos nos les quedó otra que apoyar a Brasil por el resto del torneo.

## SE VA CAÑEDO

**T**res días después de concluido el Mundial, Guillermo Cañedo sorprendió a todos al renunciar como jefe del fútbol mexicano, dándole a la federación, según él, "libertad de acción" para reorganizarse. Era el fin de una era.

"Tenemos que cambiar la mentalidad del fútbol mexicano," declaró al despedirse.

Las cosas no cambiaron de inmediato y el fútbol mexicano empezó su peor década. No obstante, la semilla de Cañedo echó raíces y eventualmente, México logró cambiar su mentalidad y salir del hoyo. Hoy en día, está entre las diez mejores selecciones del mundo, gracias a la obra y el liderazgo de "Don Guille."

## PELÉ SE SACA LA ESPINA

**S**e la sacó porque no se lesionó y pudo hacer lo suyo.

Y lo hizo como el "Rey" que era, con clase y elegancia, brindando el espectáculo futbolístico más impresionante de una Copa Mundial, igualado tal vez por Maradona, dieciséis años después, en el mismo escenario. ¡Definitivamente hay algo en el aire mexicano!

La selección que acompañó a Pelé en México, lo ayudó a olvidar el fracaso de Londres y la lesión de Santiago. Entre ellos estaban los debutantes Felix, bajo los palos, el capitán Carlos Alberto y Wilson Piazza en la defensa, los mediocampistas Clodoaldo y Gerson, y el zurdo de la delantera, Rivelino. También estaban Jairzinho y Tostao, quienes jugaban su segundo Mundial.

A la cabeza del equipo, haciendo su debut como entrenador, estaba otro viejo compañero de Pelé de Suecia y Chile, el "Lobo" Mario Zagallo.

**TRIVIA**

¿Quién fue el técnico de Brasil en México 70?

Si hay una selección de fútbol sobre la que se ha escrito todo, es ésta de Brasil del México 70. Eran una sinfonía futbolística . . . un ballet sobre pasto . . . un poema convertido en goles . . . un tributo a la creatividad . . . un . . . ya sabe el resto.

Debutaron goleando 4–1 a los checos en el Jalisco de Guadalajara, donde Pelé anotó un hermoso gol. En otro partidazo le ganaron a los Campeones Mundiales de Inglaterra 1–0, con un golazo de Jairzinho, tras un pase magistral de Pelé. Luego eliminaron a Rumania 3–2 con 2 goles de Pelé y otro de Jairzinho. Avanzaron a la segunda ronda para eliminar a Perú 4–2, y luego a Uruguay 3–1 en semifinales, con goles de Clodoaldo, Rivelino y Jairzinho, quien se convirtió en el único jugador en la historia de los Mundiales en anotar goles en todos los partidos que jugó (7 en seis partidos, ahí le dejo la trivia).

## "EL NENE" DE PERÚ

Los peruanos sabían que el chico era bueno, pero el Mundo no. En las filas del Alianza Lima había anotado goles sensacionales y ganado el campeonato nacional, pero el resto del planeta aún no había contemplado su clase. México 70 fue la gran oportunidad, en vivo, vía satélite y a todo color.

Teófilo Cubillas, de veintiún años, morenito y con un gran talento, más que peruano, parecía un brasileñito en la cancha.

¡Qué manera de jugar al fútbol!

Era rápido, habilidoso, inteligente y con cara de niño. Sus goles eran hermosos y sus tiros libres potentes y espectaculares. El Perú nunca tuvo un jugador de ese calibre.

Quienes mejor lo conocían, además de los peruanos, eran los argentinos, porque el "Nene" y sus compañeros habían logrado lo imposible, eliminarlos del Mundial.

En el último partido eliminatorio en la cancha del Boca, Argentina tenía que conseguir los 2 puntos para ganarse el boleto a México. Desgraciadamente para mis compatriotas, ni el esfuerzo ni el apoyo de las tribunas fue suficiente. Lograron empatar a 2 en el último minuto con un gol de Alberto Rendo, pero quedaron fuera del Mundial.

Por esa razón, en el país no le dieron mucha bola al México 70 sin Argentina.

Yo tampoco.

Tenía diez años y a pesar de que ya jugaba fútbol, no me interesé en seguir el Mundial por televisión. Mi mamá sí le prestó atención porque su querido Uruguay llevaba una buena selección. Pero yo nunca me contagié. Ni cuenta me di de que estaba viviendo mi tercer Mundial.

Pero volvamos al "Nene" y los peruanos.

El equipo lo dirigía el glorioso Didi de Brasil y era la mejor selección en la historia peruana. Cubillas encabezaba una generación de futbolistas excepcionales, que hasta el día de hoy, Perú no ha podido reemplazar.

Allí estaba el arquero Luis Rubiños, el legendario defensa central Héctor Chumpitaz, Roberto Challe y Ramón Miflin en la línea media y adelante, Julio Baylón, "El Cholo" Hugo Sotil y Pedro Pablo Perico León.

El debut estuvo lleno de dolor y emociones.

Días antes, un terremoto azotó los Andes peruanos y más de 10 mil personas perdieron la vida, pueblos enteros fueron borrados del mapa. Lejos de casa y con sus compatriotas llenos de dolor, los

**TRIVIA**

¿Quién fue el técnico del Perú en México 70?

peruanos salieron a la cancha del Cuauhtemoc en León, el 2 de junio de 1970, inquietos y desconcertados para enfrentar a Bulgaria.

**TRIVIA**
¿Cuál fue el primer Mundial del "Nene" Cubillas?

Los búlgaros se aprovecharon y se fueron arriba en el marcador 2 a 0.

El "Nene" reaccionó primero. Se echó el equipo encima y empezó a dirigir el partido en el segundo tiempo. Pronto los peruanos empezaron a jugar como ellos sabían, tocando, rotándose, abriendo espacios, entrando por las puntas y pateando al arco seguido.

Gallardo hizo el primer gol y Chumpitaz el segundo 3 minutos después. Cuando faltaban 10 minutos de juego, Cubillas hizo lo suyo. Anotó su primer gol en Copas Mundiales, un golazo de tiro libre que cerró el partido 3–2 a favor del Perú.

El fútbol hizo olvidar temporalmente el luto nacional y los peruanos se lanzaron a las calles a celebrar.

La segunda aparición de la selección fue contra Marruecos. El "Nene" estaba inspirado. Ese 6 de junio en León, anotó 2 goles y le dio el tercero a Challe. Ganaron 3 a 0 y avanzaron a la segunda ronda. Un debut histórico.

Nuevamente el país se enloquecía y olvidaba sus penas.

El tercer partido fue contra Alemania. La máquina de Beckenbauer, Seeler y Schnellinger, los arrolló con 3 goles de un debutante mundialista, un muchacho de veinticuatro años llamado Gerd Müller.

Cubillas no se quedó corto sin embargo, y anotó el suyo, el cuarto gol en 3 partidos. Alemania ganó 3–1.

Desafortunadamente para los peruanos, el partido de cuartos de final fue contra Brasil, la mejor selección de la Copa. Se jugó en el Jalisco de Guadalajara el 14 de junio. El esfuerzo del "Nene" y sus amigos para contener a Pelé y los suyos, se quedó corto. Dos goles de Tostao, uno de Rivelino y otro de Jairzinho pusieron fin al sueño peruano. El partido terminó 4–2 y Cubillas anotó uno más, el quinto de su debut mundialista.

**TRIVIA**
¿Cuántos goles anotó Cubillas en México 70?

En Lima los recibieron como héroes mientras que en México el público los echaba de menos. Los mexicanos siguieron disfrutando el espectáculo brindado por Brasil, pero nunca olvidaron aquel fútbol hermoso del "Nene" y su pandilla de la franja roja, los mismos que un día bajaron de los Andes para maravillar al mundo entero.

Después del Mundial, Didi no renovó su contrato y se fue a Buenos Aires a entrenar a mi equipo, River. Sus pupilos peruanos no clasificaron para el Mundial de 1974 y reaparecieron en Argentina 78, con otra gran actuación del gran Cubillas.

## URUGUAY REVIVE SU GLORIA

No les alcanzó porque se toparon con Brasil en semifinales, pero si no hubiese sido por eso, ¡ayayay! ¿Quién sabe qué hubiese pasado? ¿Otra final contra la *verdeamarella*? Tal vez.

Esta fue la mejor actuación "charrúa" en un Mundial desde Suiza 54. A México, los uruguayos llegaron con una selección renovada y sólida. Pedro Virgilio Rocha y Luis Cubilla eran los líderes veteranos, jugando un tercer Mundial. Los debutantes eran jóvenes como los defensas Atilio Ancheta y Roberto Matosas, los medios Victor Espárrago y Julio Montero Castillo, y el delantero Ildo Maneiro. En el arco jugó un joven de veinticinco años, estrella del Peñarol, quien después de la Copa fue incluído en el equipo de estrellas del mundo, Ladislao Mazurkiewicz.

A Uruguay le tocó jugar en el Cuauhtemcoc de Puebla. Debutaron el 2 de junio venciendo a Israel 2–0. Después empataron a cero con Italia, y luego perdieron 1–0 contra Suecia, pero clasificaron a la segunda ronda.

El 14 de junio en cuartos de final, jugaron un partido reñidísimo contra los rusos en el Azteca y terminaron 0–0. Después de dos prórrogas de 15 minutos y cuando parecía que se iban a los penales, Espárrago anotó un gol inolvidable y Uruguay avanzó a las semifinales por primera vez en dieciséis años.

Pese a que yo no le di bola a ese Mundial, me enteré de ese gol. Yo me encontraba en Montevideo jugando fútbol en la calle donde vivía "Tío Negro," cuando anataron el gol y escuché los gritos de alegría que salían de las casas del barrio. Detuvimos el juego por unos instantes mientras averiguabamos la razón de la celebración, y ahí fue cuando me enteré que un tal Espárrago, un nombre que siempre me causó risa, había hecho avanzar al Uruguay en la Copa del Mundo.

Allí se toparon con el Scratch y se les acabó la fiesta. Aunque Cubilla anotó un gol de despedida, no fue suficiente. Brasil anotó 3 y los mandó a casa.

El partido terminó 3–1 y en su frustración, mi vieja sentenció categóricamente: "Esa fue la FIFA que manipuló todo para que la final fuese Europa contra América."

¿Será cierto?

## LA REVANCHA DEL 66

¡**U**n juegazo! Alemanes e ingleses volvieron a protagonizar un partido histórico que también fue intensamente disputado y terminó con un empate, tal como en la final de Inglaterra 66.

Esta vez el escenario era el pequeño estadio Nou Camp de León, el 14 de junio. Los ingleses seguían jugando con los dos "Bobbies," Moore y Charlton, y con el goleador de la final de Londres, Geoff Hurst. Empezaron ganando 2–0, pero Franz Beckenbauer y Uwe Seeler anotaron para los alemanes y se fueron a tiempo extra.

A los 108 minutos de juego, bajo el sol ardiente de Guanajuato, con un cansacio notable, apareció el goleador de la Copa, el "Bombardero" Muller y anotó el gol de la victoria, su octavo gol del evento.

Los ingleses perdieron el título y regresaron a casa, cansados, pero con un buen bronceado mexicano.

**TRIVIA**
¿Quién ganó el partido de Alemania e Inglaterra de México 70?

## EL PARTIDO DEL SIGLO

¡**O**tro partidazo! Lo protagonizaron otros dos Bicampeones del Mundo. Alemania llegaba exhausta al compromiso con los italianos en el Azteca. Pero eso no les impidió dar un espectáculo de fútbol con los pantalones bien puestos. Jugaron 90 minutos de toma y daca con los *Azzurri*, quienes venían de vencer fácilmente y sin mucho as dificultades al equipo mexicano.

Terminaron empatados 1–1 y se fueron a tiempo extra.

De esa manera, con Beckenbauer jugando con un hombro dislocado y el brazo atado al pecho, los goles fueron cayendo uno a uno, 5 en 21 minutos.

Primero Alemania por parte de Muller, después Italia por parte de Roberto Bonisegna. Después Italia nuevamente con gol de Riva, e inmediatamente Muller empató 3 a 3 (anotó 2 en este festival de goles y terminó como máximo goleador de la Copa con 10, acercándosele peligrosamente al récord de Fontaine de 13 goles de 1958).

**TRIVIA**
¿Cuál fue el partido del siglo? ¿En qué Mundial?

Al final, a Alemania se le acabó la gasolina (o la suerte) y los italianos volvieron a anotar por medio de Rivera. El encuentro finalizó 4 a 3 a favor de Italia.

Los pobres alemanes dejaron el alma en la cancha y el inolvidable recuerdo de la mejor semifinal de la historia. Por eso lo llaman el "Partido del Siglo."

*Auf Wiedersehen!*

## LA PRIMERA FINAL DEL AZTECA

**¿Q**ué podrá más? ¿El cansancio o las ganas de ganar? Esa era la pregunta de los italianos aquel domingo 21de junio, el día de la gran final del México 70. Al parecer las ganas se impusieron, porque salieron a la cancha del Azteca plantándoseles firmes y seguros a los brasileños, quienes, para sorpresa de muchos, les tomó 17 minutos encontrar su juego.

Ahí fue cuando apareció Pelé.

Con un salto parecido a los mejores de Michael Jordan, "El Rey" se suspendió en el aire para cabecear un centro de Rivelino y abrir el marcador. Italia se percató de que la única manera de ganar era impidiendo el trabajo de Pelé y de Rivelino. Les pusieron presión física y trataron de neutralizarlos. Y tuvieron suerte. En el minuto 36, Clodoaldo se equivocó en su propia zaga y Boninsegna aprovechó para empatar.

*Tutto bene* hasta ese momento. Al terminar el primer tiempo, Italia todavía tenía piernas y pulmones.

Empieza el segundo tiempo.

Rivelino estrella un bombazo en el travesaño y el Scratch se despierta. Los *Azzurri* tratan de detenerlos, pero mueren en el esfuerzo. En la medida que Brasil empieza a lucir su clase, Italia se desmorona.

"Nos trituraron," fue lo que declaró Sandro Mazzola al llegar a Roma dos días después. Cuando lo conocí de pura casualidad en el lobby de un hotel en Milán, treinta y dos años después, todavía se acordaba de México y con mucho cariño.

"¿Y eso?" le pregunté.

"La final fue lo único malo del viaje," respondió con una sonrisa y en buen castellano. "La gente de México nos trató muy bien, con todo y lo de Toluca." Se refería por supuesto, al partido en que Italia eliminó a México. Luego, el gran Mazzola me preguntó si yo era mexicano y me confesó que le encantaban los mariachis y la cerveza mexicana, todo en una misma oración, sin dejarme responder. "¡Que viva México!" agregó y se despidió.

*¡Mamma mía!* Volvamos al partido.

**TRIVIA**
¿Cuándo ganó Brasil la Copa Jules Rimet por tercera vez?

A los 66 minutos Gerson pateó desde fuera del área y le anotó el segundo a Albertosi. A los 71 minutos Pelé interviene nuevamente y se la pone a Jairzinho para que anote el tercero de Brasil y su séptimo del Mundial.

Comenzó el baile.

Como si estuvieran en una práctica, los brasileños hicieron de las suyas con los pobres italianos. Toquecitos, pasecitos, pases largos, triangulaciones, centros, remates ... si ustedes han visto el video, ya saben a qué me refiero. Aquello fue una cátedra de fútbol nunca antes vista, y jamás repetida en un Mundial.

El broche de oro fue de Pelé.

En una de esas jugadas para la historia, llevó el balón hasta el borde del área, amagó como si fuera a driblar al defensa y se paró en seco. De repente, en cámara lenta y sin voltear la cabeza, lanzó el balón hacia su derecha, al vacío. Allí se apareció Carlos Alberto como un huracán y lanzó un cañonazo imparable, pegado al piso, al segundo palo de Albertosi.

¡Golazo!

La mejor selección de Brasil de todos los tiempos ganaba el Campeonato Mundial de Fútbol por tercera vez y se quedaba con la Copa Jules Rimet para siempre.

Así terminó el mejor Campeonato Mundial de la historia.

## EPÍLOGO: ¿DÓNDE ESTÁ LA COPA?

¡Se la volvieron a robar!

Esta vez no la recuperaron. Nunca más se supo de ella.

Ocurrió en Río de Janeiro en 1983, años después de que Brasil la trajera de México. La policía nunca supo quién se la robó de la vitrina de la Confederación Brasileña de Deportes, ni qué hicieron con ella.

Cinco años después, en diciembre de 1988, apareció muerto a tiros en un barrio de Río un tal Antonio Carlos Aranha. Las autoridades concluyeron que había sido asesinado por sus compañeros de pandilla, por no haberles dado la parte que les correspondía de la venta de los 2 kilos de oro derretido de la Copa Jules Rimet.

**TRIVIA**
¿Dónde está la Copa Jules Rimet que Brasil ganó en México 70?

Final trágico de una historia feliz.

Hoy en día, la Copa que se exhibe en la misma vitrina de la CBD, es una réplica de la original.

## Alemania 1974: El Mundial de Cruyff (y Lato también)

**D**os años después de los Olímpicos de Munich, Alemania estaba lista para otra fiesta Mundial. Esta vez, bajo un marco de seguridad nunca visto en una Copa del Mundo.

Durante los Olímpicos, once atletas israelitas fueron asesinados por radicales musulmanes en la Villa Olímpica. Para evitar otra desgracia, los organizadores de la Copa tomaron todas las precauciones necesarias.

Como resultado, éste fue el Mundial de la extrema seguridad, de la presencia policial en cada esquina, de los perros guardianes, de los registros en los estadios y de los hoteles convertidos en fortalezas.

Para mayores males, había amenazas terroristas contra La Roja de Chile porque como siempre sucede en el fútbol, los jugadores pagan los platos rotos de los políticos.

Pocos meses antes del Mundial, había ocurrido en Chile el derrocamiento y la muerte del Presidente socialista Salvador Allende. Mucha gente en Europa veía a la selección chilena como representante del nuevo gobierno derechista del General y líder del golpe militar, Augusto Pinochet. De ahí las amenazas. El cerco de seguridad alrededor de los jugadores chilenos fue sumamente estricto.

Afortunadamente, no pasó nada. Todo quedó en amenazas y el Décimo Campeonato Mundial de Fútbol, Copa FIFA, Alemania 1974 se celebró pacíficamente.

Pero sin fiesta.

**TRIVIA**
¿En qué Mundial se empezó a jugar por la Copa FIFA?

## HAY COPA NUEVA

**C**uando Brasil se llevó la Copa Jules Rimet a casa para siempre, la FIFA pareció haberse arrepentido. En 1971, se reunió en Atenas para crear una nueva Copa y de paso cambiar las reglas. Decidieron que la Copa no llevaría más el nombre de una persona, sino que se llamaría simplemente FIFA, "la Copa Mundial FIFA." Nada más.

También eliminaron la regla de las tres veces que existía desde 1930. De ahora en adelante, el campeón se llevaría a casa una réplica de la original.

El nuevo trofeo fue diseñado y elaborado por el escultor italiano Silvio Gazzaniga. Es de oro macizo de 18 quilates, pesa 6 kilos (unas 13.6 libras) y mide 36 cm. de alto (14 pulgadas).

Tuve el privilegio de conocer a Don Silvio en el 2001. Nos recibió en su taller de Milán, Italia. Habló del sorpresivo honor que tuvo en ser escogido como escultor de la nueva Copa FIFA, aunque en reali-

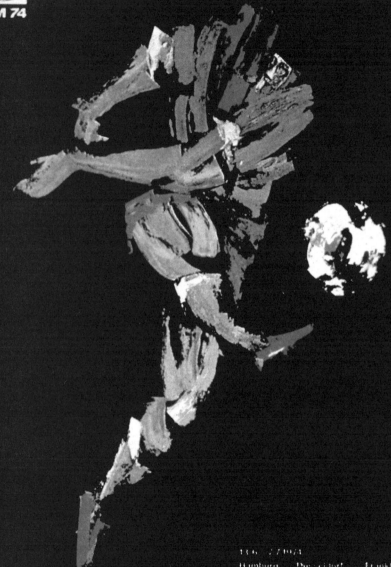

WM 74

13.6. - 7.7.1974

Hamburg    Düsseldorf    Frankfurt
West-Berlin  Gelsenkirchen  Stuttgart
Hannover    Dortmund     München

# FIFA World Cup 1974

dad, según nos contó, la FIFA no lo seleccionó a él directamente, sino a la empresa para la que él trabajaba, los talleres Bertoni.

Al él le encomendaron el diseño y resultó ser el escogido. En su taller todavía guarda el boceto original y una réplica de la Copa. Yo, por supuesto, tuve que tomarme una foto para la posteridad.

Esta nueva Copa fue presentada por Pelé el día de la inauguración en el Estadio Waldstadion de Francfort, el 13 de junio de 1974. Ese mismo día, el inglés Stanley Rous se despedía de la FIFA y anunciaba a su sucesor, el gran amigo de Pelé, modernizador del fútbol brasileño y quien en poco tiempo convertiría el Mundial de Fútbol en el extraordinario éxito comercial que es hoy en día. Me refiero a Joao Havelange.

Después de los discursos vino el juego inaugural entre el Campeón del Mundo, Brasil y Yugoslavia. Igual que en la inauguración de México 70, este primer encuentro también terminó 0 a 0.

## LA MISMA PELOTA Y OTRA MASCOTA

El contrato con Adidas seguía en pie y los balones usados en Alemania fueron los mismos de México, el balón Telstar.

El concepto de la mascota oficial también seguía en pie.

Alemania 74 fue el tercer Mundial con mascota, pero no una, sino dos, por aquello de las dos Alemanias. Eran la imagen de dos niños llamados Tip y Tap (nunca supe cuál era cuál).

**TRIVIA**

¿Cuántas mascotas tuvo el Mundial de Alemania 74?

## NUEVO FORMATO

Seguían siendo dieciséis los países participantes, divididos en cuatro grupos. La diferencia es que para la segunda ronda se formaron dos grupos de cuatro equipos cada uno. Los dos primeros de cada grupo iban a la gran final y los dos segundos, se peleaban por el tercer lugar.

Se jugó en nueve sedes y así quedó el sorteo de los grupos:

**Grupo A** (Berlín y Hamburgo): Chile, las dos Alemanias y Australia.

**Grupo B** (Francfort, Gelsenkirchen y Dortmund): Yugoslavia, Zaire, Brasil y Escocia

**Grupo C** (Hanover y Dusseldorf): Holanda, Uruguay, Suecia y Bulgaria

**Grupo D** (Munich y Stuttgart): Polonia, Haití, Italia y Argentina

## ZAIRE, HAITÍ Y "LA OTRA" ALEMANIA

**H**abía cuatro naciones que jugaban un Mundial por primera vez: Australia representando a Oceanía, Zaire representando a África y Haití por la CONCACAF. Por Europa participó el hermano comunista del anfitrión, Alemania Oriental, mejor dicho, la República Democrática Alemana, la famosa RDA del muro de Berlín y los atletas con esteroides. ¿Será por ellos que en este Mundial empezaron a aplicarse las pruebas antidoping? ¿Umm?

Era la primera vez que ambas Alemanias se encontraban en un mismo Mundial y hasta en un mismo grupo.

Australia pasó sin pena ni gloria. Ni un gol hicieron. Perdió con las dos Alemanias y empató 0–0 con Chile.

Zaire tuvo un debut dramático. Primero perdieron 2–0 con Escocia, luego Yugoslavia los goleó 9–0. Después Brasil les ganó 3–0, para un total de 14 goles en contra, ninguno a favor. Más nunca han vuelto a un Mundial. De hecho, el país como tal ya ni existe, ahora se llama República Democrática del Congo.

Haití tuvo mejor suerte.

En su primer partido contra Italia en Munich, su goleador Emmanuel Sanon abrió el marcador temprano y de paso destruyó el record de 11 partidos (1,142 minutos) sin recibir goles del portero Dino Zoff. Al final, los italianos se despertaron y ganaron 3–1. Los haitianos después cayeron 7–0 ante Polonia. En el tercer encuentro, Argentina les ganó 4–1.

**TRIVIA**

¿Qué récord le quitó Haití a Italia en el Mundial de Alemania 74?

## LOS GRANDES AUSENTES

**T**al como sucede en los Mundiales, no son todos los que están, ni están todos los que son. En Alemania 74 no participaron Inglaterra, España, Perú y México.

Inglaterra vivía años de crisis futbolística. No fue al Mundial porque Polonia los eliminó. También se perdieron el siguiente en Argentina. Su *comeback* ocurrió en España 82.

El Perú de Cubillas y compañía quedó empatado con Chile al final de la eliminatoria y tuvo que jugar un tercer partido. Chile ganó y los peruanos tuvieron que esperar cuatro años más para regresar a una Copa del Mundo.

## ¿QUÉ ONDA CON MÉXICO?

**E**so mismo se preguntaban los mexicanos en 1973.

Todo comenzó el 25 de noviembre cuando la selección llegó a

Haití para disputar el premundial de la CONCACAF. Jugaban México, Honduras, Guatemala, Antillas Holandesas, Trinidad y Haití.

Cuando los mexicanos arribaron a Puerto Príncipe, los haitianos no los recibieron con los brazos abiertos. Estaban ofendidos porque, según ellos, un diario de México había escrito notas racistas y despectivas sobre Haití. Dicen que sacerdotes del vudú le echaron una maldición al Tri para que no fuera al Mundial.

Yo no creo mucho en esas cosas, pero esa fue una de las excusas dadas para justificar lo que pasó a continuación.

Primero el Tri se enfrentó a Guatemala y empataron. Enrique Borja se desgarró un muslo y "Nacho" Calderón se lesionó la mano. Después empataron con Honduras y el segundo portero, Rafael Puente, cayó enfermo con fiebre y no pudo jugar más. Para el tercer partido alineó el tercer portero, Héctor Brambila y México despachó fácilmente a las Antillas Holandesas 8–0.

Todavía había esperanzas, pero Trinidad y Haití acabaron con ellas.

La selección de Javier de la Torre quedó eliminada y volvió a casa humillada. Era el primer gran fracaso de la selección mexicana camino a un Mundial. Todos en México esperaban una mejoría de la buena actuación en Chile e Inglaterra, pero quedaron defraudados.

## HAY CARAS NUEVAS

Además de Havelange como Presidente de la FIFA, Alemania 74 vio el debut de caras nuevas que se consagraron en la década de los setenta.

Entre ellos se encontraba un polaco con un gran talento. Su nombre era Grzegorz Lato, un calvito de veinticuatro años que resultó siendo el máximo goleador del torneo, con 7 goles. Había sido la estrella de Polonia en los Olímpicos de Munich de 1972, donde ganaron la medalla de oro. Años más tarde en 1982–1983, terminó su carrera en las filas de mi equipo mexicano favorito, el Atlante.

Debutaron también dos arqueros excepcionales que llegaron a jugar varios Mundiales e incluso a coronarse campeones. Ellos eran Emerson Leao de Brasil y Dino Zoff de Italia, quien, como les dije, llegó a esta Copa con once partidos sin recibir goles.

**TRIVIA**

¿Cuándo debutó el polaco Lato en los Mundiales?

Por Italia también debutaron otros dos grandes, Gigi Riva y Giorgio Chinaglia. Por Chile, dos de sus mejores futbolistas de todos los tiempos: "El Chino" Carlos Caszely y un *crack* que hizo historia en el América de México y actual técnico del

San Luis de la liga mexicana (y mi compañero de trabajo en Univisión durante el pasado Mundial del 2002), mi gran amigo Carlos Reinoso. Por Argentina también debutaron varias figuras con un gran futuro, como Ubaldo Fillol, Miguel Brindisi, René Houseman, Carlos Babington y un joven de veinte años que escribiría una página maravillosa del fútbol argentino, el cordobés Mario Kempes, "El Matador."

## CRUYFF: DEBUT Y DESPEDIDA

**A**hora bien, ninguno de los debutantes anteriores se compara con la máxima figura de este Mundial, un flaco holandés de veintisiete años con un talento incomparable, uno de los mejores futbolistas de todos los tiempos, el maravilloso Johan Cruyff.

Jugaba con el número 14 en la espalda y era el mejor jugador europeo del momento. A los diecinueve años había ganado su primer campeonato holandés. Después, el título de Mejor Jugador Europeo en varias oportunidades y tres Copas de Europa con su famoso equipo, el Ajax de Amsterdam.

Este último es el equipo que inventó el "fútbol total," aquella técnica de atacar y defender todos a la vez. La "Naranja Mecánica" de Holanda la llevó a Alemania 74 y la elevó a su mámimo nivel, gracias al técnico de la selección, Rinus Michel y a los talentos de Cruyff y Johan Neeskens.

Como la Hungría de 1954, esta selección holandesa era la favorita del torneo. No jugaban un Mundial desde 1938 y, como verán, al final Cruyff no pudo hacer mucho y los holandeses corrieron la misma suerte de los "Mágicos Magiares."

Esta fue la primera y única participación de Cruyff en Copas del Mundo.

TRIVIA
¿Cómo se llamaba el técnico de la "Naranja Mecánica"?

## ARGENTINA EN MI TELEVISIÓN

**S**i el Mundial de Inglaterra lo viví por radio, el de Alemania fue por televisión.

No era muy grande, en blanco y negro, pero me sirvió para vivir mi primera Copa del Mundo en vivo, vía satélite.

La Albiceleste, encabezada por su capitán Roberto Perfumo, inició su participación en Stuttgart, frente a los Campeones Olímpicos, Polonia. El juego jamás lo olvidaré. Era la primera vez que veía jugar a mi país en un Campeonato Mundial.

Era también mi primer Mundial real, de verdad, sin videos, sin anécdotas ni referencias familiares. Ahí estaba yo, con la pasión de los catorce años, sentado frente al televisor con mis viejos, sus amigos y un par de amiguitos míos en nuestra nueva casa de Nuñez, Buenos Aires, comiendo "picadas" argentinas.

Ese día, el 15 de junio, para desgracia de mis compatriotas, Gregorz Lato salió dispuesto a comerse la cancha. A los 6 minutos de juego anotó su primer gol de los Mundiales. Dos minutos después, la otra estrella polaca, Andrezej Szarmach, le metió el segundo a nuestro arquero Daniel Carnevali.

Con el marcador 2–0 en contra, y gracias a nuestros gritos al televisor, Argentina se puso las pilas.

Descontamos al empezar la segunda etapa, por intermedio de Ramón Heredia, pero la inspiración nos la cortó nuevamente Lato 2 minutos después, con su segundo gol de la tarde. Polonia 3, Argentina 1. Nosotros seguimos insistiendo y volvimos a descontar con un gol de Carlos Babington. Pero eso fue todo. El esfuerzo no dio para más y perdimos 3–2.

Después apagamos el televisor. Mis amigos y yo analizamos de arriba a abajo lo sucedido en Stuttgart y concluimos que la selección tuvo mala suerte. Sabíamos que nos iría mejor frente a Italia.

Mejor nos fue, pero no ganamos. Empatamos 1–1 y todos los goles fueron nuestros.

El primero de Houseman a los 18 minutos y el segundo un autogol de Perfumo a los 34 minutos. Italia no tuvo que hacer mucho. En casa, la misma rutina: ansiedad antes del partido, gritos a la pantalla por 90 minutos, frustración al final, análisis después del partido y apagar el televisor.

Para el último partido de aquel Grupo 4 nos tocaba Haití. ¡Si no ganamos nos cortamos las venas!

No fue necesario.

Houseman volvió a anotar un gol, Roberto Ayala anotó otro y Héctor Yazalde dos más. Terminamos ganando 4–1 y avanzamos a la segunda ronda. La casa de Núñez irrumpió en celebración. Nos abrazamos, nos reímos y gritamos. Esa tarde no apagamos la tele porque queríamos escuchar el análisis de los narradores y ver nuevamente los goles. En la calle, afuera, algunos coches pasaban sonando sus cornetas en celebración y lanzando gritos al aire.

Esa noche soñé que estaba en Alemania.

## CHILE, PINOCHET Y UNA "ROJA"

La llegada de Chile a Alemania fue ruidosa. Primero, por las protestas contra Pinochet, y segundo, porque su clasificación fue controversial, justamente por el mismo Pinochet.

Resulta que para ir a Alemania, Chile se enfrentó en repechaje contra la URSS. El partido de ida fue en Moscú y quedó 0–0, pero el de vuelta nunca se realizó.

Había 40 mil espectadores en el Nacional de Santiago el 21 de noviembre de 1973. La Roja estaba en la cancha, pero los soviéticos nunca se aparecieron. Simplemente se negaron a jugar en el estadio usado por Pinochet como centro de detención de militantes izquierdistas después del golpe del 11 de septiembre de 1973 que derrocó a Allende.

Chile anotó un gol simbólico en uno de los arcos y con eso entró al Mundial.

Debutaron el 14 de junio, el segundo día de la Copa, frente a los anfitriones en el Estadio Olímpico del Berlín. (El mismo donde se jugará la final de esta próxima Copa del Mundo). Los alemanes occidentales empezaron ganando con un gol de Breitner a los 15 minutos del primer tiempo y así terminó el juego, 1–0 a favor de Alemania.

Caszely tuvo una mala tarde y fue expulsado en el segundo tiempo. Pasó a la historia de los Mundiales como el primer jugador en recibir una tarjeta roja.

¡Roja para "la Roja"!

El segundo partido de Chile fue en la misma cancha contra la otra Alemania, la oriental. Esta vez empataron 1–1. El gol chileno lo hizo Sergio Ahumada. Una victoria en el tercer partido contra Australia les daba oportunidad de avanzar, pero no pudieron. Terminaron 0–0, y se despidieron sin pena ni gloria.

**TRIVIA**

¿Quién fue el primer expulsado con tarjeta roja?

Chile se perdió el siguiente Mundial, regresó al del 82 y no volvió a jugar hasta Francia 98, donde tuvieron una gran actuación. Desde entonces no han vuelto a participar.

¡Mejor suerte en el 2010!

## "LA CELESTE" DE MAMÁ

**D**urante este Mundial, también vi partidos de Uruguay por televisión. Mamá, sin embargo, no estaba tan entusiasmada como en otras Copas, a pesar de ser la primera vez que podía ver a su Celeste en vivo.

¿La razón?

"Estos viejos no le ganan a nadie," decía ella.

Efectivamente, la selección era casi la misma de México 70, con Cubilla, Rocha, Espárrago, Montero Castillo y Mazurkiewicz, con un promedio de treinta años de edad. El resto eran chicos nuevos, con futuro, pero no del calibre de los anteriores. Por eso mi vieja no tenía esperanzas, menos con el grupo que les tocó: Holanda, Bulgaria y Suecia. El primer partido en Hanover le dio la razón.

Holanda los bailó por 90 minutos y les ganó 2–0. El segundo partido lo empataron 1–1 con Bulgaria, a duras penas en el minuto 87 con un gol de Pavoni. El tercero fue peor todavía. Mamá ni lo quiso ver. Jugaron en Dusseldorf contra Suecia y cayeron 3 a 0.

¡Qué lástima!

Era el fin de una era. Uruguay perdió su musa y no volvió a un Mundial en doce años (México 86).

## EL NUEVO SCRATCH

**E**l técnico era el mismo de México 70, Mario Zagallo y todavía jugaban dos de sus estrellas, Rivelino y Jairzinho. El resto del equipo era nuevo y no necesariamente "fabuloso" como en otros Mundiales.

Empezaron mal, siguieron peor y terminaron la primera ronda sufriendo, ¡contra Zaire!

En el primer partido empataron 0–0 con Yugoslavia. En el segundo, lo mismo contra Escocia, y luego, frente a los africanos, sudaron fuerte para apenas ganarles 3–0. (Recordemos que Yugoslavia goleó a Zaire 9–0). El grupo terminó con un triple empate en el primer puesto y por goles a favor y en contra, avanzaron Brasil y Yugoslavia.

En la segunda ronda, los brasileños compartieron el Grupo "A" con sus archirivales de Argentina, los alemanes del Este y el favorito, Holanda. Jugando como estaban jugando, nadie pensaba que Brasil podía llegar a la final.

Pero como Brasil siempre es Brasil, empezaron a hacer goles.

A los alemanes les ganaron 1–0 en Hanover, con un golazo de Rivelino. A los argentinos les ganaron 2–1 en el mismo estadio, con otro gol de Rivelino y uno de Jairzinho. (Yo en Buenos Aires, frustrado, le tiraba bolas de papel al televisor bajo los regaños de mi madre).

Finalmente, los brasileños tenían que por lo menos empatarle a Holanda para ir a la gran final y, ¿qué creen? Cruyff estaba inspirado. Él solito les pasó por encima. Ayudó a que Neeskens anotara el primer gol y anotó el segundo al empezar el segundo tiempo, una volea inolvidable.

Holanda iba a la final y Brasil por el tercer lugar, frente a Polonia, la otra atracción del torneo. Jugaron en Munich el 6 de julio y volvieron a perder, 1–0 con un gol del máximo goleador del torneo, Grzegorz Lato. La

TRIVIA

¿Quién eliminó a Brasil en Alemania 74?

**TRIVIA**
¿Quién fue
el técnico de Brasil
en Alemania 74?

culpa del fracaso se la echaron al técnico "Lobo" Zagallo. Frente a su casa en Río de Janeiro, los fanáticos ofendidos marcharon en procesión fúnebre con el ataúd de un muñeco representando su imagen. Al pobre "Lobo" no le quedó otra que renunciar.

## LA SEGUNDA RONDA

**S**e formaron dos grupos, el "A" y el "B." Los ganadores de cada uno jugaban la final, los segundos jugaban por el tercer puesto.

**El Grupo A** (Hanover, Gelsenkirchen y Dortmund) era de "la muerte": Argentina, Alemania Oriental, Brasil y Holanda. ¡Uff!

**El Grupo B** (Dusseldorf, Francfort y Stuttgart) estaba más suave: Suecia, Alemania Occidental, Polonia y Yugoslavia.

Argentina empezó jugando nada menos que contra los poderosos holandeses, el 26 de junio en Gelsenkirchen y con lluvia. Fue un partido histórico. Cruyff, quien todavía no había anotado goles en la Copa, se soltó el moño esa tarde y anotó, no uno, ¡sino dos goles!

Los holandeses hicieron 2 más, ¡ay!, y nosotros nos fuimos en blanco. El partido terminó 4 a 0. Esta vez no apagamos la tele inmediatamente porque queríamos ver la repetición de los goles de Cruyff, para aprender.

**TRIVIA**
¿A quién le anotó
Cruyff su primer
gol de una copa?

Después nos tocó Brasil.

No era el Brasil de otras Copas, como ya les indiqué, pero seguía siendo Brasil. Fue un partido sumamente animado y balanceado el de Hanover, tal vez porque era la primera vez que los dos países se enfrentaban en un Mundial.

**TRIVIA**
¿En qué Mundial se
enfrentaron Brasil
y Argentina por
primera vez?

Yo grité como si estuviera en la cancha.

El primer tiempo terminó empatado a uno, con goles de Rivelino (cañonazo desde fuera del área) y Brindisi (un hermoso tiro libre). Al empezar el segundo, Jairzinho se nos adelantó y anotó el segundo de Brasil. Nosotros insistimos, tratamos, peleamos, dominamos, pero el gol nunca llegó. Perdimos 2–1 y el corazón se nos partió a todos en casa. Merecíamos el empate.

## PERÓN Y DESPEDIDA

**E**l último encuentro fue contra los "otros" alemanes. Si ganábamos y Brasil le ganaba a Holanda, teníamos posibilidades de jugar por el tercer puesto. ¡Increíble! Las estrellas y los planetas no se cruzaron ese 3 de julio. Ni siquiera pudimos verlo por televisión. La muerte del Presidente Juan Domingo Perón dos días antes, puso al país de luto. Algunos de los jugadores, simpatizantes del líder, no quisieron jugar por respeto a su memoria. Le empatamos a los alemanes 1–1 y quedamos fuera, al igual que los uruguayos de mi vieja.

El Mundial se acabó para todos en mi barrio y la vida volvió a la normalidad, a pesar del luto nacional. No había escuelas, así es que aprovechamos para jugar fútbol en la calle. No vimos más partidos por televisión, hasta el día de la final. La vimos porque jugaba Cruyff contra Beckenbauer, no porque nos interesara ver quién ganaba.

## HABLA PERFUMO

**H**ablando con el Capitán de la Selección Argentina del 74, "El Mariscal" Roberto Perfumo, me enteré por qué algunos jugadores argentinos no querían jugar el último partido contra los alemanes del Este. No era por luto ni por respeto a Perón, sino que simplemente querían volverse a casa.

"Estábamos asqueados," me dice el gran Perfumo en Buenos Aires al entrevistarlo para este libro. "Después de lo de Brasil y Holanda no tenía sentido seguir jugando," agrega. "La selección era un desastre. La preparación fue poca y muy mala. Cambiamos de técnico a última hora. Fuimos a ver qué pasaba, a cumplir. Nada más. Sabíamos que no íbamos a llegar lejos," afirma Perfumo con cierta amargura en la voz. Después agrega: "Así no se juega un Mundial. Por eso nos pasó lo que pasó."

La entrevista me la dio en un bar deportivo de la Recoleta. Hablamos de los Mundiales, de River y también de televisión, porque él ahora está trabajando en el negocio, como comentarista en su propio programa de la cadena deportiva ESPN.

Me contó que para ese Mundial de Alemania, él fue el primer "repatriado" de la selección, es decir, el primer jugador que estaba en el extranjero en ser convocado (jugaba en el Cruceiro de Brasil).

Recordando el partido que empataron 1–1 contra Italia, en el que él metió un autogol cuan-

TRIVIA
¿En qué Mundial se retiró Perfumo?

do iban ganando 1–0, se ríe y me dice: "Yo veía la pantalla y decía 'Goles: Houseman y Perfumo.' Es decir, ¡vamos ganando 2 a 0! ¡Me quería morir!"

Alemania 74 fue su despedida de los Mundiales. A su favor se llevaba recuerdos y actuaciones extraordinarias. "El 66 fue mi mejor Mundial," me dice con orgullo. "Fue el primero para mí y a pesar de ser tan joven y jugar una posición tan difícil, las cosas me salieron bien. Mucha gente se fijó en mí. Escribieron cosas lindas."

Después sufrió la eliminación camino a México 70 y la frustración de Alemania 74. Pero logró retirarse del fútbol por la puerta grande. Después de la Copa, regresó a las filas de mi River y lo hizo Campeón por primera vez en ¡dieciocho años!

## EL TERCER PUESTO DE LATO

Los brasileños perdieron 2–0 contra Cruyff y finalizaron como segundos del grupo. Como tales, les correspondió jugar por el tercer puesto de la Copa contra los polacos de Lato, quienes casi llegan a la final de no haber sido por Gerd Muller.

El alemán les metió el único gol del partido semifinal y los dejó fuera. Era el gol número 13 de Muller en Copas Mundiales e igualaba el récord de Just Fontaine, aunque el francés lo hizo en un solo Mundial.

Lato le hizo la misma a los brasileños. Con un gol suyo ganaron 1–0 y lograron el tercer lugar en el mundo. Fue la mejor actuación de Polonia en su historia.

Volvieron a repetir la hazaña ocho años después, en España 82.

## LA GRAN FINAL DE MUNICH

El Olímpico de Munich, el 7 de julio 1974, estaba repleto con 75 mil personas. Alemania jugaba la segunda final de su historia y Holanda su primera.

Fue una repetición de la final de Berna en 1954. Alemania se enfrentaba al favorito del torneo, en este caso, Holanda, con el valor agregado de ver juntos por primera vez a las dos grandes figuras del momento: Cruyff y Beckenbauer.

También se enfrentaban los dos entrenadores estrellas del momento, Rinus Michel de Holanda y Helmut Schoen, quien dirigía a los alemanes en su tercer Mundial consecutivo.

Cruyff empezó a lucirse temprano en el partido. A los 55 segundos de juego, después de que los holandeses se hicieron entre ellos dieciocho pases sin que los alemanes la tocaran, Cruyff entró velozmente al área alemana y fue derribado por Verti Vogts (el mismo que años más tarde sería DT de Alemania). El penal lo cobró Johan Neeskens y Holanda se fue arriba 1–0.

**TRIVIA**
¿En qué Mundial se pateó el primer penal de una final?

Era el primer penal de una final.

Alemania no se asustó. Tomó control de la situación y a los 25 minutos vino otro penal, esta vez a su favor. Paul Breitner lo pateó y empató la final. Los ataques alemanes continuaron y antes de terminar el primer tiempo, apareció Muller con un cruce de 180 grados dentro del área, fuerte y rasante, y puso el marcador 2–1 para Alemania.

Este gol resultó histórico. Fue el último del famoso "Bombardero" en Copas Mundiales y le sirvió para romper el récord de más goles por parte de un jugador, 14. (¡Trivia!). El récord era del francés Fontaine con 13 en un sólo Mundial.

También resultó ser el gol que selló la victoria para los alemanes, quienes con mucha disciplina, y la suerte de los campeones, lograron aguantar la avalancha naranja del segundo tiempo. Fueron atacados por todos los ángulos. En dos oportunidades el gran portero alemán Sepp Maier salvó magistralmente su valla y en otras tres, los cañonazos holandeses pasaron milagrosamente besando los palos.

El partido terminó 2–1 para los locales y la historia de Berna 1954, se repitió. Alemania volvía a coronarse Campeón del Mundo derrotando al favorito del torneo.

Regresaron a una final en el 82, el 86, el 90 y el 2002, comprobando una y otra vez, su estatus de titanes del fútbol Mundial. ¿Qué pasará en el 2006?

¡Haga su apuesta!

## Argentina 1978: El Mundial de Kempes

**¡P**or fin!
Tardó cuarenta años pero llegó. Después de mucho pedir y rogar, la FIFA le otorgó a Argentina el derecho de ser sede de una Copa del Mundo.

El país entero se dedicó a organizar su Copa, con todo el apoyo de la dictadura militar del General Jorge Rafael Videla,

Argentina '78

quien aplicando la misma filosofía de Mussolini en Italia 34, aprovechó el evento para hacerle propaganda a su régimen.

El eslogan era: "25 millones de argentinos jugaremos el Mundial." Entonado con una música pegajosa que todavía los argentinos tenemos en la cabeza). Invirtieron todo el dinero del mundo, más de 700 millones de dólares, y remodelaron estadios, aeropuertos, carreteras, trenes y hoteles.

Los europeos, sin embargo, estaban preocupados por la seguridad del evento, ya que los Montoneros, guerrilleros izquierdistas que luchaban en esa época contra los "milicos," habían amenazado con sabotear la Copa.

La FIFA hizo eco de la preocupación, pero Videla y sus secuaces garantizaron que no pasaría nada.

Y cumplieron.

Endurecieron la mano y hasta el día de hoy no se sabe exactamente cuántos desaparecidos hubo durante aquel mes de junio de 1978. Pero el Décimoprimer Campeonato Mundial de Fútbol, Copa FIFA, Argentina 78, el último de la Era Moderna en mi clasificación, se efectuó sin incidentes.

## DIECISÉIS POR ULTIMA VEZ

Este fue el último Mundial de la Era Moderna y había mucha presión para aumentar el número de participantes. Pero la FIFA no cedió en Argentina 78.

Volvieron a ser dieciséis los finalistas y se volvió a usar el formato de Alemania, es decir, cuatro grupos de cuatro equipos, donde avanzan dos por grupo a una segunda ronda de dos grupos de cuatro equipos cada uno. Los dos primeros de cada grupo avanzan a la gran final en Buenos Aires.

El sorteo se llevó a cabo en el Teatro San Martín de Buenos Aires y así quedaron los grupos:

> **Grupo A** (Buenos Aires y Mar del Plata): el grupo "de la muerte" de este Mundial: Argentina, Hungría, Italia y Francia
> **Grupo B** (Rosario y Córdoba): Alemania Occidental, Polonia, Túnez y México
> **Grupo C** (Buenos Aires y Mar del Plata): Austria, España, Suecia y Brasil
> **Grupo D** (Mendoza y Córboba): Perú, Escocia, Holanda e Irán

Como vemos, regresaban a las Copas, España, Hungría, Francia y Perú. Los grandes ausentes eran Uruguay, Inglaterra y Checoslovaquia.

## ¿QUIÉN DEBUTA?

A nivel de selecciones, sólo los iraníes, representantes de Asia, y los tunecinos en nombre de África.

Irán empató con Escocia y perdió contra Holanda y Perú. Túnez tuvo mejor actuación. Le tocó debutar frente al Tri mexicano y se lucieron ganado 3–1 (el comienzo de la debacle mexicana). Después perdieron con Polonia y le empataron a Alemania Occidental.

> **TRIVIA**
> ¿En qué Copa debutaron Zico y Platini?

Entre las caras nuevas que participaron en su primer Mundial, había una generación muy interesante de jugadores. Sólo basta mencionar a cinco de ellos: Zico, Platini, Rossi, Passarela y Hugo Sánchez. No todos tuvieron actuaciones destacadas, pero dejaron sus huellas y dieron un adelanto de lo que ofrecerían en futuras Copas.

El que más se lució fue el Capitán Daniel Passarela, defensa central de Argentina y River.

> **TRIVIA**
> ¿Cuál fue el primer Mundial de Paolo Rossi?

Otro que también se lució fue el francés Michel Platini. Tenía veintitrés años y jugó muy bien. También hizo un gol (a Argentina) y le puso varios a sus compañeros, pero no fue suficiente. Francia se quedó en la primera ronda.

El brasileño Zico jugó tres partidos de titular y anotó un gol de penal ante Perú. También dio un adelanto de la clase que derrocharía en España cuatro años después.

El italiano Paolo Rossi, de igual manera, mostró lo que tenía por dentro y que sacaría a relucir fantásticamente en España 82. Debutó marcándole un gol a Francia, y otro a Hungría en su segundo partido. Italia avanzó a la segunda ronda y Rossi anotó el único gol en la victoria de 1–0 frente a Austria. Al final, los italianos quedaron cuartos en la Copa.

"El Niño de Oro" de México, Hugo Sánchez, no

*Zico, yo y Ubaldo Fillol en Miami Beach.*

tuvo la misma suerte. Todavía no era "Hugol." De hecho, el Mundial nunca fue su mejor escenario. El mundo tuvo que esperar su llegada a España tres años más tarde, como delantero del Atlético de Madrid primero y el Real Madrid después, para admirar su clase y disfrutar sus goles. En Argentina 78, todos se quedaron con las ganas, inclusive él mismo. Se fue en blanco y el Tri volvió a casa con 2 goles a favor y ¡12 en contra!

*¡Auch!*

## HABLANDO DE MÉXICO ...

**N**o tenía explicación (todavía no la hay).

México regresaba a los Mundiales después de ocho años de ausencia, justo después de haber sido anfitriones de la inolvidable Copa del 70. Recordemos que Haití los eliminó para el Mundial de Alemania 74. Esta vez los mexicanos clasificaron con relativa facilidad en el Premundial de la CONCACAF en su propia casa.

El técnico era José Antonio Roca y con una selección joven, llena de nuevas figuras, prometió una gran actuación en Argentina.

Entre los convocados estaban el arquero de los Tigres de Monterrey, Pilar Reyes, Guillermo "El Wendy" Mendizábal del Cruz Azul, Victor Rangel del Toluca, el hombre del "afro" más famoso del fútbol mexicano, Leonardo Cuéllar de la UNAM, Campeón de México, y del América, sus dos estrellas: Toño de la Torre y el gran "Capitán Furia" Alfredo Tena, el mismo que hoy es entrenador de fútbol.

**TRIVIA**

¿En qué Copa debutó Hugo Sánchez?

Por supuesto, también convocaron a su compañero de equipo, la nueva sensación del fútbol nacional, Hugo Sánchez, de apenas veinte años.

En el Premundial ganaron todos los partidos, anotaron 20 goles y solo recibieron 5. Ese mismo año, 1977, el Tri juvenil tuvo una extraordinaria actuación en el Primer Mundial Juvenil de la FIFA en Túnez. Llegaron a la final y perdieron por penales contra Rusia. Pero dejaron un recuerdo inolvidable en todos los mexicanos.

Nacía una nueva generación de futbolistas y el futuro se pronosticaba brillante para el fútbol nacional.

Tal vez por eso, el DT Roca decidió basar su equipo en jugadores jóvenes y desechó a los veteranos que habían logrado la clasificación a Argentina. El promedio de edad era de veintidós años. Cuéllar era uno de los más "viejos" con sólo veintiséis años de edad.

Para muchos, era la mejor selección mexicana de todos los tiempos. Tanta juventud y tanto optimismo resultaron fatales para el Tri de Roca. El primer partido fue contra el debutante africano, Túnez, el 2 de junio en la ciudad de Rosario. Como ya les comenté, los tunecinos se los comieron vivos, a pesar de que México empezó ganando 1–0 con un penal de Arturo Vázquez Ayala (Pumas).

El segundo partido fue en Córdoba frente a los Campeones Mundiales, Alemania, una prueba de fuego para la joven selección. El primer gol alemán entró a los 14 minutos. El segundo a los 29. El tercero a los 37 minutos. En el segundo tiempo entraron 3 más y México sufrió la peor derrota de su historia mundialista, ¡6 a 0! La última había sido un 6–3 frente a Argentina en el Mundial de Uruguay en 1930.

Al parecer, los aires del Río de la Plata no le caen bien al Tri.

La despedida fue en Rosario contra Polonia, todavía con Lato en sus filas. Una victoria los hubiese redimido un poco con la gente en casa, pero no iba a ser. ¡Y mire que trataron! El primer tiempo casi queda en blanco, pero Polonia abrió el marcador a los 43 minutos. Al iniciarse el segundo, México buscó con ahínco y encontró el empate a los 52 minutos, con un gol de Rangel.

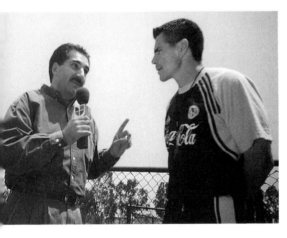

Después se vinieron abajo.

Polonia les anotó 2 más y terminaron perdiendo 3–1. El saldo final fue de 12 goles en contra, 2 a favor y un sueño frustrado. Terminaron la Copa en el último lugar.

"¡Ay, mamacita linda, cómo duele!," fue el lamento colectivo en casa.

El dolor no terminó allí. Camino a España 82, México tocó fondo.

## EL PLAN DEL "FLACO"

**D**espués del Mundial de Alemania, la Asociación Argentina de Fútbol, AFA, tuvo un momento de lucidez y decidió prepararse concienzudamente para su Mundial, cuatro años después.

Lo primero era nombrar a un nuevo director técnico, alguien que tomara las riendas de la futura selección y siguiera un plan de trabajo

*En México con Alfredo Tena.*

serio y organizado. (Algo que jamás había ocurrido con la selección).

La responsabilidad recayó sobre César Luis Menotti, un rosarino de treinta y seis años, flaco, alto, fumador empedernido, de cabellos largos y con pinta de artista. Lo llamaban "el filósofo del fútbol." Había sido técnico de Newell's de Rosario y en 1973 hizo Campeón al modesto Huracán con la ayuda de sus tres estrellas: Houseman, Babington y Brindisi.

Como jugador, Menotti era elegante, pero no muy efectivo. Jugó brevemente en el Santos de Brasil junto a Pelé y el Juventus de Italia. Su gran habilidad era el estudio del fútbol, su análisis profundo.

"El Flaco" se puso a trabajar metódicamente, sin improvisación. Su filosofía era jugar al fútbol con "criterio y empeño." En cuatro años armó una oncena homogénea, sólida, sin grandes individualidades, un equipo que según él, tenía un "equilibrio entre el espectáculo que había que dar y la lucha por un ideal común." (En este caso, ganar la Copa del Mundo).

Gracias a esta forma de trabajar y de pensar, el fútbol argentino se divide en dos: antes y después de Menotti. Por primera vez en el fútbol argentino, los intereses de la selección estaban por encima de los clubes. Aun así, en 1975, los grandes equipos capitalinos, River y Boca, se opusieron a cederle jugadores a la selección. Como resultado, Menotti basó sus filas en jugadores jóvenes provenientes del resto del país, y en algunos veteranos del Mundial anterior. Ellos eran "El Pato" Ubaldo Fillol, Mario Kempes, Alberto Tarantini y su pupilo del Huracán, René Houseman.

**TRIVIA**
¿Quién fue el técnico argentino en Argentina 78?

Entre los jóvenes se destacaban Luis Galván, Osvaldo Ardiles, Américo Gallego, Leopoldo Luque y el Capitán Passarela. Por presiones del público y la prensa (y también del Almirante Lacoste, Presidente del Comité Organizador del Mundial) Menotti tuvo que convocar al Beto Alonso, estrella del River. Sin embargo, "El Flaco" nunca lo hizo titular.

## "DIEGO, TENÉS QUE ESPERAR"

Si hubiese sido por él, Diego Armando Maradona se hubiera unido al grupo anterior y hubiera debutado en Argentina 78, tal como lo hizo Pelé en Suecia, con tan sólo diecisiete años de edad.

En su biografía, *Yo Soy El Diego*, Maradona confiesa que a pesar de su amistad y respeto hacia Menotti, todavía le reprocha no haberlo llevado al Mundial de Argentina.

"Yo a Menotti no le perdoné ni le voy a perdonar nunca por aquello," escribe Diego. "Yo creo que podía haber jugado. Estaba afilado, estaba como nunca."

El "Flaco" lo sacó de la lista final de los veintidos jugadores, un mes antes del evento, porque "era muy joven." Para Diego, fue un duro golpe que le cambió la vida.

"Ese día, el más triste de mi carrera, juré que iría por la revancha. Fue la desilusión más grande de mi vida, lo que me marcó para siempre, lo que me definió," confiesa en su biografía. "Yo les iba a demostrar que iba a jugar muchos Mundiales."

Diego tuvo que esperar cuatro años más para debutar en la selección mayor y ocho para conquistar el Mundo. Sin embargo, en 1979, se sacó parte de la espina al coronarse Campeón Mundial juvenil en Japón.

## EL REGRESO DEL "NENE"

Después de ocho años de ausencia, Perú regresó a los Mundiales comandado nuevamente por su superestrella, Teófilo "Nene" Cubillas, ahora con más experiencia, después de haber jugado en Suiza (Basel) y Portugal (Oporto).

También estaban Héctor Chumpitaz y Hugo Sotil, veteranos de México 70, pero la mayoría de la selección eran figuras nuevas, como Juan Oblitas y Guillermo La Rosa.

El "Nene" demostró nuevamente su talento. En el primer juego frente a Escocia en Córdoba, anotó 2 goles (uno de ellos un golazo sensacional desde fuera del área, uno de los más hermosos de la Copa y de todos los Mundiales). Perú ganó 3–1.

En el segundo encuentro en Mendoza, empataron a cero nada menos que con Holanda (sin Cruyff), y en el tercero, frente a Irán, Cubillas volvió a hacer de las suyas y anotó 3 goles. Ya llevaba 5 en la primera ronda, los cuales, unidos a los 5 que anotó en México 70, lo colocaban entre los cinco mejores goleadores de todos los Mundiales.

Avanzaron a la segunda ronda, pero las cosas cambiaron radicalmente.

## MI CUARTA COPA

El optimismo de cuatro años de buena preparación y el entusiasmo de toda una nación, recibieron un balde de agua congelada el segundo día del Mundial, el 2 de junio de 1978.

Argentina debutaba frente a Hungría, quien regresaba al torneo después de Suecia 58. La expectativa consumía a todos lo argentinos. Nadie trabajaba, nadie iba a la escuela.

Yo tampoco.

Tenía diecisiete años y recién empezaba la universidad. Lo único que me importaba en esos días era el Mundial y ese primer juego contra los húngaros. Los que tenían "guita" o buenas conexiones compraron entradas para ir al Estadio Monumental. Nosotros los pobres nos conformamos con la tele, o bien, los circuitos cerrados de televisión con pantalla gigante.

Mi bella madre me sorprendió con un "abono," un paquete de boletos prepagados para ver todos los partidos de la Copa en el circuito cerrado en Luna Park, el famoso escenario porteño para el boxeo y los grandes espectáculos. No sé cuánto pagó, pero sé muy bien que no estaba al alcance de su bolsillo. Para ese entonces se había divorciado de mi viejo y las cosas estaban difíciles. Sé que trabajó más de la cuenta para complacerme.

Y sólo alcanzó para ir yo. Ella se quedó en casa viendo los partidos por la tele. (Aunque ayudó el hecho de que su interés era mínimo, ya que su amado Uruguay no se clasificó para este Mundial).

Me tocó entonces ver y sentir de cerca un Campeonato Mundial de fútbol, mejor dicho, mi cuarto Mundial, esta vez en pantalla gigante … y en colores.

## LA PROTESTA DE CRUYFF

**M**ás que protesta, fue un repudio, un rechazo tajante al régimen militar argentino.

La noticia causó sorpresa en Holanda y el resto de Europa. En Argentina no le dieron mucha publicidad. Es más, me atrevería a asegurar que muchos nos enteramos cuando empezaron a llegar las selecciones y vimos que Holanda venía sin su máxima estrella, Johan Cruyff.

**TRIVIA**

¿Por qué Cruyff no jugó en Argentina 78?

Así fue como supimos que meses antes de iniciado el evento, el gran número 14 de la Naranja Mecánica, anunció su retiro de la selección y su condena al gobierno del General Videla por las violaciones a los derechos humanos. En Argentina, la censura de prensa no nos permitía enterarnos de la protesta del holandés ni mucho menos de lo que estaba pasando, pese a que sí sabíamos de las violaciones y las desapariciones.

Desafortunadamente para nosotros, la voz de Cruyff fue una sola, y la euforia nacional por tener un Mundial en casa después de cuarenta años, pudo más que la verdad, la denuncia, la protesta, la crítica internacional, y el repudio de un futbolista, el único que tomó tal actitud.

¡Qué pena que no hubo otros!

## DEBUT EN CASA

**F**inalmente, llegó el 2 de junio. Argentina empezó jugando muy bien pero fue Hungría quien abrió el marcador a los 10 minutos, recogiendo un rechazo de nuestro arquero Fillol. Un silencio frío consumió repentinamente el Estadio Monumental y el Luna Park donde yo estaba con mis amigos, todos con camisetas albicelestes.

"¡ . . . que lo parió!" es lo único que se escuchó en la oscura arena.

El corazón nos subió a su sitio 5 minutos más tarde, cuando un tiro libre argentino fue rechazado por el arquero húngaro y esta vez el bigotón Luque se aprovechó para empatar.

De ahí en adelante, las acciones fueron parejas, a pesar de que nos "morfamos" ("comimos" en lunfardo) varios goles. Los húngaros hicieron lo suyo, muy a la europea. Se defendieron muy bien y lanzaron contragolpes peligrosos de vez en cuando.

Cuando parecía que terminábamos empatados, el Luna Park se encendió en algarabía con un gol de Daniel Bertoni a los 83 minutos.

Después vino Francia en el mismo estadio el 6 de junio. Empezamos ganando con un penal de Passarela justo al final de la primera mitad, su primer gol en Copas Mundiales. Platini, quien jugó un partidazo, también anotó su primer gol de un Mundial ese día y empató a los 61 minutos. Un par de minutos más tarde, casi anota el segundo, pero el balón pasó a escasos centímetros del palo.

### TRIVIA

¿Cuál fue el primer gol de Platini en un Mundial?

Los franceses se inspiraron y nos acorralaron en nuestra cancha. Pero sólo bastó un contragolpe nuestro para que Luque anotara su segundo gol del torneo, una joya linda y bella, un cañonazo imparable desde fuera del área, uno de los mejores del campeonato. Volvimos a ganar 2–1 y aseguramos el pase a la segunda ronda. (Con Italia perdimos 1–0 y eso nos obligó a cambiar de sede. Nos fuimos a Rosario).

Entre cantos y pronósticos de grandeza, salimos todos del Luna Park embriagados de alegría, camino al Obelisco de la 9 de Julio a celebrar en la noche fría, con el resto de Buenos Aires.

## RIVELINO SE DESPIDE

**E**ste fue el tercero y último Mundial del inolvidable brasileño Roberto Rivelino. No jugó mucho. Tampoco anotó goles. Como titular solamente alineó en el debut contra Suecia. Luego entró como suplente frente a Polonia en la segunda ronda,

### TRIVIA

¿Cuál fue el último Mundial de Rivelino?

y en el partido por el tercer lugar frente a Italia, el 24 de junio de 1978 en Buenos Aires, la fecha exacta de su despedida del Scratch y los Mundiales. (¡Apunte la trivia!)

Dejó un legado de espléndidos zurdazos y goles imposibles en forma de tiros libres y remates sorpresivos desde la distancia. En Brasil todavía lo idolatran como uno de los diez mejores jugadores de su historia.

## BRASIL EN TRANSICIÓN

Al igual que la selección brasileña del 74, ésta de Argentina 78 tampoco se comparaba con las gloriosas del 58 o el 70. Seguían en transición generacional y aún no surgían los herederos de Didi, Pelé, Garrincha, Jairzinho y Rivelino.

Ahora las estrellas eran Dirceu, el goleador de la selección en Argentina con apenas 3 goles, y el joven Zico, quien no pudo lucir lo mejor de sus habilidades.

En la primera ronda empataron 1–1 con Suecia, 0–0 con España y le ganaron de chiripa a Austria 1–0. En la segunda ronda mejoraron. Vencieron a Perú 3–0, empataron 0–0 con Argentina y derrotaron 3–1 a Polonia. En el partido por el tercer puesto, vencieron 2–1 a los italianos.

En total, Brasil anotó 10 goles en siete partidos, nada que ver con los viejos tiempos.

Las cosas mejoraron verdaderamente en España 82, cuando se destapó Zico y aparecieron Sócrates y Falcao.

## ¡TENGO ENTRADAS!

¡Conseguí entradas para la segunda ronda! ¡Macanudo! ¡Por primera vez en mi vida voy a ver un partido de la Copa del Mundo! ¡No uno, sino dos! Lo malo es que no eran para Argentina. Mi suerte no me dio para tanto. Mi selección, por quedar segunda en su grupo, formó parte del Grupo que jugaría fuera de Buenos Aires, de donde eran mis entradas. Mi amigo, Augusto Kartún, me los regaló porque ya no los quería. Se fue con su familia a Rosario a ver a Argentina. Para esta segunda ronda, se formaron dos grupos muy competitivos de cuatro países:

El **Grupo A** (Buenos Aires y Córboba) lo formaron:
Alemania, Italia, Holanda y Austria.
El **Grupo B** (Mendoza y Rosario) fue de Argentina,
Polonia, Brasil y Perú.

Mis primeras entradas eran para el miércoles 14 de junio en el Monumental de River, Italia–Alemania. Fue un partido inolvidable, no sólo porque era el primero, estaba solo y hacía mucho frío, sino porque no pasó nada. En el papel era un juegazo, pero terminó 0–0.

Pero me fui contento. Vi jugar a dos de mis arqueros favoritos, los mejores del mundo, Zoff y Maier, y también a las nuevas estrellas de Italia y Alemania en acción, Paolo Rossi y Karl-Heinz Rummenigge. El otro partido fue mejor: Holanda–Italia, un juegazo, el miércoles siguiente.

Aquí me di banquete. Me tocó ver a los veteranos de la "Naranja Mecánica" del 74: Neeskens, Rep, Krol, Haan y Rensenbrink. El partido estuvo muy entretenido y por momentos, emocionante. Fue uno de los mejores del torneo.

Italia empezó ganando temprano con un autogol del defensa holandés Brands, quien luego se redimió magistralmente en el segundo tiempo con un golazo desde fuera del área.

Italia aplicó su famoso *catenaccio* defensivo para detener a la Naranja Mecánica, pero el esfuerzo fue infructuoso. A los 77 minutos Arie Haan hizo historia con el mejor gol del Argentina 78, un bombazo potentísimo desde unos 40 metros a un ángulo del arco de Dino Zoff. Holanda ganó 2–1, quedó primera en el grupo y avanzó a la gran final.

Para ese juego, obviamente, yo no tenía boletos. Tampoco dinero para comprarlos. Así es que volví a mi Luna Park, a verlo en pantalla gigante.

## UN SUSTO, KEMPES Y UN MILAGRO

Mientras tanto, allá en Rosario, las cosas le salieron bien a Menotti y sus muchachos, no sin antes pasar un susto.

Primero hay que destacar que en la primera ronda, Mario Kempes tuvo la pólvora mojada. Ni un gol anotó. Pero en la segunda, el "Matador" afiló la puntería. Tanto así, que terminó siendo el goleador de la Copa con 6 goles en cuatro partidos.

El destape ocurrió ante Polonia el 14 de junio. Marcó los 2 goles de la victoria argentina y todos en el resto del país compartimos la emoción de verlo suelto y preciso.

Luego vino Brasil, pero no pasó nada. Cero a cero para ambos.

El susto ocurrió en el tercer encuentro frente al Perú de Cubillas el 21 de junio, un equipo que había tenido una excelente actuación en la primera ronda, pero que inexplicablemente cayó en la segunda. Perdió todos los partidos sin anotar un solo gol.

Horas antes, ese mismo día, Brasil había goleado 3–1 a Polonia, es decir, Argentina tenía que ganarle a Perú por 4 goles para quedar por encima de Brasil por goles a favor y en contra y pasar a la final.

Pánico en todo el territorio nacional.

Abundaban las conjeturas y los temores. Yo también me uní a la discusión en el autobús camino al Luna Park. "Está difícil. Es casi imposible. Vamos a ver. Tal vez sí. Quizás no. Perú está fuerte. Ojalá. Roguémosle a Dios. Yo qué sé."

El hecho es que ese día las estrellas se alinearon correctamente con los planetas necesarios y Argentina se sacó un milagro de la manga. ¡Y de paso anotó 2 goles extras por si acaso! Ganamos 6 a 0 y los alaridos frenéticos de millones de argentinos se escucharon desde la Quiaca hasta la Tierra del Fuego.

Claro, un triunfo así es increíble. De hecho, más de uno no se lo creyó. Como el portero peruano Ramón "Chupete" Quiroga era argentino, nacido casualmente en Rosario y nacionalizado peruano, las sospechas de soborno volaron por los cuatro vientos.

¿Hubo o no soborno?

Nada se probó y cuando uno ve las imágenes del partido, aprecia la legitimidad de los goles argentinos, quienes ese día salieron a comerse la cancha. Kempes era el que tenía más apetito. De los 6 goles, 2 fueron suyos. Luque también anidó 2, Tarantini y Houseman, uno cada uno.

Con o sin la venia dudosa de Quiroga, la albiceleste clasificó para la gran final, la segunda de su historia.

## LA GRAN FINAL DEL MONUMENTAL

**P**ara los holandeses también era su segunda final, aunque apenas habían transcurrido cuatro años de eso. Y nuevamente se enfrentaban a los dueños de casa.

La primera de Argentina tuvo lugar cuarenta y ocho años antes, en Montevideo, cuando perdieron con Uruguay 2–1 en el Centenario. Y nuevamente se enfrentaban al mejor equipo del torneo.

Era un domingo especial, un frío 25 de junio del invierno rioplatense. Pero el Monumental del Barrio de Nuñez en Buenos Aires, hervía en un ambiente de carnaval. Miles de papeles y serpentinas flotaban en el aire y caían como nieve sobre la cancha. Más de 77 mil voces delirantes cantaban al unísono.

Emulando a Mussolini durante su final, Videla y el resto de la Junta Militar también estaban en el palco de honor, sacándole provecho a la ocasión, vanagloriándose del éxito de la selección, aunque menos efusivos que *Il Duce*.

A pocas cuadras de allí, en las gradas del Luna Park, la pantalla parecía más gigante ese día. La camiseta argentina, más celeste que nunca. Las melenas de nuestros jugadores, más largas de lo habitual. Yo y mi banda no podíamos creer la suerte que nos había deparado el destino: ver a nuestro país jugar una final de la Copa del Mundo. Sentíamos que estábamos en la cancha.

El partido comenzó tarde porque los argentinos protestaron por un yeso en la mano del holandes René van der Kerkhof. Mientras se lo cambiaban pasaron 10 minutos. Finalmente arrancó. Algarabía total. Más serpentinas. Las primeras jugadas fueron de tanteo. Poco a poco, Holanda fue cogiendo el ritmo y un cabezazo de Neeskens pasó raspando el palo. Después vino un disparo fortísimo de Johnny Rep dentro del área y Fillol lo despejó milagrosamente. Asustados, todos en el Luna Park nos miramos sin decir palabra.

Esto despertó a nuestros muchachos. Su fútbol empezó a aflorar y tomaron las riendas del juego. Los holandeses, probablemente aturdidos con tanto ruido en las tribunas, empezaron a perder precisión y a jugar duro.

A los 30 minutos de juego, Argentina estaba inspirada. Kempes, alerta y escurridizo. A los 37 minutos recibe un pase de Luque y enfila hacia el arco entre las piernas holandesas y patea. Gol.

"¡GOOL!" gritamos todos en el Luna. El grito se oyó en Amsterdam. Saltamos de los asientos entre aplausos, abrazos y lágrimas. El *replay* del gol más nos emocionaba.

En la cancha, la selección se paró firme y dejó correr el reloj. Los holandeses reaccionaron pero con torpeza. Se veían confundidos. Les costaba armar jugadas. Así nos fuimos al descanso. El tablero electrónico del Monumental, con el inmenso "Argentina 1, Holanda 0," resplandecía con el caer de la tarde.

El segundo tiempo fue otra historia.

Ya más coordinados, más reposados y obviamente, preocupados, los Subcampeones Mundiales salieron seriamente buscando el empate. La avalancha naranja no se hizo esperar. Demostraron por qué estaban en la final y porque eran una de las mejores selecciones del mundo. Tocaron, triangularon, rotaron, bloquearon, presionaron,

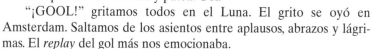

*Con Mario Kempes.*

subieron, bajaron, penetraron y probaron su puntería desde todos los ángulos.

Pero Fillol estaba inspirado bajo los tres palos. Ni él ni sus compañeros perdieron la calma. Aguantaron con orden y disciplina, jugando al contragolpe.

Cuando faltaban 10 minutos para el final del partido, y cuando naturalmente todos los argentinos nos sentíamos Campeones del Mundo, el dique no pudo más y cedió. El agua naranja se esparramó y entró.

Gol de Holanda.

Dirk Nanninga acababa de reemplazar a Rep, agotado por tanto esfuerzo, y con un cabezazo anotó el gol del empate exactamente a los 81 minutos de juego, faltaban 9 por jugar.

Yo no sé si me asusté.

Sólo recuerdo un escalofrío penetrante que nos consumió a todos los que estábamos frente a la gran pantalla, ya de pie, mirándonos las caras, preocupados, inquietos. Rezando.

Afortunadamente para la Selección Nacional, las estrellas de la noche no estaban de compinche con Holanda. Los ataques continuaron y cuando faltaba un minuto para terminar el tiempo reglamentario, cuando nos alistábamos para la prórroga, Robert "Bobbie" Rensenbrink pegó un pelotazo en el palo y nos quitó a todos el aire, nos derritió el alma. Yo cerré los ojos y volteé la cara hacia un lado. No me atreví a ver más. Me acordé de todos los santos de mi infancia y empecé a implorar piedad y misericordia.

Nunca supe si me oyeron o si simplemente San Menotti dio las indicaciones precisas. El hecho es que Kempes, Luque, Bertoni, Gallego, Tarantini, Ardiles y Passarela salieron como fieras endiabladas al tiempo extra, dispuestos a retomar el partido. Volvimos a nuestro mejor juego ofensivo, ordenadamente. Holanda parecía cansada y empezó a bajar la guardia. Nosotros parecíamos estar en mejor forma física. Cuando terminaba la primera mitad de la prórroga, "El Matador" Kempes apareció nuevamente con otra estocada.

Gol.

¡Gool!

"¡GOOOOL!" gritamos a todo pulmón, desde el fondo del alma, un grito empapado en lágrimas de éxtasis, lleno de delirio.

Saltamos por el aire, nos lanzamos unos contra otros, abrazándonos, besándonos, brincando incesantemente y bailando en las gradas. En la pantalla el Monumental explotó y el Luna Park se estremeció. Un terremoto sacudió a mi Argentina y nuevamente las ondas telúricas repercutieron en toda Holanda, en todo el planeta.

Y había más.

Mis santos y todos los dioses del fútbol estaban generosos ese domingo. Sus rayos invisibles bajaron del cielo y del Olimpo para iluminar a los melenudos albicelestes e indicarles el camino de otro gol. Cuando faltaba un minuto de prórroga y ya nos veíamos con la corona puesta, surgió Daniel Bertoni para sellar el 3–1 del triunfo con un golazo y enloquecernos a todos. Increíble. Alucinante.

Yo ya no podía más.

Empecé a verlo todo en cámara lenta, en silencio, al ritmo nervioso de los latidos de mi corazón. Argentina Campeón del Mundo. Minutos después, la gigantesca pantalla mostraba a Daniel Passarela alzando la Copa FIFA.

Fue el día más feliz de mi vida futbolera.

Un dato más... Kempes fue el primer jugador de la historia en ser Campeón y máximo goleador de una Copa del Mundo. Terminó con 6 goles.

**TRIVIA**

¿Quién fue el primer máximo goleador que también fue campeón Mundial?

## TRISTE EPÍLOGO

**L**a euforia del triunfo quedó opacada por la realidad política del país. Los militares siguieron en el poder por seis años más, dejando más de 3 mil desaparecidos y arrastrando al país en una guerra sin sentido contra Inglaterra por las Islas Malvinas.

Sin nadie saberlo, los gritos de aquella multitud delirante del día de la final ahogaron en la noche porteña el lamento de los torturados en la Escuela de Mecánica de la Armada, ubicada a pocas cuadras del Monumental.

# Cinco:
# Los Mundiales
# Contemporáneos
## (de España 82 a Corea/Japón 02)

**Primero** fue Jules, después vino Joao. El primero sembró la semilla, el segundo, cosechó el fruto.

Pero también lo limpió, lo pulió, lo empaquetó, lo mercadeó, lo vendió y lo convirtió en un fenómeno comercial y deportivo sin precedentes en la historia del mundo.

Con Joao Havelange, Presidente de la FIFA a partir de 1974, el Campeonato Mundial de Fútbol entró en su Era Contemporánea y pasó de ser un evento importante y popular, a un fenómeno socioeconómico internacional. La FIFA llegó a tener más miembros que la ONU y su Presidente, más influencia que el Papa.

Después de once ediciones en 52 años, el número de participantes del Mundial aumentó de dieciséis a veinticuatro. Después a 32. Con más países participando, más gente quería ver los partidos por televisión. Fue entonces cuando los derechos de transmisión se subastaron al mejor postor y se desató la danza de los millones.

Inmediatamente, las corporaciones multinacionales más importantes del planeta empezaron a pelearse por patrocinar el evento. Empresas como Adidas, Coca-Cola, McDonald's, Fuji, Anheuser-Busch y MasterCard entre otras, superaron a sus rivales en las subastas y se convirtieron en patrocinadores exclusivos del Mundial, y por consiguiente, las arcas de la FIFA, en las más ricas de cualquier organización deportiva internacional.

Todo gracias a la promesa que hizo Don Joao al tomar las riendas de la organización: "Yo he venido a vender un producto llamado fútbol."

En el proceso, Havelange llevó el Mundial a un país sin fútbol, EE.UU., el mercado de consumidores más rico del mundo, y se dio el lujo de convencer a dos países asiáticos de gran rivalidad, Corea del Sur y Japón, para que compartieran la organización de una Copa.

Logró también expandir la marca, el "branding" como se dice en "marketing," del Mundial a competencias similares pero de diferente sexo y edades. De ahí el Mundial Femenino y los Mundiales Sub-23, Sub-20, Sub-17 y Sub-15.

Al retirarse de la FIFA en 1998, después de veinticuatro años de reinado, Don Joao garantizó la continuidad de su obra y su visión al escoger a su sucesor, su amigo y mano derecha, el suizo Joseph "Sepp" Blatter.

Bajo su mando, la FIFA ha vuelto a negociar derechos internacionales de TV, ha firmado con nuevos patrocinadores exclusivos y en el 2010 llevará el Mundial por primera vez al continente africano, a Sudáfrica.

Veamos entonces, cómo comenzó la fabulosa Era Contemporánea del Campeonato Mundial de Fútbol.

## España 1982: El Mundial que Brasil no ganó

La cuna de la Fiesta Brava se preparó como nunca para otra fiesta, tan brava y colorida como la de los toros, el Duodécimo Campeonato Mundial de Fútbol, Copa FIFA, España 1982. Y tenía que ser así porque ahora venían más invitados, veinticuatro para ser exactos.

La FIFA de Havelange, como dijimos, le había agregado ocho puestos a los tradicionales dieciséis y los repartió de esta manera: uno para la CONCACAF, uno para África, otro para Asia y Oceanía, y cuatro para Europa. Sudamérica fue la peor parada en la repartición porque se quedó con sus tres plazas de siempre.

COPA DEL MUNDO DE FUTBOL ⚽ ESPAÑA 82

Solamente le dieron medio puesto para un repechaje con un país europeo (Bolivia lo perdió con Hungría).

Por lo tanto en España 82, Europa tuvo catorce representantes incluyendo el anfitrión; Suramérica tuvo tres, más el Campeón Argentina; Norte y Centroamérica dos, África dos y, Asia y Oceanía dos.

El escenario estaba montado, listo para el pitazo inicial, el 13 de junio de 1982 en el Nou Camp de Barcelona. En el resto de la península, las tapas, los tablaos, las guitarras y las botas de vino también estaban listas para la fiesta.

## EL CLUB DE LOS VEINTICUATRO

**E**n el sorteo, las veinticuatro selecciones quedaron divididas en seis grupos de cuatro que jugarían en trece ciudades españolas:

**Grupo A** (Vigo y La Coruña): Italia, Polonia, Perú y Camerún
**Grupo B** (Gijón y Oviedo): Alemania Occidental, Argelia, Chile y Austria
**Grupo C** (Barcelona, Elche y Alicante): Argentina, Bélgica, Hungría y El Salvador
**Grupo D** (Bilbao y Valladolid): Inglaterra, Francia, Checoslovaquia y Kuwait
**Grupo E** (Valencia y Zaragoza): España, Honduras, Yugoslavia e Irlanda del Norte
**Grupo F** (Sevilla y Málaga): Brasil, URSS, Escocia y Nueva Zelanda

Madrid y Barcelona serían sedes de la segunda ronda, la cual consistiría de cuatro grupos de tres equipos cada uno. Los ganadores de cada grupo jugarían una serie semifinal, de donde saldrían los dos finalistas.

## "TANGO" Y "NARANJITO"

**U**no era el balón, el otro la mascota. La tradición de las mascotas y los balones de ADIDAS continuó en España 82. "Tango" fue la misma usada en Argentina 78, mejorada por supuesto, con más plástico mezclado con el cuero. Y "Naranjito" fue la mascota oficial del torneo, que como su nombre lo indica, era una naranja en forma de muñeco, o viceversa (debe haber sido una naranja "macho" porque sino se hubiese llamado "Naranjita," ¿no creen?).

Yo nunca entendí lo de la naranja, les confieso. Ni sabía que era un símbolo de España. De todas las imágenes e íconos que uno asocia con ese bello país, un matador, un toro, un "bailaor" de flamenco, un gitano, un quijote, un cura, ¡yo qué sé!, la naranja es lo último que uno piensa.

**TRIVIA**
¿Cómo se llamó la mascota oficial de España 82?

# DEBUTS Y REGRESOS

**C**on más gente jugando, había más caras nuevas.

Por África participaron dos países debutantes en Mundiales: Argelia y Camerún. Por Asia y Oceanía, lo mismo, dos novatos: Kuwait y Nueva Zelanda. Los kuwaitíes tuvieron la novedad de llevar como entrenador al brasileño Carlos Alberto Parreira, el mismo que hizo Campeón a Brasil en el 94 y que ahora regresa nuevamente como técnico de los brasileños en Alemania 2006.

Europa no tuvo debutantes, pero sí cuatro representantes que regresaban después de México 70. Ellos eran Inglaterra, Checoslovaquia, URSS y Bélgica. La "Naranja Mecánica" de Holanda ya no existía y fue el gran ausente de esta Copa.

**TRIVIA**

¿Qué país dirigió Parreira en España 82?

Sudamérica vio el regreso de Chile, ausente desde el 74, y echó de menos la participación de Uruguay, cuyo fútbol todavía estaba en crisis y se perdía su segundo Mundial consecutivo.

Finalmente, por la CONCACAF participaron los famosos rivales del 70, los de la guerra, Honduras y El Salvador. Ambos se ganaron el puesto en un Premundial celebrado en Tegucigalpa, en el que la gran sorpresa fue la eliminación de México.

# EL "VIEJO" Y EL "PIBE"

**D**os récords curiosos marcaron esta Copa. Por un lado, jugó el futbolista con mayor edad de todos los Mundiales, el famoso arquero italiano, Dino Zoff, con cuarenta años de edad.

Y por el otro, el más joven de la historia, incluso más joven que Pelé en Suecia 58. Se trataba del escocés Norman Whiteside, quien tenía diecisiete años y cuarenta y dos días de nacido al iniciarse el torneo. (Pelé tenía casi 18 en junio de 1958).

**TRIVIA**

¿Quién fue el jugador más viejo de España 82?

Años después, el récord de Zoff lo rompió el camerunés Roger Mila en USA 94, quien jugó con cuarenta y dos años. Coincidentalmente, el de Whiteside lo rompió otro camerunés, Samuel Eto'o (el mismo del Barcelona) en el Mundial de Francia 98. Debutó con dieciséis años y unos meses.

# APARECE "EL MÁGICO"

**S**us goles todavía son una leyenda en El Salvador y en Cádiz. Sus gambetas, inolvidables. Y sus farras nocturnas, ni se diga. Jorge Alberto "El Mágico" González fue el mejor jugador indisciplinado de todos los tiempos. ¡Qué manera de jugar!

Tenía veintiún años y era la nueva estrella del FAS de San Salvador cuando ayudó a su país a clasificarse al Mundial del 82 en Tegucigalpa. Aunque la actuación de su selección en este Mundial quedó en el olvido, la suya le sirvió para ser contratado por el Cádiz, en ese entonces era la primera división española.

El Salvador debutó ante Hungría con un récord (¡y que me perdonen los salvadoreños por recordarlo!): la peor goleada de la historia de los Campeonatos Mundiales, ¡10 a 1!

¡Duele hasta decirlo!

"El Mágico" no pudo hacer mucho esa tarde del 15 de junio en Elche. El gol de su equipo lo hizo Baltazar Ramírez, un gol que quedó marcado en la historia como el único de El Salvador en estas competencias.

Después del torneo, "El Mágico" fue contratado por el Cádiz. Allí vivió años de éxito, pero también de dificultades, por sus hábitos bohemios y su pasión por la vida nocturna. Pero todavía lo recuerdan y, sobre todo, lo echan de menos. Con él vivieron sus mejores años.

**TRIVIA**
¿En qué Copa Mundial jugó "El Mágico" González?

## REGRESA EL "JOGO BONITO"

**B**rasil finalmente encontró su camino al éxito con una nueva generación de *cracks*. Gracias a figuras como Sócrates, Falcao, Eder y Zico, Brasil volvió a su juego vistoso, a su fútbol de espectáculo, el famoso *jogo bonito* que tanto exige el público brasileño y que el mundo siempre espera de ellos.

Este nuevo Scratch lo dirigía Tele Santana e inició su participación el 14 de junio en Sevilla, frente a los soviéticos. Ganaron 2–1 con dos golazos desde fuera del área, uno de Sócrates y otro de Eder.

Después empezaron perdiendo 1–0 con Escocia, pero aumentaron el marcador con goles de Zico, Oscar, Eder y Falcao. Ganaron 4–1 y avanzaron a la segunda ronda con el mejor fútbol de la Copa. En el tercer partido despacharon 4–0 a Nueva Zelanda con 2 goles de Zico, otro de Falcao y uno de Serguinho.

**TRIVIA**
¿En qué Mundial debutaron Sócrates y Falcao?

## DEBUT CATRACHO

**L**a década de los ochenta fue la época de oro del fútbol hondureño, gracias a una generación de futbolistas excepcionales. Participar en un Mundial fue el premio lógico al talento de hombres como Gilberto

Yearwood, Roberto "Macho" Figueroa, Porfirio Betancourt, Julio César Arzú, Héctor "Pecho de Águila" Zelaya, Tony "la Aguja" Laing, Prudencio "Tecate" Norales y dos grandes amigos míos, el capitán Ramón "Primitivo" Maradiaga y "el Kaiser" Jaime Villegas.

Bajo la dirección técnica de José de la Paz Herrera, mejor conocido como "El Chelato Uclés," los Catrachos (Selección de Honduras) aprovecharon la plaza extra asignada por la FIFA a la CONCACAF, así como la condición de local en el Premundial del 81, para ganarse el viaje a España. Quedaron primeros en el torneo y de paso eliminaron a México.

Les tocó debutar en Valencia justamente contra los anfitriones, el 16 de junio de 1982, un día después de la goleada del Salvador (muchos temían el mismo destino para Honduras.) ¡Vaya susto que le pegaron a la Madre Patria!

Empezaron ganando a los 7 minutos de juego con un gol de Zelaya. Después aguantaron el marcador y el desespero de los españoles, hasta

el minuto 65, cuando vino el empate, una falta fuera del área que el árbitro argentino Arturo Iturralde cobró como penal. El partido concluyó 1–1 y Honduras dejó una grata impresión, con un fútbol organizado y efectivo, pero alegre.

En su segunda presentación, viajaron a Zaragoza para enfrentarse a Irlanda del Norte, quien tampoco pudo con ellos. Volvieron a empatar 1–1 con un gol de Laing, y siguieron con vida en el Mundial.

El tercer partido fue contra Yugoslavia, que venía de perder con España y empatar con Irlanda. Si Honduras ganaba, estaban en la segunda ronda. Un empate también les servía, pero dependía de otros resultados. Se enfrentaron en Zaragoza el 24 de junio en un partidazo. Se dieron con todo y los "catrachos" se comieron varios goles.

Cuando faltaban 3 minutos de juego, apareció otra vez el fantasma de los penales en una jugada dudosa de Jaime Villegas contra el yugoslavo Vladimir Petrovic. El árbitro chileno Gastón Castro lo pitó. Los hondureños protestaron acaloradamente y Yearwood fue expulsado. El mismo Petrovic cobró el penal y Yugoslavia ganó 1–0.

*Arriba: Selección de Honduras. A la derecha: Con Jaime Villegas en San Pedro Sula, Honduras.*

*Para Fernando Flore buen amigo de Honduras y gran ser humano afectuosamente*

*Julio 8, 2001*

A través de los años he podido revivir lo sucedido aquel día en Zaragoza en charlas y entrevistas con jugadores de aquella famosa selección "catracha." Jaime Villegas, por ejemplo, siempre me ha dicho: "Te juro, Fernando, que no lo toqué. Te lo juro." Lo dice con tanta convicción que yo siempre le he creído. El video del partido lo corrobora.

**TRIVIA**
¿Qué país eliminó a Honduras de España 82?

"Fue un día negro para Honduras. ¡Tan cerca y tan lejos!," recuerda "El Kaiser" Villegas. "Son esas cosas del fútbol que uno jamás acepta. Cuando uno menos lo espera, viene un árbitro y lo arruina todo."

## ARGENTINA DEFIENDE SU TÍTULO

**Y**o casi ni me enteré que había un Mundial en España. Para ese entonces ya vivía con mi madre en los EE.UU. y la vida dura del inmigrante no me permitía darme el lujo de ver televisión, ni ser hincha de fútbol. Trabajaba como guía turístico en Nueva York, llevando y trayendo gente a Washington y la Florida.

**TRIVIA**
¿Cuál fue el primer partido de Maradona en un Mundial?

Apenas pude ver un partido de todos los que transmitió el Canal 41 de Univisión en Nueva York, que en 1982 se llamaba SIN y no era Nueva York, sino Paterson, New Jersey, ¿se acuerdan? Tony Tirado era el narrador y cada vez que se anotaba un gol, hacia la repetición en inglés para que los gringos de la audiencia entendieran.

La cosa es que no vi la defensa argentina de su título en España. Hoy lo lamento, pero no hay nada que hacer. Las prioridades eran otras. La emoción del 78 la viví nuevamente en el 86, cuando Maradona nos dio otra Copa del Mundo. Esa sí que la disfruté.

**TRIVIA**
¿Cuál fue el primer gol de Maradona en un Mundial?

Hablando del Diego, en 1982 logró su sueño de jugar un Mundial aunque ya había jugado y ganado el Juvenil del 79 en Japón, pero esta era su primera Copa con la selección mayor.

Su debut fue contra Bélgica y el famoso arquero Jean–Marie Pfaff. No pasó nada. Tuvo lugar en Barcelona, el día 13 de junio y perdimos 1–0. ¿Sería por el número 13?

El segundo encuentro frente a Hungría vio el genio del gran número 10 salir a flote. Hizo su primer gol en Copas Mundiales, ¡de palomita!, y de paso el segundo también, un golazo de zurda. Ganamos 4–1.

La excelente actuación de Maradona la comentaron algunos turistas argentinos en uno de mis viajes y sentí curiosidad por verlo jugar antes de que terminara la Copa. Me tardó varios días hacer los arreglos necesarios y poder sentarme frente a la tele. Cuando lo hice, me tocó un clásico: Argentina–Brasil en la segunda ronda. Ya verá qué pasó.

## LA SOMBRA DE LAS MALVINAS

**A**l Mundial no le di mucha bola, pero a la guerra sí.

Desde el 2 de abril de ese año, día de la invasión argentina a las Islas Malvinas, seguía por los diarios y la radio las noticias de la guerra. Después me enteré que nosotros en los Estados Unidos sabíamos más de lo que estaba pasando en el conflicto que en la propia Argentina, donde el gobierno militar censuraba la información y hacía ver que estábamos ganando. Y como la selección estaba en el Mundial, era más fácil todavía distraer a la gente.

Dos días antes de debutar en la Copa, el 11 de junio, los ingleses hundieron el acorazado *General Belgrano* y trescientos marinos argentinos murieron. Pero los titulares de Buenos Aires se concentraban en el debut ante Bélgica.

El 14 de junio, un día después de perder con los belgas, perdimos la guerra y nos rendimos en Puerto Argentino. Pero las noticias en casa estaban más interesadas en el partido frente a Hungría del 18 de junio.

Fue una de las épocas más oscuras de nuestra historia, donde el fútbol ayudó una vez más a distraer la opinión pública y a calmar el dolor de mi país.

## EL ADIÓS DEL "NENE"

**E**spaña 82 fue el último Mundial del sensacional peruano Teófilo "Nene" Cubillas. El más amargo también.

La selección peruana se quedó en la primera ronda sin lucir nada de lo que la hizo famosa en el 70 y que todavía tenía en el 78. Y el "Nene" se fue en blanco, sin goles.

El primer partido en La Coruña frente a Camerún terminó empatado sin goles. El segundo frente a Italia concluyó 1–1.

**TRIVIA**
¿Cuál fue el último Mundial del "Nene" Cubillas?

El tercero fue contra Polonia, que todavía jugaba con el legendario Grzegorz Lato y estrenaba una nueva estrella, tan bueno como él, Boniek. Los polacos trituraron a los pobres peruanos 5–1, con el gol de la honra por parte de La Rosa al final del partido.

Fue un final injusto para la magnífica carrera mundialista de Cubillas. Afortunadamente, sus compatriotas no lo recuerdan por el fracaso en España, sino por la virtuosidad de su juego, sus fabulosos goles y los momentos inolvidables que les regaló en las canchas.

## ¡ADIÓS DON ELÍAS!

Chile regresó a la Copa después de ocho años pero se fue sin mayor gloria por otros dieciséis, hasta Francia 98.

En 1982, la famosa dupla Za-Sa no existía. El "Bam-Bam" Iván Zamorano tenía quince años y Marcelo Salas apenas ocho, es decir, Chile todavía no contaba con esta clase de jugadores para lucirse en una Copa del Mundo.

Sus grandes figuras, como Elías Figueroa de treinta y seis y "el Chino" Carlos Caszely de treinta y dos, estaban en el ocaso de sus carreras, y las nuevas, como "el Pato" Patricio Yañez, Juan Carlos Letelier y "el Bonva" Eduardo Bonvallet, pasaron desapercibidos en España. Les pasó lo mismo que a Uruguay en Alemania 74, una selección de viejas glorias y pocas promesas.

Después que Pinochet los despidió en La Moneda (y algunos jugadores no quisieron tomarse fotos con él) los rojos llegaron a España llenos de optimismo. Bajo la dirección de Luis "Locutín" Santibáñez habían clasificado con cierta facilidad, invictos y sin recibir goles, frente a Ecuador y Paraguay.

**TRIVIA**

¿Cuál fue la última Copa de Figueroa?

Después, todo les salió al revés.

Perdieron los tres encuentros de un grupo que parecía fácil, con la excepción de Alemania, por supuesto. Empezaron perdiendo con Austria 1–0 en Oviedo, luego cayeron 4–1 ante los alemanes en Gijón, y se despidieron luchando pero perdiendo contra el debutante Argelia 3–2.

Era el fin de una era para los chilenos y la despedida mundialista de su máxima figura, Elías Figueroa. Cuando "Bam-Bam," Salas, Estay y Rojas estuvieron listos en 1998, Chile regresó por sus fueros.

## SORPRESAS DE PRIMERA RONDA

La primera es que en su primer partido, la modesta Argelia le ganó 2–1 a Alemania Federal y a sus estrellas Rummenigge, Breitner, Briegel, Littbarski y la nueva, el arquero Harald "Tony" Schumacher.

La segunda fue que ese mismo Grupo 2 terminó con un triple empate por el primer lugar entre Alemania, Austria y Argelia. Dicen, no me crean, que los alemanes se pusieron de acuerdo con sus primos austríacos para ganarles 1–0 y eliminar a los pobres argelinos por gol average. Dicen.

Otra gran sorpresa de la primera ronda fue que Italia avanzó sin ganar un solo partido (dejando el pelero como dicen los caribeños). Empató 0–0 con Polonia, 1–1 con Perú y 1–1 con Camerún. Quedaron segundos en el grupo, empatados con 3 puntos con los cameruneses, pero con un gol más a favor.

Como verá, Italia se recuperó después y borró el mal sabor del comienzo.

## EL JEQUE MANDÓN

El Kuwait de Carlos Alberto Parreira casi se la hace a los checos en su debut. Empataron 1–1, pero en el segundo partido contra Francia, fueron el bochorno del torneo. No por ellos mismos, sino por el jefe de Parreira, el jeque árabe Fahid Al-Ahmad Al-Sabah, Presidente de la Federación de Fútbol de Kuwait.

Jugaban en el Estadio José Zorrilla de Valladolid y Francia ganaba 3–1 en el segundo tiempo. En una jugada extraña, la defensa kuwaití se quedó parada pensando que el árbitro había pitado y los franceses les hicieron el cuarto gol. Inmediatamente protestaron e intentaron explicarle al árbitro ruso Stupar lo que había pasado, que un silbatazo del público los había confundido, pero el ruso los ignoró y validó el gol.

En las gradas, el tal jeque empezó a ordenarle a sus jugadores que se fueran de la cancha, que abandonaran el partido. ¿Pueden creerlo? Entró Parreira a la cancha, la gente de la FIFA, los periodistas, el jeque mismo y se armó un desorden alrededor del árbitro. No se sabe qué le dijeron, pero de repente el ruso cambió de opinión y anuló el gol. Los kuwaitíes volvieron al terreno y los franceses, anonadados, dijeron "ce la vie". El partido se reanudó y Francia les volvió a marcar un gol. Terminaron 4–1.

Después del Mundial, tanto el jeque como el árbitro fueron expulsados de la FIFA.

Colorín colorado ...

## LA SEGUNDA RONDA

La segunda ronda de España 82 se jugó con doce equipos, los dos primeros de los seis grupos. La idea de los organizadores fue armar cuatro grupos de tres equipos, de los que saldrían cuatro semifinalistas. Esta vez se jugaría solamente en Madrid y Barcelona. Los grupos fueron éstos:

**Grupo A** (Estadio Nou Camp de Barcelona): Polonia,
Bélgica y la URSS
**Grupo B** (Estadio Santiago Bernabeu de Madrid):
Alemania, Inglaterra y España
**Grupo C** (Estadio Sarria de Barcelona): Italia, Argentina
y Brasil (¡auch!)
**Grupo D** (Estadio Vicente Calderón de Madrid): Austria,
Francia e Irlanda del Norte

## ¡MÁS SORPRESAS!

La primera es que España se desinfló, la segunda que Italia se destapó y la tercera que Brasil se despidió.

La famosa "furia" española no apareció cuando tenía que aparecer y quedaron eliminados. Muchos periodistas españoles se preguntaron sarcásticamente si los jugadores de la selección jugaron realmente "furiosos."

El primer juego de la segunda ronda fue contra los alemanes en el Bernabeu de Madrid. Después de terminar el primer tiempo 0–0, los teutones le dieron un baile a los españoles en el segundo tiempo. En media hora ya iban ganándoles 2–0. A los 81 minutos fue cuando finalmente España pudo descontar, pero ya era muy tarde. Perdieron 2–1.

El siguiente partido fue contra los ingleses. ¡Cáspitas!

España tenía que ganar para ir a semifinales. Hay que admitir que aquí sí sacaron a relucir algo de la famosa "furia," pero no lo suficiente. Fue un partido animado pero sin goles. Quedó 0–0, y España se despidió de su propio Mundial, bajo una lluvia de chiflidos, vasos y escupitajos de los fanáticos.

Lo de Brasil fue más triste todavía.

Lució el mejor fútbol del evento, goleó a todo el que se le puso por delante, pero no contó con los planes del italiano Paolo Rossi.

## DESPIERTA ITALIA

Nadie ha podido explicar el cambio radical de Italia de la primera a la segunda ronda.

Avanzaron de chiripa, sin ganar un sólo partido y anotando solamente 2 goles. Pero el 29 de junio, cuando saltaron a la cancha del Nou Camp de Barcelona para enfrentar a Argentina, la suerte les cambió.

Tal vez fue el apretado *catenaccio* defensivo que le aplicaron a los albicelestes, o la férrea y sucia marca que Claudio Gentile le impuso a Maradona. Sea como sea, Argentina no pudo acercarse al área italiana y a Diego lo anularon a patada limpia. Italia ganó 2–1, su primer triunfo de la Copa.

En su biografía, *Yo Soy el Diego*, Maradona relata que cada vez que intentaba recibir el balón, "Gentile me daba, tac, en los gemelos." Años después, en Italia, ambos se encontraron otra vez y Gentile admitió que él jugó "a no dejarlo jugar."

Después de esta derrota, como dice el mismo Diego, "nos agarró Brasil."

## ¡ROJA PARA DIEGO!

**F**ue el único partido de España 82 que vi por televisión en Nueva York. Quería ver jugar a Diego Armando Maradona en su primer Mundial y qué mejor partido que éste, el clásico Argentina–Brasil, Estadio Sarria de Barcelona, el 2 de junio de 1982. Era también la tercera vez consecutiva que se enfrentaban en un Campeonato del Mundo.

¡Más vale no haberlo visto!

El partido se veía parejo y tuvo pasajes emocionantes, pero a medida que corría el tiempo, los brasileños demostraron estar en mejor forma física que nosotros. Al Diego trataron de pararlo a como diera lugar, hasta que éste no aguantó más patadas y le tiró una a Batista por sus partes íntimas.

"La patada que le metí en los hue . . . a Batista era para Falcao," escribió Maradona. Lo echaron en un santiamén y nos quedamos con diez hombres.

Zico, Serguinho y Junior nos metieron un gol cada uno y al final del partido, perdíamos 3–0. Ramón Díaz sacó la cara por la patria a los 89 minutos y anotó el del honor para Argentina.

"Me fui mal de ese Mundial," reflexiona Diego en su biografía. "Todo el mundo pensaba que iba a ser mi Mundial, y yo también . . . Yo fui el que más perdió, nadie arriesgaba tanto, nadie tenía más ganas de que las cosas salieran bien."

Después del Mundial, Diego regresó a España, contratado por el Barcelona. Fue el traspaso más caro de la historia del fútbol español hasta ese momento. Le pagaron a Boca "8 palos verdes," como decimos en Argentina, algo así como 8 millones de dólares.

## ROSSI 3, BRASIL 2

**E**l cuarto partido de Italia en España 82 fue contra Brasil y Paolo Rossi todavía no había marcado un gol. La sequía se le acabó ese día, el 5 de julio en el Nou Camp de Barcelona.

Ambos equipos habían despachado a Argentina y el que ganara, pasaba a semifinales. Era la revancha del partido por el tercer lugar en Argentina 78 que Brasil ganó 2–1.

Rossi se puso a trabajar temprano ese día. A los 5 minutos anotó el primer gol. Los brasileños ni se inmutaron. Empezaron a hacer lo suyo, a tocarla y darle un baile a los italianos, que como es tradición, se echaron atrás para aguantar el marcador. Seis minutos después, Sócrates empata el partido.

Brasil siguió insistiendo y casi anota el segundo, pero el viejo Zoff estaba sólido esa tarde. A los 25 minutos Italia emprende un contragolpe que termina con otro gol de Rossi.

Rossi 2, Brasil 1. Así se van a descansar.

Al volver, Brasil se lanza contra la muralla italiana por el empate. Le agregan velocidad y precisión a su juego y el gol se ve venir en cualquier momento. Les tomó 18 minutos pero llegó. Falcao pone las cosas 2–2.

Sin bajar la guardia, van por más, tal vez confiados de que los italianos ya eran pan comido. Bueno . . . ¿qué creen que pasó? Rossi volvió a salirse con la suya y en otro contragolpe, le metió el tercero a los brasileños.

Rossi 3, Brasil 2. *¡Ciao!*

Así quedaron las cosas. Nadie lo podía creer. Ni la actuación de Rossi, ni la eliminación del mejor equipo del torneo, la mejor selección brasileña en doce años.

Pero eso no fue todo. Había más en la manga de Paolo Rossi.

## ROSSI 2, LATO 0

**R**ossi seguía inspirado, suelto por las canchas de España.

En la primera semifinal frente a Polonia, tres días después de comerse a Brasil, el 8 de julio en el Nou Camp de Barcelona, el famoso número 20 italiano se sacó de la manga 2 goles más y puso a Italia en la gran final de Madrid.

En ese partido, Lato se despidió de los Mundiales y se fue a quemar los últimos cartuchos de su carrera al Atlante de México. Su legado, sin embargo, perdura y Polonia todavía no ha producido un goleador que se asemeje o se le acerque en clase al famoso calvito.

¿Y Rossi?

Rossi seguía afilado y todavía le quedaba pólvora para la final.

# SEMIFINAL PARA LA HISTORIA

Con la eliminación de Brasil, la mejor selección que quedaba con vida era la francesa. Había tenido un gran desempeño gracias a las habilidades de su media cancha.

Ahí se desenvolvían y se entendían como hermanos tres grandes figuras del fútbol francés. Ellos eran Michel Platini, en ese momento estrella de la Juventus de Italia y jugando su segundo Mundial, y dos caras nuevas, Jean Tigana, un moreno con talento e inteligencia, y un chiquitín maravilloso, Alain Giresse, el pequeño gigante de Francia, 1 m 62 cm de pura dinamita.

Empezaron perdiendo la primera ronda con Inglaterra en Bilbao 3–1, pero después se recuperaron contra Kuwait (el partido del jeque mandamás) y contra Checoslovaquia 1–1.

En la segunda ronda le ganaron a Austria 1–0 y arrasaron a Irlanda del Norte 4–1 en Madrid, con 2 goles de Giresse.

Así fue como llegaron a las semifinales frente a la siempre peligrosa Alemania en Sevilla, el 8 de julio. El tiempo reglamentario terminó 1–1 con goles de Littbarski y Platini y se fueron a tiempo extra, nada nuevo para los alemanes, acostumbrados ya a estas batallas de última hora en los mundiales.

Francia dominó la prórroga y en 9 minutos anotó 2 goles más por medio de Tresor y Giresse. En teoría, no había más que hablar. Francia avanzaba a la gran final y Alemania nuevamente se quedaba corta en una semifinal de la Copa del Mundo, tal como le ocurrió en México 70 contra Italia en el Azteca.

TRIVIA

¿Cómo se llamaban los tres mosqueteros de Francia en España 82?

¡Un momento, por favor!

¿Quién es ese que está entrando a la cancha?

Es nada menos que Karl-Heinz Rummenigge.

Aplausos en las tribunas. Estaba lesionado y por eso no comenzó a jugar desde el principio, pero se ve que el técnico alemán, Jupp Derwall, está desesperado. Entra de cambio por Briegel, quien ya no puede más.

Lo que pasó a continuación sólo sucede en las películas o en una Copa del Mundo cada cien años.

Apenas entró a jugar, Rummenigge anotó un gol y Alemania se sacudió. Francia también. Minutos después, Fischer de media chilena empató 3–3 y obligó a decidir el partido por penales, primera vez en la historia de los Mundiales.

## LOS PENALES DE LA AMARGURA

**En** Francia se querían morir! En Alemania no lo creían. Y en la cancha de Sevilla, la gente se comía las uñas y los fotógrafos corrían hacia la portería donde iba a ocurrrir la accción.

Al terminar la primera tanda de cinco tiros cada uno, Francia y Alemania seguían empatados 4 penales por bando. Schumacher y Ettori, el portero francés, atajaron un penal cada uno.

Vino entonces la tanda final. Aumentaba la emoción. El que falle, pierde.

Primero fue el turno del francés Bossis, dispara y Schumacher vuelve a salvar su valla. Todo estaba en los pies del alemán Hrubesch. Si lo metía, Alemania iba a la final. ¡Y lo metió! Alemania 5, Francia 4.

Fin de la historia, fin del partido más dramático de España 82 y de muchos Mundiales.

Después, Francia jugaría el partido de consolación en Alicante frente a Polonia y volvería a perder, esta vez 3–2.

## EL NOCAUT DE SCHUMACHER

**Fue** vergonzoso! En el partido contra Francia, antes de los penales, el francés Battiston se lanza a toda velocidad por un balón que va hacia el arco del alemán Schumacher, quien sale a su encuentro al borde del área y se dan tremendo trancazo. El balón sigue de largo sin consecuencias. Schumacher regresa a su portería y Battiston queda tendido en la cancha, apretando los puños.

Hasta aquí, todo bien. No es más que una jugada ruda en un partido que está caliente. Pero Battiston no se mueve. Sus compañeros se le acercan preocupados para ayudarlo, pero el pobre hombre no responde. Está totalmente noqueado. Desde su portería, Schumacher lo ve todo, tranquilo, callado, como si nada hubiese pasado.

De repente, viene la repetición de la jugada por televisión y vemos como Schumacher ¡fuácata!, descaradamente en el encontronazo le mete un rodillazo al francés en la quijada y lo deja tirado en el piso.

A Battiston lo sacan de la cancha en camilla, con una contusión cerebral y tres dientes partidos. Schumacher ni se inmuta. Ni se acerca para ver como quedó su victima. El árbitro ni lo amonestó. Creo que hasta el día de hoy Schumacher sigue pidiéndole disculpas a Battiston, quien al parecer, todavía no se las ha aceptado. ¡Y ya han pasado veinticuatro años!

## LA GRAN FINAL DE MADRID

**M**adrid, Estadio Santiago Bernabeu, domingo 11 de julio de 1982. Italia y Alemania, dos Bicampeones Mundiales frente a frente por primera vez en una gran final, la duodécima de la historia.

También se enfrentaban los máximos goleadores del torneo, cara a cara, Rossi *vs.* Rummenigge, con 5 cada uno.

Ambos equipos tenían experiencia en este tipo de encuentros. Era la cuarta vez que ambos asistían a la gran cita. Italia lo hizo en el 34, 38 y 70 y Alemania en el 54, 66 y 74.

En otras palabras, se esperaba un partidazo.

No fue Suecia 58 o México 70, pero tuvo sus emociones, a pesar de que se trataba de dos selecciones muy defensivas. El primer tiempo terminó 0–0 y los italianos fallaron un penal.

Como ya le comenté, Rossi estaba inspirado por esos días y con la puntería aguda. Apenas arrancó la segunda mitad del partido, abrió el marcador con un remate apretado dentro del área chica de Schumacher.

Diez minutos después, Tardelli pateó fuerte desde el borde del área para el segundo. Los alemanes se desmoronaron. Italia no se conformó y tomó control del partido. El tercero llegó cuando faltaban 9 minutos de juego. Tardelli se escapó velozmente desde la mitad de la cancha y al llegar al área alemana, centró para Altobelli, quien se quitó a Schumacher de encima y la mandó adentro.

Italia 3, Alemania 1.

Dos minutos después los alemanes descontaron con un remate dentro del área del veterano Breitner (el mismo que anotó de penal en el final del 74 ¡trivia!). Eso fue todo.

**TRIVIA**

¿Quién fue el máximo goleador de España 82?

Italia ganó 3–1 y Rossi terminó como máximo goleador de la Copa, con 6 goles. Era la segunda vez, después de Kempes en el 78, que el máximo goleador también salía Campeón del Mundo.

Con el triunfo, Italia se unía a Brasil como Tricampeones del Mundo. Ambos volverían a verse las caras nuevamente doce años más tarde, en otra final, USA 94.

## México 1986: El Mundial de Maradona

**E**n realidad le tocaba a Colombia, pero terminó montándolo México nuevamente, el primer país en hacerlo por segunda vez.

Por problemas de dinero y de la deuda externa, los colombianos

se disculparon y retiraron su sede en 1983. Inmediatamente México y los Estados Unidos anunciaron sus candidaturas. La FIFA consideró la experiencia y las instalaciones deportivas de los dos países y se decidió por México. (Las excelentes relaciones de Don Guillermo Cañedo con Havelange también ayudaron.)

La Copa regresaba a uno de sus escenarios favoritos. Habían pasado dieciséis años desde que Pelé y compañía maravillaron al mundo con su fútbol, pero el recuerdo aún seguía vivo en la mente de millones de personas que lo presenciaron por televisión en todo el planeta.

¿Quién se iba a imaginar que otro sudamericano estaba a punto de robarse el *show* en el mismo escenario? Ya sabe a quién me refiero.

## ¡TERREMOTO!

**E**ste Mundial en México también trajo recuerdos de otro Mundial, Chile 62.

Un terremoto azotó nuevamente a un país sede un año antes del evento. Ocurrió en septiembre de 1985. Un fuerte sismo destruyó parcialmente varios barrios de la Ciudad de México y sus alrededores. Hubo más de 10 mil muertos, aunque el número exacto de víctimas nunca se supo. El gobierno mexicano no quería asustar ni al mundo ni a la FIFA más de lo necesario.

Afortunadamente, la sede principal del evento, el Estadio Azteca, no sufrió daños y en medio del luto y la reconstrucción, México siguió adelante con su segunda Copa, el Decimotercer Campeonato Mundial de Fútbol, Copa FIFA, México 1986.

## SOL Y TELEVISIÓN

**T**al como ocurrió en 1970, la tele determinó el horario de los partidos. Y ahora con más razón todavía, porque la audiencia había aumentado, así como también el dinero involucrado en las transmisiones.

Para que los europeos disfrutaran del espectáculo, muchos de los partidos se jugarían al mediodía, bajo el brillante sol del verano mexicano. La altura de la Ciudad de México también preocupaba a algunas selecciones, pero el Mundial del 70 había demostrado que no afectaba en nada el rendimiento de los jugadores.

Es más ... ¡cuidado si no los hacía jugar mejor!

## CARAS NUEVAS, CARAS VIEJAS

**E**l número de participantes era el mismo de España 82, es decir, veinticuatro selecciones. La diferencia es que esta vez Sudamérica tuvo una plaza más, cuatro en total. Entraron Argentina, Brasil, Uruguay y Paraguay. Los paraguayos regresaban después de 1958 y los "Charrúas" después del 74.

Por la CONCACAF entró México como anfitrión, y Canadá como debutante del evento.

Los africanos tuvieron dos representantes, Argelia y Marruecos, mientras que los asiáticos enviaron al debutante Irak y a Corea del Sur, quien regresaba a la Copa después de treinta y dos años.

Entre los grandes que también regresaban estaba Portugal, ausente desde 1966, y Bulgaria, que no había vuelto a participar desde 1974.

Los grandes ausentes fueron Austria, Checoslovaquia, Suecia, Yugoslavia y Holanda, quien ya había perdido su musa futbolística y no participaba desde 1978. Ahora los reemplazaba otro debutante que al igual que la "Naranja Mecánica," brilló con un fútbol nuevo y revolucionario, Dinamarca.

## LOS GRUPOS

**L**os seis grupos de cuatro equipos, repartidos en nueve ciudades mexicanas, quedaron así en el sorteo:

**Grupo A** (México y Puebla): Italia, Bulgaria, Argentina y Corea del Sur

**Grupo B** (México y Toluca): México, Bélgica, Paraguay e Irak

**Grupo C** (León e Irapuato): Francia, Canadá, URSS y Hungría

**Grupo D** (Guadalajara y Monterrey): Brasil, España, Argelia e Irlanda del Norte

**Grupo E** (Querétaro y Neza): Alemania, Uruguay, Dinamarca y Escocia

**Grupo F** (Monterrey y Guadalajara): Polonia, Marruecos, Portugal e Inglaterra

Para la segunda ronda clasificarían los dos primeros de cada grupo junto con los cuatro mejores terceros, una novedad en las Copas Mundiales.

## VUELVEN LOS "GUARANÍES"

El 4 de junio de 1986, Paraguay debutó en La Bombonera de Toluca frente a los iraquíes y ganó 1–0. Era la cuarta presentación paraguaya en Campeonatos Mundiales y se cumplían veintiocho años de la última vez en Suecia 58, donde la Francia de Fontaine los destruyó 7–3.

**TRIVIA**
¿Qué país sudamericano jugó en México 86 después de vientiocho años ausente?

El gol de la victoria frente a Irak lo anotó Julio César Romero, el famoso "Romerito," uno de los mejores futbolistas paraguayos de todos los tiempos, estrella del Cosmos de N.Y., Fluminense de Brasil y Puebla de México. En el segundo partido, justamente frente a México, volvió a anotar. Empataron 1–1.

El siguiente partido fue contra la Bélgica de Jean-Marie Pfaff y Jan Ceulemans y terminó 2–2. Los goles "guaraníes" fueron obra de la otra gran figura del fútbol paraguayo de esa época, Roberto Cabañas, quien también jugó en el Cosmos, el América de Cali, el Lyon de Francia y el Boca de Argentina.

**TRIVIA**
¿Para qué país jugaba el arquero Jean-Marie Pfaff?

Los paraguayos quedaron segundos en el grupo y pasaron a la siguiente ronda. Ahí se vieron las caras con los ingleses y su nueva estrella, Gary Lineker, quien les clavó 2 goles. El partido terminó 3–0 y Paraguay se despidió temporalmente de los Mundiales, hasta el 98 en Francia.

## EL REGRESO DEL TRI

¡Ahora sí había que ponerse las pilas! Después de no haber avanzado mucho en su propio Mundial del 70, y después de fracasar en el 78 y no participar en el 74 ni en el 82, México estaba listo para reivindicarse internacionalmente y darle alegría al país después del terremoto del 85.

Nuevamente la planificación fue seria y organizada, aprovechando las virtudes de una nueva generación de jugadores. Resaltaban el arquero del Cruz Azul, Pablo Larios, "el Sheriff" Fernando Quirarte de las Chivas, "el Vasco" Javier Aguirre del Atlante, Francisco "el Abuelo" Cruz del Monterrey, Manuel Negrete y Luis Flores de los

Pumas, Carlos de los Cobos del América, Tomás Boy de los Tigres, y por supuesto, el gran Hugo Sánchez, en esos días triunfando a lo grande en España, y el que lo reemplazó como DT de Pumas en el 2005, Miguel España.

También estaba un chamaco de veintidós años de gran personalidad y excelente futuro, uno de los mejores goleadores mexicanos de todos los tiempos, el famoso número 27 del Tri, mi querido amigo Carlos Hermosillo. En ese entonces se destacaba en el América, donde había debutado con diecinueve años y anotando goles.

Desafortunadamente para él, y posiblemente para México, Carlos no vio acción en este Mundial, dejando la duda de lo que pudo haber pasado, especialmente, como veremos, el día que eliminaron al Tri.

Los muchachos empezaron la Copa con buen pie. Abrieron en el Azteca el 3 de junio y le ganaron 2–1 a Bélgica, a los mismos que habían derrotado en 1970 y en la misma cancha. Los goles fueron de Quirarte y Hugo, cuyo gol fue el primero de su carrera en un Mundial.

El segundo encuentro fue un empate 1–1 con Paraguay, con goles de "Romerito" y Luis Flores de Pumas. En el tercer partido el Tri tuvo que trabajar duro para vencer 1–0 a Irak con un gol de Quirarte, su segundo del evento. Con ese resultado, México quedaba primero en su grupo y avanzaba a cuartos de final por segunda vez en su historia, tal como lo hizo en el 70.

## EL PRIMERO DEL BORA

**M**éxico 86 sería el primero de una lista de cinco Mundiales en la cartera del famoso y colorido serbio Bora Milutinovic.

En esta ocasión debutaba como Director Técnico de México, después de haber logrado un gran éxito en ese país como jugador y como entrenador.

En 1990 llevaría a Costa Rica a su primer Mundial y en la Copa del 94 dirigió a los Estados

**TRIVIA**
¿Cuál fue la primera selección que dirigió el Bora en un Mundial?

*Con el goleador mexicano Carlos Hermosillo.*

Unidos y los avanzó por primera vez a la segunda ronda del torneo. Después llevó a Nigeria al Mundial del 98 y a China a su primera participación en el 2002.

Todo un récord difícil de superar.

## EL SEGUNDO DE MATTHAEUS

Otro que haría historia con su colección de Mundiales es el alemán Lothar Matthaeus. También llegó a participar en cinco, igualando el récord de nuestro amigo "La Tota" Carbajal.

México 86 fue su primera actuación como titular, ya que en su debut en España 82, sólo jugó unos minutos frente a Chile. Ahora tenía veinticuatro años y se perfilaba como la estrella del equipo, brillando al lado de los veteranos Schumacher, Rummenigge, Briegel y Littbarski.

El siguiente Mundial sería su consagración, pero aquí en México 86 sembró la semilla. Alemania finalizó segunda en su grupo y él no anotó gol. Pero en la segunda ronda hizo historia al anotar en el último minuto el único gol alemán de un partido reñidísimo contra Marruecos en el Estadio Olímpico de la UNAM.

Gracias al gol, Matthaeus fue la salvación de Alemania, que como verá, dando tumbos llegó hasta la gran final.

## EL SCRATCH DEL 86

Era muy parecido al del 82 con el mismo técnico, Telé Santana, y el mismo estilo de juego, vistoso y arrollador. También con la misma mala suerte.

Sócrates, Junior, Falcao y Zico seguían en el Scratch brasileño, pero sólo Sócrates y Junior eran titulares. También aparecían figuras que jugarían varios Mundiales. Ellos eran el peligroso lateral derecho, famoso por sus escapadas por la banda y potentes tiros libres, Branco, el mediocampista y armador Alemao, y el centrodelantero Careca, quien se perdió el Mundial del 82 por una lesión, pero que se lució en México con 5 goles. Del Mundial se fue al Nápoles de Italia, donde siguió triunfando al lado de Maradona.

**TRIVIA**
¿En qué Copa debutaron Alemao, Branco y Careca de Brasil?

La primera ronda fue un paseo para Brasil. Le tocó un grupo sumamente fácil, y jugó todos sus encuentros en el Jalisco de Guadalajara, "su casa" en el Mundial del 70 y donde los tapatíos los trataban como locales.

El debut fue contra España. Ganaron 1–0 con un gol de Sócrates. Después jugaron con Argelia y volvieron a ganar 1–0 con un gol de Careca, su primero en Copas Mundiales. (¡Anote la trivia!)

Con esos dos triunfos aseguraron el pase a la segunda ronda. Aun así, despacharon a Irlanda del Norte 3–0 en el tercer partido con 2 goles de Careca y uno de Josimar. Terminaron primeros en su grupo y siguieron con vida hasta las semifinales. Allí la suerte volvió a abandonarlos.

## DEBUTA "EL PRÍNCIPE"

Otro grande que debutó en México 86 es alguien con quien yo he tenido la suerte de compartir momentos inolvidables y a quien le tengo muchísimo afecto, cariño y admiración. Fue campeón con mi River ese año 86 y es conocido mundialmente como "El Príncipe" del fútbol uruguayo, heredero absoluto del trono dejado por las glorias del 30 y el 50. Es mi gran amigo Enzo Francescoli.

Con Enzo a la cabeza, Uruguay regresaba al evento después de doce años de ausencia, cuando la última generación de grandes futbolistas uruguayos se despidió en Alemania 74.

El primer partido en La Corregidora de Querétaro fue contra Alemania y no les fue tan mal. Quedaron empatados 1–1. Pero la segunda presentación en la cancha de Neza pasaría a la historia del fútbol "charrúa" como la peor de todos los tiempos, una en la que ni Francescoli pudo hacer nada.

Duele anunciarlo, pero aquí va (en voz baja): Perdieron 6–1 contra Dinamarca. ¡Ay!

*"El Presidente" Fernando Fiore invitado por "El Principe" Enzo Francescoli y junto al "Rey" Pelé. ¡Una foto muy especial!*

Lo único bueno que salió de aquel bochorno fue un gol uruguayo, marcado por "El Príncipe," su primer gol en Copas Mundiales. Nada más. Contra Escocia no les anotaron gol, pero ellos tampoco. Quedaron 0–0 y milagrosamente pasaron a la segunda ronda como mejor tercero. Allí se vieron las caras con sus vecinos argentinos, quienes de la mano de Maradona, iban camino a la gloria.

Perdieron 1–0 y se fueron a casa, calladitos y con el rabo entre las piernas.

Más tarde, Enzo se recuperaría del fracaso, por lo menos personalmente. Al concluir la Copa se marchó a Francia donde sería campeón con el Marsella. Después a Italia y de nuevo a Argentina, donde se coronaría otra vez campeón con River.

Su segunda oportunidad en un Mundial vendría en Italia 90.

## MI VIEJA DEJA LA "CELESTE"

Como es natural, los uruguayos no estaban muy contentos que digamos con la actuación de la Celeste en México. Mi vieja no era la excepción.

Es más, la goleada danesa fue la última gota para ella. Después de varios años siendo la hincha número uno de la Selección Nacional del Uruguay, María Teresa Fiore tiró la toalla el día de la goleada danesa.

"¡A lo que hemos llegado!" dijo mamá con el corazón partido al final de la goleada, la cual vimos juntos por televisión. "Más nunca. No vuelvo a perder mi tiempo con estos farsantes," fue su sentencia final.

Y así fue. La vieja se retiró de los Mundiales y nunca más se preocupó por seguir las andanzas uruguayas en las Copas.

## MI QUINTO MUNDIAL (¡NO HAY QUINTO MALO!)

Como le comenté, el partido de Uruguay y Dinamarca fue el único de México 86 que vi con mamá en casa. Vivíamos en Nueva Jersey y lo vimos por el mismo canal de siempre, el 41 de la cadena que ya no se llamaba SIN sino Univisión.

El narrador seguía siendo el mismo del 82, el peruano Tony Tirado. Ahora lo acompañaba como comentarista un compatriota mío, Norberto Longo, Q.E.P.D. Ni me imaginaba yo que dos años después iba a trabajar con ellos en televisión.

¡Cómo da vueltas la vida! Después le cuento cómo los conocí. El resto de los partidos de aquel Mundial los miré en la tele de la empresa de turismo *Go Tours* donde yo trabajaba. Los vi casi todos, menos los de Argentina, los cuales disfruté con un grupo de compatriotas míos en el sótano de la casa de uno de ellos, "el Ñato" Mongelli, en Queens. Para ir a verlos le decía a mi jefe que estaba enfermo o que tenía una cita médica. Y como él era gringo, ni sabía que el Mundial existía. ¡Menos mal! De lo contrario se hubiera percatado que yo me enfermaba casualmente los días que jugaba Argentina.

En aquel sótano nos reuníamos además del "Ñato," su primo "el Colorado," "el Pichi," "el Tano" Vicente y "el Doctor" Carlitos Carugatti. Tomábamos mate, a veces vino, otras cerveza. Ordenábamos

pizza y si era fin de semana, "el Ñato" preparaba un asado. El lugar era pequeño, de techo bajito. Recuerdo que para celebrar los goles no podíamos brincar mucho. El día que le ganamos 1–0 a Uruguay, el gol de Pasculli tardó muchísimo en llegar. Una vez que entró, yo di tal brinco que me estrellé contra el techo.

Los muchachos todavía se acuerdan de aquel gol . . . pe que me di.

Fueron unas veladas de fútbol inolvidables. Juntos vivimos en la distancia la magia de Maradona y el mejor momento de la historia del fútbol argentino.

## LA REVANCHA DEL DIEGO

**H**asta ahora los Mundiales y Diego Armando Maradona no se llevaban bien.

Con la excepción del Mundial Juvenil de Japón en 1979, el cual él ganó con Argentina, el evento no le había deparado muchas satisfacciones. Recordemos que en el 78 Menotti no lo convocó y en el 82 fue expulsado. Después nos eliminaron.

Al llegar a Buenos Aires declaró que quería "borrar de su cabeza" ese Mundial y "empezar a pensar en el del 86," según cuenta en su biografía.

Efectivamente, así lo hizo. Desde el primer partido de Argentina contra los surcoreanos en el Estadio Olímpico, se vio que el Diego venía con todo. Estaba en plena forma, ágil y vistoso. Le ganamos 3–1 con 2 goles de su amigo y compañero de delantera, Jorge Valdano, goles en los que Diego fue el artífice.

*Mis amigos en el "histórico sótano" de Queens.*

Contra Italia en Puebla marcó el gol del empate, un gol imposible, sin ángulo, sobre la línea de fondo, que sorprendió al portero Giovanni Galli y al mundo entero. Argentina empató 1–1. Después aseguró su pase a la segunda ronda ganándole a Bulgaria 2–0. Se impusieron a Uruguay 1–0 en octavos de final con grandes jugadas de Maradona. Sin embargo, todavía no habíamos visto nada.

Lo mejor estaba por venir.

## DEBUTA "EL BUITRE"

**E**l fracaso en su propio Mundial del 82 dejó a los españoles con un hueco en el corazón.

Ahora la "Furia Roja" llegaba a México con una nueva generación de futbolistas y llena de optimismo porque algunos de ellos eran realmente buenos, incluso excepcionales, lo mejor de España en muchos años.

Se trataba del nuevo arquero, Andoni Zubizarreta, uno de los mejores de España, tierrra de grandes guardava-llas; un mediocampista maravilloso, estrella del Real Madrid, llamado José Miguel González Martín del Campo, mejor conocido como Michel; y el mejor del trío, posiblemente el mejor delantero que ha dado la Madre Patria, un "chaval" de veintitrés años, también del Real Madrid: Emilio "El Buitre" Butragueño.

**TRIVIA**
¿Cuándo debutó "El Buitre" Butragueño en Copas del Mundo?

Su función en México, sin saberlo, fue vengar la de-rrota uruguaya frente a Dinamarca (¡digo yo!).

Ese día, 18 de junio, en La Corregidora de Querétaro, "El Buitre" personalmente se encargó de parar el tren danés, no con uno, ni dos, ni tres, sino con cuatro, ¡4 goles! Fue la mejor actuación de un español en Campeonatos Mundiales.

El partido terminó 5–1 y España avanzó por primera vez en su his-toria a los cuartos de final. Hasta ese momento, la mejor había sido en 1950, mire nomás, cuando quedaron cuartos en el Mundo.

Aquí en México, España inició la primera ronda perdiendo 1–0 con Brasil. Pero rápidamente se recuperó ante Irlanda del Norte, ganando 2–1. El primer gol del partido fue precisamente de Butragueño, su primero en Copas Mundiales.

Después vino la goleada a los daneses y después, otro golpe al corazón. Ya les voy a contar.

# EL "AU REVOIR" DE PLATINI

Con él dijeron adiós Tigana, Giresse, Battiston, Rocheteau, Bossis y Amoros, toda esa camada de fabulosos futbolistas que tanta gloria le dio a *La France* en los años ochenta, hijos de Fontaine y Kopa, padres de Zidane, Trezeguet y Henri.

En México 86, jugaron su último Mundial y se despidieron de acuerdo a su clase, por lo alto, aunque no obtuvieron lo que tanto merecían y el destino les negó llegar a una gran final. Se les escapó de las manos en España 82 y nuevamente en México 86.

La primera ronda de esta Copa había sido sencilla para Francia, sin mucho ruido.

Debutaron en León ganándole a la novata Canadá 1–0. Luego le empataron a los rusos en Irapuato. El destape ocurrió en el tercer partido cuando se enfrentaron a Hungría y los eliminaron 3–0.

En la segunda ronda, la máquina azul arrolló a dos Campeones Mundiales, hasta que un tercero los paró en seco. Fue entonces cuando dijeron *au revoir*.

Regresaron doce años después como anfitriones.

Dejaron, eso sí, el recuerdo inolvidable de un fútbol creativo y efectivo. Su máxima estrella, Michel Platini, con treinta y un años de edad, se unía a las filas de los más grandes de la historia.

# RONDA DE GOLAZOS Y PENALES

Tradicionalmente, la segunda ronda de cada Mundial ofrece su respectiva dosis de partidos para la historia y para el infarto.

México 86 rompió el récord.

Los históricos los protagonizaron México y Maradona. El primero avanzó a los cuartos de final con un golazo de Negrete; el segundo hizo lo mismo, pero no con uno, sino con 2.

Los infartantes fueron 4, todos definidos en tiempo extra, 3 de ellos por penales. Nunca antes había pasado algo similar. Los juegos fueron: Bélgica–URSS (tiempo extra), Bélgica–España (penales), México–Alemania (penales) y el peor de todos, mejor dicho, el mejor, el más angustiante: Brasil–Francia (penales).

El choque de belgas y soviéticos en octavos de final fue una guerra de goles. ¡Un partidazo! Duró 120 minutos y terminó 4–3 a favor de Bélgica, quien pasó por primera vez a los cuartos de final de un Mundial.

Allí se encontró con la España del "Buitre" y la historia se repitió.

## "LA CHILENA" DE MANOLO

**A**ntes que Maradona le hiciera su famoso gol a Inglaterra, el Estadio Azteca fue testigo de otro golazo sensacional.

Tuvo lugar el 15 de junio en el partido México y Bulgaria de octavos de final, a los 35 minutos del primer tiempo. "El Vasco" Aguirre le centra el balón a Manolo Negrete, quien se encuentra al borde del área grande. El balón va un poco alto y la única manera de alcanzarlo es saltando. Eso hace Negrete, salta por el aire, no para cabecearlo sino para darle de "chilena."

**TRIVIA**
¿A quién le hizo Negrete su famoso gol de chilena en México 86?

¡Vaya "chilena"!

Seguramente usted ha visto el video alguna vez. Lo que salió del botín de Manolo fue un cañonazo aéreo que incrustó el balón a un palo del arco búlgaro, defendido por Borislav Mihaylov.

¡Golazo!

Además de ser el mejor gol de su carrera y definitivamente el más hermoso de México en un Mundial, fue también uno de los mejores de todos los tiempos, junto al de Diego. De hecho, ambos goles están inmortalizados en dos placas conmemorativas a la entrada del Azteca.

Cuando Manolo nos visitó en la *República Deportiva* en 1999, nos comentó modestamente que para él fue algo normal patear de esa manera. "Siempre lo hacía en las prácticas de Pumas," nos dijo. "Todos pateábamos así cuando jugábamos fútbol-tenis entre nosotros."

Esa tarde en el Azteca, cuando vio venir el balón, reaccionó como lo había hecho tantas veces en los entrenamientos, lanzándose hacia atrás y levantando la pierna derecha para pegarle al balón en el aire.

La diferencia es que esta vez estaba en un Mundial y fue gol. México ganó 2–0.

El otro gol fue de su compañero en Pumas, Raúl Servín, a los 61 minutos, no tan espectacular como el primero, pero sirvió para asegurar el triunfo y clasificar a México para los cuartos de final.

## SE VA BRASIL

**P**ara unos fue el mejor partido de México 86. Para otros, uno de los mejores de todos los tiempos.

Para todos los demás, un juegazo sumamente animado, con dominio alterno, grandes llegadas, goles hermosos y salvadas espectaculares. Un empate hubiese sido lo más justo, pero uno de los dos tenía que avanzar.

Se jugó en el Jalisco de Guadalajara el 21 de junio de 1986. Dos de las selecciones más vistosas de la Copa, Francia y Brasil, se enfrentaban en cuartos de final. Brasil venía de golear 4–0 a Polonia y Francia 2–0 al Campeón del Mundo, Italia.

También se enfrentaban dos goleadores, Platini y Careca. El duelo entre ellos fue parejo y ambos anotaron en el primer tiempo. Cuando parecía que así quedaba el pleito y se iban a la prórroga, ocurre lo insólito: Zico entra al partido por Muller y le toca patear un penal en el último minuto.

Frío, tal vez nervioso, lo falla.

¡Increíble!

El partido termina 1–1 y se va a tiempo extra. En esos 30 minutos adicionales la balanza se pudo inclinar por cualquiera de los dos. Ambos hicieron méritos para llevarse la victoria y se comieron suficientes goles para seguir empatados. Y así fue. El marcador no cambió y vinieron los penales. Era la segunda vez consecutiva que Francia decidía un partido así en una Copa. Recordemos que la primera fue en España 82 contra Alemania.

En la ronda de penales Platini y Sócrates se contagiaron con Zico y se comieron un penal cada uno. Después vino Julio César y fue peor. Falló y puso a Francia en semifinales.

Nadie lo podía creer, mucho menos los millones de brasileños viendo por televisión. Por segundo Mundial consecutivo, jugando bonito, el Scratch que lo estaban llegaba a la puerta y no entraba. Con Brasil fuera, todo estaba listo para el *show* de Maradona al día siguiente.

**TRIVIA**
¿Quién falló un penal final del partido Brasil–Francia de México 86?

## SE VA MÉXICO

El 21 de junio de 1986 pasó a la historia como el día de los penales. Después de Francia y Brasil, vino México y Alemania. El partido se efectuó en la cancha del Universitario de Monterrey ese mismo día. Durante 90 minutos los mexicanos hicieron todo lo que pudieron para ganar, pero la suerte alemana (y un par de atajadas de Schumacher) se lo impidió. El encuentro terminó 0–0 y se fue a la prórroga, la segunda del día y la tercera de la Copa, todo un récord.

El marcador no se alteró en los 30 minutos adicionales y hubo que irse a los penales por segunda vez en un mismo día y tercera vez en la historia, otro récord.

Aquí entra en escena el arquero Schumacher y se activa el maleficio de los penales mexicanos. No me

**TRIVIA**
¿Cómo eliminaron a México en el 86?

lo van a creer: el alemán se dio el lujo de parar ese día ¡4 penales! Como lo oye, 1, 2, 3 y 4, algo histórico y anonadante.

Negrete sacó la cara por la patria y fue el único en meter el suyo. México quedaba eliminado, pero tenía razones para sentirse orgulloso. Fue la mejor actuación de su historia y su Mundial, el segundo que organizaba, ya era todo un éxito comercial y futbolístico. ¿Terminará el maleficio en Alemania 2006? ¡Ojalá!

## DOS "ZURDAZOS " DE MARADONA

Uno fue con la mano. El otro con el pie. Ambos de zurda. Se trató de la actuación más sensacional de un jugador en un Campeonato del Mundo, una que pasó a la historia y que todavía recordamos con cariño y un poco de nostalgia, especialmente nosotros los argentinos.

El escenario era el Estadio Azteca, repleto ese 22 de junio de 1986. Más de 100 mil almas presenciando el partido de cuartos de final entre Inglaterra y Argentina, dos rivales naturales del fútbol y la política. Recordemos la expulsión de Rattín en Inglaterra 66 y la derrota argentina en la estúpida Guerra de las Malvinas en 1982.

El primer tiempo fue de un solo lado, Argentina dominando, Inglaterra aguantando. Maradona se movió por toda la cancha, buscando el hueco para entrar, pero la defensa inglesa estaba muy cerrada.

Todo cambio a los 5 minutos del segundo tiempo.

Un mal rechazo de la defensa inglesa salió hacia atrás, hacia su propia área donde estaba Diego. El portero Peter Shilton salió a buscar el balón pero Maradona llegó primero y lo tocó de cabeza (y con la ayuda de su mano izquierda) al fondo de la red. ¡Gol! Los ingleses le protestaron al árbitro, pero el gol valió.

Argentina 1, Inglaterra 0.

**TRIVIA**
¿Qué gol se conoce como el "gol de la mano de Dios"?

En el sótano de Queens, no sé a cuántos kilómetros del Azteca, nosotros nos reíamos y discutíamos la validez del gol. No celebramos mucho. "¿Fue mano?" nos preguntábamos. En la repetición de la tele se veía que Diego sube la mano al cabecear, pero quedaba la duda. Hoy en día, por supuesto, después de haber visto el video de la jugada tantas veces, y después que Diego admitió que el gol entró con la ayuda de "la mano de Dios," no cabe duda.

Pero aquella tarde no estábamos muy seguros. Pero no importaba. ¡Íbamos ganando!

El gol de "la mano de Dios" pasó al olvido 4 minutos después. No le voy a describir el gol porque seguramente usted lo ha visto millones de veces en los últimos veinte años. Sólo le comento que la escapada de Maradona desde su propia cancha recorrió 60 metros, duró 10 segundos y se llevó a 5 ingleses por el camino, mientras la voz de Tirado en el televisor repetía lo que estuvo gritando todo el Mundial "Diego, Dieguito, Diegote."

Y le doy un dato más. Según los escritos de Jorge Valdano, Diego le comentó después del partido que él lo vio en medio del lío en el que se había metido y quería pasarle el balón, pero nunca "encontró el hueco." ¡Menos mal! Otra hubiese sido la historia.

El legendario narrador de fútbol de la televisión mexicana, Don Ángel Fernández, me dijo una vez en broma, que cuando Maradona hizo el famoso gol, la Reina Isabel salió corriendo por los pasillos del Palacio de Buckingham gritando: "¿Quién es ese hombre? ¿Es súbdito mío?" ¡Ya quisiera ella!

Fue el mejor gol de los mundiales, el más famoso, el más vistoso y también el que definió el campeonato para Argentina. En Queens, mis amigos y yo salimos del sótano para celebrar como Dios manda: con un partidito de fútbol en el parque de Flushing.

¡Ah! Se me olvidaba. Inglaterra anotó un gol antes de despedirse, a los 81 minutos. Lo marcó Gary Lineker quien terminó siendo el máximo goleador de la competencia con 6 goles.

*Congratulations!*

## SE VA ESPAÑA

**E**sa misma tarde, volvieron los empates y continuó el festival de penales en México 86.

Ahora era el turno de Bélgica y España. La "Furia" venía de golear sin misericordia 5–1 a Dinamarca y los "Diablos Rojos" habían dejado en el camino a los rusos.

El partido se escenificó el 22 de junio en el Cuauhtemoc de Puebla y España hizo todo lo posible para ganar. Pero no era su día. Terminaron 1–1 al final de los 90 minutos y se fueron a la prórroga, donde España siguió peleando en mejor forma física. Bélgica estaba extenuada después del esfuerzo ante los rusos.

El gol español nunca llegó. El tiempo extra se acabó, el 1–1 quedó igual y por tercera vez en un mismo Mundial, en menos de 24 horas, un partido se definía por penales.

Bélgica pateó mejor y siguió con vida, sólo para enfrentar a Diego en semifinales.

## LA SEGUNDA FINAL DEL AZTECA

**H**abían pasado dieciséis años de la primera, pero la fiesta fue la misma. También el invitado de honor, el mejor jugador del torneo y del Mundo en ese momento. En 1970, los 100 mil espectadores del Estadio Azteca esperaban el *show* de Pelé. Ahora era el de Maradona.

Alemania, dirigida por el gran Franz Beckenbauer, llegaba a duras penas, dando tumbos, como era su costumbre. En la primera ronda empataron con Uruguay, le ganaron a Escocia y perdieron con Dinamarca. Al avanzar eliminaron de casualidad a los marroquíes y después a los mexicanos por penales. Lo mejor lo dejaron para la semifinal, donde finalmente jugaron bien y sacaron a Francia del camino 2–0.

Argentina, conducida por Carlos Salvador Bilardo, venía como una aplanadora con Diego Armando Maradona al volante. Después de eliminar a Inglaterra con sus 2 goles, Diego repitió la faena ante Bélgica en semifinales y Argentina ganó con otros 2 goles suyos.

En casa del Ñato, había un menú especial y más invitados. El sótano estaba repleto de gente, todos argentinos, todos ansiosos, todos con hambre calmando los nervios con la carne que salía de la parrilla.

El partido empezó reñido. Matthaeus estaba encima de Maradona (tal como Beckenbauer lo hizo sobre Charlton en la final del 66). Ninguno de los dos equipos podía hacer su juego. Argentina fue el primero en encontrarlo. Lentamente fue tomando control del balón y el partido, pero le costaba mucho atravesar la pared de la defensa alemana. Tomó 23 minutos romperla y lo hicieron con balón detenido, no había otra manera.

Matthaeus le comete una falta a José Cuciuffo por la banda

*En la entrada del estadio Azteca.*

derecha. Jorge Burruchaga cobra el tiro libre al área chica. Schumacher sale a despejar pero no llega. El que llega es José Brown, el central argentino, quien cabecea fuerte y seguro al fondo de la red. ¡Gol! ¡Goool de Argentina! En el sótano paramos de comer momentáneamente y brincamos con cuidado para no golpearnos con el techo. Argentina 1, Alemania 0. ¡Vamos, Argentina, carajo!

Inexplicablemente, después del gol, los alemanes siguieron defendiéndose. Esto ayudó el juego de Diego y sus compañeros, quienes siguieron dominando e hilvanando jugadas pero sin romper el muro alemán. Así continuaron las cosas por el resto del primer tiempo. No era el mejor partido de la Copa. Ni de Diego tampoco. Pero íbamos ganando.

El segundo fue mejor.

Argentina sale arrollando a los alemanes y éstos siguen aguantando. Temprano, a los 10 minutos, Maradona inicia una jugada en el centro de la cancha que termina en los pies de Jorge Valdano, quien se escapa por la banda izquierda, llega al área alemana y cuando Schumacher le sale al encuentro, se la toca con clase y elegancia abajito, a la derecha y hasta el fondo del arco.

"¡Goooool!" gritamos todos en el Azteca, en Queens y en toda Argentina.

Ahora sí. ¡2–0! ¡Ya somos Campeones! Pero . . . ojo . . . esta es Alemania. Esta gente no se entrega así nomás.

Efectivamente, no se entregaron. Aprovecharon que nosotros bajamos la presión y empezaron a rondar en el arco de Nery Pumpido, quien hasta ese momento no había tenido mucho trabajo.

A los 30 minutos hay un corner alemán por la izquierda. El centro de Brehme al borde del área chica lo cabecea Voeller y le cae a Rummenigge al frente del arco, quien se lanza hacia delante y logra lanzar el balón al fondo del arco. Gol de Alemania.

Nuevamente paramos de comer en el sótano.

Cinco minutos más tarde, otra jugada similar: corner de Brehme por la izquierda, Berthol cabecea al arco y otra vez entra Voeller para cabecear el empate de Alemania.

Se nos quitó el hambre. Nadie dice nada. Sólo se escuchan las voces de Tirado y Longo en la tele.

Faltan 10 minutos y tenemos que sacudirnos, si no, nos hacen otro. Gracias a Dios, tenemos a Maradona en la cancha. Tres minutos después del gol alemán, toma el balón en el círculo central. Ve que Burruchaga está sólo y le hace un pase largo. "El Burru" se escapa

**TRIVIA**
¿Quién marcó el gol de la victoria en la final de México 86?

velozmente. Entra al área grande, sigue corriendo con el balón en sus pies y cuando Schumacher sale a bloquearlo, lo patea al segundo palo, rasante. ¡Gooool! ¡GOOOOL carajo! ¡Ahora sí somos Campeones!

No se ven los papelitos del 78, pero igual, el Azteca celebra el gol con banderas, cornetas y aplausos. En el sótano del Ñato sale otra ración de morcillas y abrimos otra botella de vino.

Argentina 3, Alemania 2.

Somos Bicampeones del Mundo. Diego recibe del presidente mexicano Miguel de la Madrid la Copa FIFA, la besa, se voltea, la levanta y la muestra orgulloso. Está en la cima del mundo. Es su coronación como el nuevo Rey del Fútbol, el mejor jugador del planeta.

Yo ya no tengo hambre. Lo que quiero es jugar fútbol. Del sótano nos fuimos a celebrar con un balón al parque de Flushing.

## Italia 1990: El Mundial de Schillaci (¿Schillaci?)

**T**odo iba bien hasta que llegamos a Italia.

Según el consenso general, este fue el peor de los Mundiales. Las grandes estrellas defraudaron y el máximo goleador fue un desconocido. Hubo un par de encuentros emocionantes, pero nada que ver con la historia de este magno evento. Hasta se rompió el récord de empates y de definiciones por penal que llegó hasta la final.

Y la verdad es que nadie se lo esperaba.

Se trataba de Italia, potencia mundial del fútbol, cuna de grandes jugadores y casa de la liga más cara y competitiva de Europa.

El hecho es que con pocas excepciones, el Decimocuarto Campeonato Mundial de Fútbol, Copa FIFA, Italia 1990 dejó mucho que desear.

## ENTUSIASMO ITALIANO

**L**a culpa no la tuvieron ni los italianos ni los organizadores. El país entero se dedicó a montar un *show* espectacular, en ciudades maravillosas, estadios majestuosos, con buenos recursos y mucho entusiasmo.

Esta fue la primera Copa jugada de noche por aquello de la televisión, ya usted sabe. El horario de los partidos fue determinado por las horas de mayor audiencia en el mundo. Ni muy tarde, ni muy temprano. Recordemos que a estas alturas, el Mundial ya era un megaevento comercial, con millones de dólares invertidos en publicidad, *souvenirs* y derechos de transmisión.

Hablando de *souvenirs*, la máscota oficial de Italia 90 fue un muñeco extraño, parecido a un robot, formado por cubos como los del Cubo de Rubik, con los colores de la bandera italiana (verde, blanco y rojo), sin pies y con cabeza de balón, llamado Ciao.

## GRATAS SORPRESAS

**P**ese al poco fútbol, Italia 90 tuvo algunas sorpresas.

Colombia regresaba tras veintiocho años; equipos como Costa Rica e Irlanda debutaron en este Mundial con sangre y caras nuevas, llenos de energía y ganas de triunfar. Sirvieron para contrarrestar la cautela defensiva de la mayoría de los participantes. Los tres avanzaron a la segunda ronda y en el caso de los irlandeses, llegaron hasta los cuartos de final.

Egipto también fue una grata sorpresa. Regresó a los Mundiales después de cincuenta y seis años y ni Holanda pudo con ellos. Sólo Inglaterra pudo ganarles por la mínima diferencia.

Los "gringuitos" de Estados Unidos también dejaron una buena impresión. Regresaban a la competencia después de 1950 y aunque no ganaron un sólo partido, demostraron su progreso.

Pero de todos los equipos pequeños que participaron en Italia 90, el de mejor desempeño fue Camerún. Con un fútbol alegre y contra todo pronóstico, llegó a los cuartos de final, donde protagonizó uno de los mejores partidos de todo el torneo.

## LOS CASTIGADOS: MÉXICO Y CHILE

**U**no por culpa de un jugador; el otro por los directivos.

En el caso de Chile, el arquero Roberto Rojas montó tal *show* en la cancha que terminó con la eliminación de su selección de este Mundial, del próximo y de varias competencias internacionales.

Esto fue lo que pasó: En septiembre de 1989, Chile jugaba de visitante contra Brasil en el Maracaná, último partido de la clasificación. Ambos están empatados en el grupo. El que ganara iba al Mundial. El primer tiempo termina 1–0 a favor de Brasil. Al empezar el segundo tiempo, le lanzan a Rojas una bengala encendida desde las tribunas. El proyectil le cayó muy cerca pero no le pegó. Sin embargo, él hizo ver que sí. Se tiró al piso revolcándose de dolor y con sangre corriéndole por el rostro. La cosa parecía seria. Sus compañeros no esperaron por la camilla y se llevaron a Rojas cargado a los vestuarios. El capitán chileno retiró al equipo de la cancha y el partido se suspendió.

La FIFA, la CONMEBOL, la Federación Chilena de Fútbol, la de Brasil, todo el mundo empezó a investigar el incidente. Examinando videos y entrevistando a los jugadores se concluyó que Rojas se había autoinferido la herida en la ceja. La FIFA lo suspendió a él, al capitán, al médico y al masajista de la selección de por vida, y a la selección del Mundial de 1994.

Durante varios meses, Rojas negó rotundamente haberse causado la herida. Hasta que no pudo más con el cargo de conciencia. En mayo de 1990 admitió el engaño.

## "LOS CACHIRULES"

L o de México fue más complicado.

Lo llamaron el caso de "los cachirules," que en mexicano significa persona con identidad falsa.

Se trataba de una "técnica" de la Federación Mexicana de Fútbol de cambiar las actas de nacimiento de los jugadores para bajarles la edad. La práctica se aplicó por muchos años hasta que los pescaron. Un periodista fue el que los delató. Y se dio cuenta por una estupidez de la misma Federación. En varias publicaciones oficiales de la Federación aparecían los mismos jugadores que jugaron en los Panamericanos de 1988 con diferentes fechas de nacimiento.

**TRIVIA**
¿Por qué la FIFA descalificó a México antes de Italia 90?

Empezaron las averiguaciones. La prensa empezó a revolver el asunto y el chisme llegó a la FIFA, quien investigó y terminó suspendiendo a México de competencias internacionales por dos años. El castigo incluía no jugar el Mundial de Italia.

Básicamente lo que hacían era enviar al jugador a la alcaldía de algún pueblo mexicano donde un funcionario corrupto (obviamente) lo atendía y le entregaba una nueva acta de nacimiento. Con la nueva acta y un par de años más joven, el jugador sacaba su pasaporte.

Claro está, la práctica no era exclusiva de los mexicanos. El problema es que a ellos los agarraron con las manos en la masa. En otras palabras, los pescaron "cachiruleando." (¿Se dice así?)

# EL CLUB DE LOS VEINTICUATRO

**I**talia 90 fue el tercer Mundial con veinticuatro equipos.

El formato de la competencia quedó igual: seis grupos de cuatro equipos, donde los dos primeros de cada grupo y los cuatro mejores terceros, avanzaban a la segunda ronda de eliminación directa. Así quedaron los grupos en el sorteo:

**Grupo A** (Roma y Florencia): Italia, Austria,
Checoslovaquia y Estados Unidos

**Grupo B** (Milán, Nápoles y Bari): Argentina, Camerún,
Rumania y URSS

**Grupo C** (Turín y Génova): Brasil, Suecia,
Costa Rica y Escocia

**Grupo D** (Milán y Boloña): Alemania, Yugoslavia,
Colombia y los Emiratos Árabes

**Grupo E** (Verona y Udine): Bélgica, Uruguay,
España y Corea del Sur

**Grupo F** (Cagliari y Palermo): Inglaterra, Holanda,
Irlanda y Egipto

# EL GRAN AUSENTE

**F**rancia . . . Después de tres actuaciones estupendas en los últimos Mundiales, los franceses no llegaron a Italia.

La generación de Platini había sido relevada por una nueva que no dio la talla. Peor todavía, el mismo Platini tuvo que ver con el fracaso. Empezó el proceso eliminatorio de Francia como entrenador de la selección y le fue tan mal que lo cambiaron antes de terminarla. Entró Henri Michel, pero ya era muy tarde. No le alcanzaron los puntos y quedaron fuera de la competencia por primera vez en muchos años.

# REGRESA LA SELECCIÓN DE COLOMBIA

**H**ablando de nuevas generaciones, ¿qué tal la de Colombia?

La mejor de la historia. Un grupo incomparable de estrellas, jugadores elegantes y habilidosos que marcaron una época en el fútbol colombiano y elevaron el fútbol cafetero al más alto nivel internacional, al punto de convertirse en favoritos del siguiente Mundial USA 94.

Los nombres ya son familiares: José René Higuita, Andrés Escobar (Q.E.P.D), Bernardo

**TRIVIA**
¿Quién fue el técnico colombiano para Italia 90?

Redín, Luis "el Chonto" Herrera, Leonel Álvarez, Luis Carlos Perea, Freddy Rincón y el mejor de todos, el sensacional Carlos Valderrama, "El Pibe" del fútbol colombiano.

El mago detrás de este gran equipo, el hombre que encontró y formó a la mayoría de estos muchachos, fue el dentista Francisco "Pacho" Maturana, el modernizador del fútbol colombiano. Un año antes del Mundial había ganado la Copa Libertadores de América con su equipo el Atlético Nacional de Medellín. Después tomó la selección y en repechaje contra Israel, se ganó el boleto a Italia.

**TRIVIA**
¿En qué Copa debutó "El Pibe" Valderrama?

Este era el segundo Mundial de los colombianos, después de la inolvidable actuación que tuvieron en 1962.

El debut en Italia fue frente a los Emiratos Árabes en el Estadio Renato Dall'ara de Boloña el día 9 de junio (el mismo día en que se inicia el Alemania 2006). Jugaron como sabían, con alegría y efectividad, tocándola y defendiéndose bien. Ganaron 2–0 con goles de Redín y "El Pibe."

El segundo partido de Colombia fue ante Yugoslavia. Merecían por lo menos un empate. Dominaron casi todo el encuentro y estuvieron muy cerca de anotar. Pero los yugoslavos supieron maniatarlos y hacer el gol cuando tenían que hacerlo. Colombia perdió 1–0.

El tercer encuentro era decisivo. Tenían que ganar para seguir con vida (o empatar para entrar como mejor tercero de grupo). Se enfrentaron, en uno de los partidos más recordados en la historia del fútbol colombiano, a los Subcampeones del Mundo, la Alemania de Lothar Matthaeus y del técnico Franz Beckenbauer.

Estuvieron 0–0 hasta el minuto 89 cuando el alemán Pierre Littbarski abrió el marcador. ¡Qué pena! Colombia quedaba fuera del Mundial.

**TRIVIA**
¿Cómo se llamaba el entrenador alemán de Italia 90?

¡Espérese!

Un minuto después, con un majestuoso pase del Pibe entre varios alemanes, Freddy Rincón entra al área y vence al arquero Bodo Illgner, pasándole el balón entre las piernas. Gol. El partido se empata y Colombia entra a la segunda ronda.

¡Creo que todavía están celebrando en las calles colombianas!

## EL "COME BACK" DE USA

El castigo a México ayudó a los Estados Unidos.

Era el regreso triunfal de una de las selecciones fundadoras (aunque usted no lo crea) del Campeonato Mundial de Fútbol. Recuerden que jugaron en el 30, el 34 y en el 50, donde le ganaron 1–0 a los ingleses. Después desaparecieron de la competencia.

Es la generación más exitosa que ha tenido el fútbol norteamericano, la misma que lo ubicó entre las diez mejores selecciones del mundo. Entre ellos se ecuentran Tony Meola, Alexi Lalas, John Harkes, John Doyle, Paul Caligiuri, Eric Wynalda y dos chicos de origen rioplatense y miembros del Salón de la Fama del *Soccer* norteamericano: Marcelo Balboa y Tab Ramos.

Tanto Marcelo como Tab se destacaban en sus respectivos equipos en la APSL y ambos habían sido estrellas de las universidades donde estudiaron, Marcelo en la Universidad Estatal de San Diego, y Tab en la Universidad Estatal de Carolina del Norte.

El debut de la selección en Italia 90, sin embargo, quedó en el olvido. Se enfrentaron el 9 de junio en Florencia frente a Checoslovaquia y los golearon 5–1. Paul Caligiuri fue el único en anotar para los "gringuitos."

Pese al mal comienzo, el equipo no se amilanó en la segunda presentación, el 14 de junio, nada menos que contra el anfitrión, Italia. Jugaron en la cancha del Olímpico de Roma y los italianos lograron anotar temprano, a los 11 minutos. Ya todos sabemos lo que pasa cuando Italia anota primero: se van para atrás y aplican el *catenaccio*. Esta vez hicieron lo mismo. Nuestros muchachos trataron de entrar y empatar pero se les hizo imposible. Perdieron 1–0 y quedaron fuera del torneo.

**TRIVIA**
¿Quiénes eran las estrellas latinas de Estados Unidos en Italia 90?

El tercer encuentro fue de trámite contra Austria, que también estaba eliminada, y volvieron a perder 2–1. Pero la experiencia sirvió de fogueo para un grupo de muchachos llenos de talento, energía y porvenir.

Muchos de ellos regresarían en el 94 y escribirían una inolvidable página del *soccer* de ese país.

## DEBUT TICO

**P**rimero fue México. Después vino Costa Rica.

El colorido técnico serbio Bora Milutinovic regresaba a una Copa del Mundo con otra selección, esta vez, una debutante en el gran *show*. Y al igual que Colombia y los Estados Unidos, Costa Rica también pasaba por una etapa generacional de grandes jugadores.

Los más recordadós son el portero Gabelo

**TRIVIA**
¿Cuál fue la segunda selección que el Bora Milutinovic llevó a un Mundial?

Conejo, Roger Flores, Germán Chavarría, Oscar Ramírez, y los goleadores Juan Arnoldo Cayasso y uno que después triunfó en México, Hernán Medford. También jugó quien hoy es el técnico de la "tricolor" tica en Alemania 2006 (dirigiendo su segundo Mundial consecutivo) Alexandre Guimaraes.

Los "ticos" compartieron el Grupo C con los poderosos brasileños y dos europeos: Escocia y Suecia. En el papel, un grupo muy difícil. Se esperaba que la selección del Bora tuviera una participación decorosa, pero nunca lo que ocurrió.

**TRIVIA**

¿Quién eliminó a Costa Rica de su primer Mundial?

Como pocos debutantes lo han hecho en un Mundial, los ticos empezaron ganando. Se enfrentaron a los escoceses en Génova el 11 de junio y con un gol de Cayasso al iniciarse el segundo tiempo, los derrotaron 1–0.

Fiesta en toda Costa Rica. ¡Pura vida!, como dicen ellos.

La segunda aparición fue contra los brasileños. Contrario a lo que muchos pensarían, los ticos no se intimidaron. Por el contrario, se plantaron muy bien en la cancha y enredaron el juego de los brasileños, a quienes les tomó 33 minutos hacer un gol. Lo anotó Muller y fue el único de Brasil en todo el partido. Desafortunadamente, la puntería tica falló ese día y se fueron en blanco. Brasil ganó 1–0, pero la prensa internacional tomó nota de los habilidosos centroamericanos.

El 20 de junio de 1990 sería un día histórico para el fútbol costarricense. La "Sele," como dicen ellos, se enfrentaba a Suecia y tenía que ganar para avanzar a la segunda ronda por primera vez en su historia (tal como lo había hecho Colombia el día anterior en Milán).

Al terminar el primer tiempo, iban perdiendo 1–0. En el segundo entró Medford y las cosas cambiaron para los ticos. A los 75 minutos Flores empató y cuando faltaban 2 minutos el mismo Medford anotó el segundo.

Ahora sí hubo fiesta en toda Costa Rica. La "tricolor" le brindó al país el momento más feliz de su historia futbolística.

Estaban en octavos de final. ¡Increíble!

Pero lo que el Mundial le da, el Mundial se lo quita. La alegría tica duró tres días. El 23 de junio en la ciudad de Bari se midieron frente a los poderosos checos, los mismos que habían goleado a los "gringuitos." Fue el fin del sueño costarricense. Les metieron 4 goles y perdieron 4–1 (gol de Ronald González).

El Bora y sus muchachos volvieron a casa tristes, pero satisfechos. Al llegar, fueron recibidos como héroes nacionales. Y muy merecidamente, debo decir.

## DEBUTA KLINSMANN

**E**n Alemania 2006 el técnico de la selección alemana debutará en Copas Mundiales como entrenador. En Italia 90 lo hizo como jugador.

Me refiero al gran goleador alemán Jurgen Klinsmann, estrella del Stuttgart y Bayern Munich de Alemania, del Inter y el Sampdoria de Italia, el Mónaco de Francia y el Tottenham de Inglaterra donde se retiró en 1998. Tenía treinta y cuatro años de edad y ya había jugado tres Mundiales.

Al empezar Italia 90, Klinsman ya estaba jugando en el Inter de Milán y sus primeros dos partidos fueron precisamente en su casa, la cancha del Giuseppe Meazza de Milán. Tal vez por eso debutó anotando goles. El primer juego fue contra Yugoslavia y Klinsmann anotó el primero de su carrera mundialista. Alemania ganó 4–1.

En el segundo, frente a los Emiratos Árabes, volvió a anotar y ganaron 5–1. Era la primera vez en muchos Mundiales que Alemania debutaba con tantos goles, gracias en parte a la presencia de Klinsmnan.

El tercer encuentro fue contra Colombia, como ya les comenté, y terminaron empatados 1–1. Al avanzar a la segunda ronda, los alemanes siguieron con buen pie. Les tocó Holanda y Klinsman volvió a anotar. Alemania ganó 2–1 y siguió con vida camino a la gran final.

**TRIVIA**

¿En qué Copa debutó el alemán Klinsmann?

Tuve el placer de conocer a este simpático alemán en circunstancias futbolísticas. Ambos habíamos sido invitados a la despedida de otro amigo común, Carlos Hermosillo en el Estadio Azul de México en el año 2001. Klinsmann jugaba en una selección de estrellas internacionales y yo en el de los periodistas y artistas de televisión.

Como todos compartíamos el mismo vestuario, ahí nos conocimos. Gentilmente me firmó un balón que siempre llevo conmigo (firmado solamente por jugadores mundialistas) y cuando se preparaba para salir a la cancha, se dio cuenta que no tenía espinilleras. Como yo ya había jugado en el partido de la prensa, le ofrecí las mía y me las aceptó.

¡Qué honor!

¡Jurgen Klinsman jugó la despedida de Carlos Hermosillo con mis espinilleras!

¡Y marcó un golazo de media cancha!

Al terminar el partido me dio las gracias efusivamente, lo cual me llamó mucho la atención ya que no tenía por qué. Unas espinilleras no se le niegan a nadie. Y si es un goleador de ese calibre, menos todavía. ¡Tal vez se me pegue algo!

La cosa es que Klinsmann nunca olvidó mi "generosidad." En el 2005 lo vi en Alemania durante la Copa Confederaciones. Me saludó cariñosamente y se acordó de aquel día en los vestuarios del Estadio Azul.

## OTROS DEBUTANTES

**J**unto con Klinsmann, debutaron en Italia 90 otros jugadores jóvenes de gran valía, pero que al contrario del alemán, no hicieron mucho en el torneo.

Ejemplos son los holandeses Ruud Gullit, Marco van Basten, Ronald Koeman y Frank Rijkaard (el mismo que hoy dirige al Barcelona de España); los italianos Franco Baresi, Paolo Maldini y Roberto Baggio; los uruguayos Rubén Paz y Rubén Sosa, y el rumano Gheorghe Hagi.

**TRIVIA**
¿Qué tienen en común Maldini, Baggio, Gullit, Van Basten y Hagen?

Muchos de ellos tuvieron que esperar cuatro años para poder lucirse, especialmente las caras nuevas de Brasil.

## EL BRASIL DEL 90

**E**ra bueno, pero nada parecido al del 70.

Una vez más, los Tricampeones del Mundo estaban renovando sus filas después del retiro de Sócrates, Zico y Falcao.

Del 86 quedaban Alemao, Careca y Muller, y entre las nuevas figuras que llevaron a Italia, había cinco que más tarde llevaron a Brasil al Tetracampeonato. Ellos eran el arquero Claudio André Taffarel, el peligroso lateral izquierdo Branco,

**TRIVIA**
¿Cuál fue el primer Mundial que jugó Romario?

el gran medio de contención Dunga y dos jóvenes goleadores que no vieron mucha acción en la cancha: Romario (jugó un solo partido) y Bebeto (no jugó). El entrenador era Sebastián Lazaroni.

En la primera ronda no tuvieron mayores tropiezos, pero dejaron mucho que desear. Le ganaron 2–1 a Suecia, 1–0 a Costa Rica a duras penas y otra vez 1–0 a los débiles escoceses.

Al avanzar, se vieron las caras nuevamente con Argentina y con un puntero llamado Caniggia. Ya verá que pasó.

## SCHILLACI SALVA LA PATRIA

**¿S**chilla . . . qué? ¿Quién es ése?

Parece insólito, pero nadie lo conocía. Ni siquiera era titular de la selección. Más insólito todavía es el hecho de que surgió de la nada para llevar a Italia hasta semifinales.

**TRIVIA**

*¿Quién fue la máxima figura de Italia en el 90?*

Su nombre era Salvatore Schillaci y en su casa lo llamaban "Totó." Era oriundo de Palermo y tenía veintiséis años de edad. Jugó seis temporadas con el Messina de la segunda división italiana y un año antes del Mundial fue comprado por el poderoso Juventus. Ayudó al equipo a ganar una Copa Italia y una de la UEFA. Él a su vez, se ganó un puesto de último minuto en la selección *Azzurri*.

En el debut de Italia frente a Austria, Totó estaba en la banca. Con el partido empatado a cero, el técnico Azeglio Vicini lo metió en el segundo tiempo. Cuatro minutos más tarde, Totó marcó el gol de la victoria.

En el segundo encuentro frente a los Estados Unidos, Schillaci seguía en la banca. El técnico volvió a meterlo en el segundo tiempo y con su ayuda, Italia ganó nuevamente 1–0.

Para el tercer partido contra Checoslovaquia, Vicini confió en él y lo puso de titular. Schillaci no lo defraudó. A los 9 minutos abrió el marcador con su segundo gol del torneo. A estas alturas, toda Italia hablaba de Totó. Todos querían saber más del sencillo chico de Palermo que se expresaba con goles. Italia ganó 2–0 y avanzó a octavos de final.

Allí se enfrentaron a Uruguay, y Totó ya se había ganado el puesto en la *Azzurri*. El primer tiempo concluyó 0–0, pero al empezar el segundo, volvió a aparecer el italiano y abrió nuevamente el marcador. Italia volvió a ganar 2–0 y empezó la "Totomanía" en toda la península.

El encuentro de cuartos de final fue contra Irlanda y todos los ojos del mundo estaban puestos en Schillaci. En las tribunas los italianos lo aupaban con gritos de "¡Tooo-tó, Tooo-tó, Tooo-tó!"

¿Quién cree que hizo el gol de la victoria?

Pues Totó, ¿quién más? (Parece un guión de Hollywood, ¿no?) Era su cuarto gol en cinco partidos. Italia estaba en semifinales. Jugarían contra Argentina en un duelo que vendieron como "Schillaci contra Maradona."

## EL DIEGO Y LOS BICAMPEONES

**H**ablando de Maradona, él regresaba a los Mundiales por tercera vez lleno de gloria, fama y dinero.

En ese momento estaba triunfando en el fútbol italiano con el Nápoles, donde la gente lo idolatraba. Los había hecho Campeones de Italia por primera vez en la historia del equipo en 1984 y de Europa en 1989.

En la Albiceleste lo acompañaban varios de sus amigos Bicampeones de México 86, tales como Nery Pumpido, Oscar Ruggeri, Sergio Batista, Jorge Burruchaga, Ricardo Giusti y Julio Olarticoechea. El técnico seguía siendo el "narigón" Carlos Bilardo.

**TRIVIA**
¿Quién le anotó un gol a Argentina en la apertura de Italia 90?

Entre los debutantes argentinos estaban Abel Balbo, José Basualdo y dos que inesperadamente hicieron historia: Claudio Caniggia y Sergio Goycochea. El primero sacó a Brasil de la competencia y el segundo rompió un récord atajando penales.

Al empezar la Copa eran los favoritos junto a Italia, Alemania, Inglaterra, Holanda y por supuesto, Brasil. Sin embargo, al igual que todos ellos, defraudaron (pese a que llegaron a la final dando tumbos y con la suerte de los campeones). Durante toda la Copa les costó mucho anotar goles y su fútbol no tuvo nada que ver con la maravillosa exhibición de México 86.

Un adelanto de lo que sería este Mundial para mis compatriotas, se vio en el primer juego el 8 de junio, el día de la inauguración en Milán. Jugaron contra Camerún y pasaron una vergüenza: fueron derrotados 1–0 (gol de Omam Biyik, el que después jugó en el América de México).

Ahí empezó el largo y tortuoso camino a la gran final. Todo un calvario.

Para el segundo partido viajaron a la cancha de Maradona en Nápoles y le ganaron 2–0 a la URSS, pero perdieron al arquero. En un choque con un compañero, Nery Pumpido se partió una pierna y quedó fuera de la Copa. Lo reemplazó Goycochea, quien se convirtió en la máxima figura del equipo.

Después se enfrentaron a Rumania en la misma cancha y empataron 1–1. Ni siquiera quedaron de segundos en su grupo. Sin pena ni gloria avanzaron a la segunda ronda como uno de los mejores terceros.

Allí la cosa se puso más interesante todavía. Siga leyendo y verá.

## MI PRIMER MUNDIAL EN TELEVISIÓN

No viéndolo por la tele, sino trabajando en ella. Si usted lleva la cuenta, le cuento que Italia 90 fue mi octavo Mundial y el primero que me tocó trabajando frente a las cámaras de televisión. Por eso lo guardo con cariño en mi memoria (pese a la poca calidad y la angustiosa actuación de Argentina).

Cuando empezó la Copa yo llevaba dos años trabajando en la televisión. Desde principios de año presentaba con la bella cubana

Marcia Julián un programa de noticias en el Canal 41 de Nueva York, llamado *5:30 en Punto*. El legendario director de noticias Gustavo Godoy me había dado la oportunidad.

Mi debut televisivo había sido con Telemundo en 1988 como reportero de *Día a Día* y *Deportes Telemundo*. Así fue como conocí a Tony Tirado y Norberto Longo, quienes en ese entonces habían dejado Univisión. Ahora el narrador de la cadena en la Copa del 90 era la nueva voz del fútbol en español, mi amigo Andrés Cantor (acompañado por Longo, quien había regresado a Univisión. Ya saben como es este negocio).

Debido al Mundial, nuestro programa en Nueva York no salía en su horario regular, sino en una edición nocturna que se llamó *5:30 en Punto en el Mundial*. Allí resumíamos los juegos del día y hacíamos comentarios. Fue la primera vez que pude ver todos los partidos de un Mundial y hacer comentarios sobre jugadas, goles y jugadores. Y me encantó. Descubrí una nueva vocación, la misma que me ha guiado hasta donde me encuentro hoy.

Y como ahora estaba en la tele, tenía que ser objetivo y controlar mis emociones cuando jugaba Argentina. No fue fácil. Su campaña en Italia fue tan angustiosa que me hicieron sudar la gota gorda.

Pero me sirvió de práctica. Aprendí a distanciarme de lo que pasaba en la cancha.

## MILLA vs. HIGUITA

**T**oda la alegría colombiana de la primera ronda se esfumó por un error de René Higuita.

Él tenía a los colombianos acostumbrados a verlo salir del área como un defensa más, acción que le había ganado más de un aplauso en cientos de partidos. Pero algún día una de esas salidas le costaría un gol. Nadie esperaba ni se imaginaba que ese día sería el 23 de junio de 1990.

La Selección Colombia, todavía emocionada con su pase a los octavos de final, se enfrentaba a los "leones verdes" de Camerún, quienes también celebraban el mismo logro. El partido se escenificó en el San Paolo de Nápoles. Estuvo bastante parejo y los colombianos lograron dominar a los cameruneses. No hubo goles en 90 minutos y el partido se fue a tiempo extra, el primero de la segunda ronda en alargarse.

Allí los africanos fueron los mejores, especialmente la estrella del equipo, Roger Milla, un veterano de treinta y ocho años (el más viejo de la Copa) a quien la Federación Camerunesa de Fútbol

TRIVIA
¿Qué equipo africano eliminó a Colombia en Italia 90?

le había rogado que saliera del retiro y jugará un Mundial más. La súplica no fue en vano, porque en este partido fue el héroe.

Abrió el marcador a los 106 minutos y 3 minutos más tarde se enfrentó a Higuita que había salido de su área a buscar el balón. El colombiano trató de gambetear a Milla, tal como lo había hecho miles de veces en su carrera. El camerunés le quitó el balón y sin titubear lo mandó al fondo de la red.

Los colombianos dentro y fuera de la cancha, en las tribunas y frente a los televisores, no lo podían creer. ¡Cómo es posible que Higuita arriesgue tanto en un juego tan importante!

Redín descontó casi al final del tiempo extra, pero el daño ya estaba hecho. Camerún avanzó por primera vez en su vida a los cuartos de final y Colombia volvió a casa con un horrible sabor en la boca.

## CANIGGIA DESPIDE A BRASIL

**D**ebería decir Caniggia y Goycochea porque entre los dos despacharon a Brasil en Italia 90.

Jugaron en Turín el 24 de junio. "El Goyco" le atajó todo a Careca y Muller, quienes también se comieron varios goles y pegaron un par de balones en los palos. Era la cuarta vez que ambos países se veían las caras en Copas del Mundo.

Y como era de esperarse, Maradona tuvo que ver con la definición del partido.

Tomó el balón en el círculo central y arrancó hacia el área brasileña. Al llegar, y justo antes de perder el balón, se lo cruzó a Caniggia, sólo por la banda izquierda. Taffarel salió a su paso, pero Caniggia se lo llevó por el medio y le anotó el gol.

Era el minuto 80 del partido. Brasil no pudo hacer más nada. Argentina ganó 1–0. Era la primera vez que le ganábamos a Brasil en un Mundial.

Para los brasileños, era el quinto Mundial consecutivo sin llegar a una final.

## LA GRAN RONDA DE LOS EMPATES

**D**e los ocho partidos de octavos de final de Italia 90, cuatro terminaron empatados y fueron definidos en tiempo extra.

El primero, como vimos, fue el de Colombia y Camerún. Después fue el de Irlanda y Rumania que terminó 0–0 y llegó hasta los penales, donde ganó Rumania.

Al día siguiente, España y Yugoslavia empataron 1–1 y en la prórro-

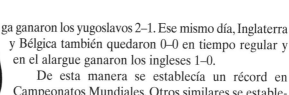

TRIVIA

¿Qué Mundial rompió el récord de partidos empatados en la segunda ronda?

ga ganaron los yugoslavos 2–1. Ese mismo día, Inglaterra y Bélgica también quedaron 0–0 en tiempo regular y en el alargue ganaron los ingleses 1–0.

De esta manera se establecía un récord en Campeonatos Mundiales. Otros similares se establecerían en los cuartos de final y en las semifinales.

Los únicos en ganar sus partidos en tiempo regular y sin mayores emociones fueron (además de Argentina) Italia, que venció 2–0 a Uruguay, y Alemania que eliminó a Holanda 2–1.

¿¡Qué le pasaba al fútbol!?

## MÁS PENALES

L as cosas iban de mal en peor.

En los cuartos de final, los que ganaron lo hicieron por una mínima diferencia. Los que no, empataron y jugaron tiempo extra. Lo único memorable de esta ronda fue la excelente actuación de Goycochea en el arco argentino, y el partidazo que Camerún jugó con Inglaterra, tal vez el mejor encuentro del torneo.

Después de eliminar a Brasil, nos enfrentamos a Yugoslavia en cuartos de final. El juego fue en Florencia el 30 de junio. En el primer tiempo, un yugoslavo fue expulsado, pero no supimos aprovechar la diferencia numérica. Terminamos empatados y sin goles al final de los 90 minutos y del tiempo extra.

En la tanda de penales, "el Goyco" se convirtió en héroe nacional al atajar no uno, sino dos penales. ¡Increíble! Y menos mal, porque antes de atajar el segundo, Maradona, quien había jugado lesionado e infiltrado, había fallado uno.

Gracias a nuestro arquero, ganamos el partido y avanzamos a semifinales.

Ese mismo día, a Italia le bastó un gol para eliminar a Irlanda. ¿Y quién cree usted que hizo el gol? ¿Quién más? ¡Totó! La única nota resaltante de todo el partido.

Al día siguiente, el 1ro de Julio en Milán, los alemanes también vencieron a los checoslovacos por una mínima diferencia y aunque usted no lo crea, ¡el gol fue de penal! (Matthaeus).

¡Qué aburrimiento!

El último encuentro de estos opacos cuartos de final sacó la cara por el fútbol y los Mundiales. ¡Por fin! Es más, después de las emociones brindadas por Costa Rica y Colombia, este fue el mejor partido de la Copa.

Todo gracias a Camerún.

Se enfrentó a la mejor selección inglesa desde 1966, con Gary Lineker y David Platt a la cabeza, jugando su segundo y último Mundial. El marcador lo abrió Inglaterra a los 25 minutos con un gol de Platt. A los 61 minutos empató Camerún de penal y 4 minutos después se pusieron arriba con otro gol. Cuando parecía que se llevaban la victoria, en el minuto 83 tumban a Lineker dentro del área y el árbitro mexicano Edgardo Codesal pita un penal para los ingleses. El mismo Lineker lo cobra y pone el marcador 2–2. Así termina el partido y se van a la prórroga.

¿Qué cree usted que pasó entonces?

¡Exactamente! ¡Otro penal! Codesal lo pita sin titubear.

Lineker vuelve a patearlo e Inglaterra gana 3–2, acabando con la única esperanza africana de llegar por primera vez a una semifinal de la Copa del Mundo.

## ¡QUÉ VIVAN LOS PENALES!

A estas alturas, no quedaba otra. Había que disfrutar los penales. Era lo único emocionante que venía de Italia.

Las semifinales no fueron la excepción.

La primera fue entre Italia y Argentina el 3 de julio en la cancha de Maradona en Nápoles. Era el segundo Mundial consecutivo que ambas selecciones se veían las caras (en México 86 empataron 1–1 en la primera ronda). También era el mano a mano entre Maradona y Schillaci.

**TRIVIA**
¿Cuántos minutos pasó Zenga sin recibir goles en Italia 90?

Los napolitanos tenían el corazón dividido. ¿A quién apoyar? Las pancartas en las tribunas le pedían disculpas a Diego, pero había que apoyar al Totó y a la patria.

El juego fue parejo y sin muchas emociones. La nota resaltante la dio justamente Schillaci, quien volvió a abrir el marcador a los 17 minutos. Después los italianos se echaron atrás, como siempre, para aguantar. A los 67 minutos no pudieron más y Caniggia empató de cabeza y de espalda al arco. Este gol significó el primer gol que recibía el arquero italiano Walter Zenga en toda la Copa, un récord de 517 minutos sin goles (cinco juegos).

**TRIVIA**
¿Quién fue el máximo goleador de Italia 90?

El partido terminó 1–1 y siguió empatado después de la prórroga. ¡Ahí vienen los penales!

Nuevamente Goycochea fue el héroe y estableció un récord mundialista al parar su tercer penal del torneo. Se lo atajó al pobre Roberto

Donadoni, quien por mucho tiempo fue el culpable de la eliminación de los *Azzurri*. Nos salvábamos otra vez de chiripa.

Con la derrota, Italia sufrió lo mismo que España en el 82: quedó fuera de su propio Mundial. Como consolación, le ganaron a Inglaterra 2–1 por el tercer lugar y Schillaci marcó su sexto gol, coronándose máximo goleador del torneo.

En la otra semi, al día siguiente en Turín, Alemania encaraba a Inglaterra en otra revancha histórica. Era la cuarta vez que se enfrentaban en partidos cruciales de un Mundial, después de la final del 66 (ganó Inglaterra), los cuartos de final en México 70 (ganó Alemania), y la segunda ronda de España 82 (empataron).

El partido fue emocionante (incluso para el nivel de Italia 90) a pesar de que se mantuvo empatado por una hora. Ahí fue cuando Andreas Brehme abrió el marcador para Alemania. Los ingleses arremetieron con ganas buscando el empate y lo lograron 20 minutos después, a los 80 minutos se empató con un gol de Lineker. Empatados 1–1 se fueron al extra tiempo y después a los penales, por supuesto. Alemania tuvo mejor puntería y dejó a Inglaterra en el camino.

Beckenbauer y sus muchachos regresaban a su segunda final consecutiva.

## LA SEGUNDA GRAN FINAL DE ROMA

**¡Q**ué no haya penales, por favor!

Esa era la plegaria del mundo entero aquel 8 de julio, cuando Argentina y Alemania volvían a encontrarse en una final.

Habían pasado cincuenta y seis años desde la primera final de Roma en Italia 34, la primera que terminó en empate y que se definió en tiempo extra. Todos esperábamos que la historia no se repitiera, que argentinos y alemanes jugaran un partidazo y

**TRIVIA**

¿Quién fue el primer expulsado en una final?

*Celebrando mis 30 años en New Jersey.*

rompieran el maleficio de las prórrogas y los penales de Italia 90.

La cosa estuvo cerca. No hubo prórroga, pero penales sí, uno, que para colmo de males, definió el partido.

¿Y quién era el árbitro ese día?

¡Edgardo Codesal! ¿Quién más? ¡El hombre los atraía!

Ese día no trabajé en la estación porque era domingo. Decidí ver el partido solo, en mi casa, porque no quería compartir la angustia con nadie. La noche anterior mis amigos me habían celebrado mis treinta años con una fiesta por adelantado. Mamá me hizo un delicioso pastel decorado con la bandera argentina a propósito de la final. Temprano esa madrugada, despedí a los invitados que quedaban y sin dormir ni limpiar la casa, me puse a esperar la gran final por televisión.

Argentina tenía a cuatro jugadores suspendidos por acumulación de tarjetas amarillas. Eso alteró por completo el plan de juego de Bilardo y permitió que los alemanes jugaran mejor. De hecho, dominaron el partido y en más de una ocasión estuvieron cerca del gol.

Nosotros contrarrestamos el ataque alemán como pudimos, a veces más fuerte de lo necesario. Pedro Monzón entró en el segundo tiempo e hizo historia. Fue el primer jugador en ser expulsado de una final. Antes de terminar el partido, cuando las cosas parecían que se le iban de las manos al árbitro mexicano-uruguayo, Gustavo Dezotti corrió con la misma suerte por jugar brusco. En el mismo incidente, Maradona se llevó una amarilla por protestar.

Pero el partido será recordado siempre por un penal.

Fue pitado por Codesal cuando faltaban 5 minutos por jugar. No sólo fue controversial, sino que también determinó el ganador, primera vez en un Mundial.

Voeller fue derribado dentro del área por José Serruzuela en lo que no parecía una falta. Vinieron las protestas, pero no había nada que hacer.

Paradójicamente, Goycochea, quien se había convertido en héroe atajando 3 penales en la segunda ronda, no pudo atajar el más importante de todos, tal vez el más importante de su vida. Brehme lo cobró. "El Goyco" se lanzó, pero no llegó.

Se acabó el partido y el Mundial. Alemania era Tricampeón del Mundo.

Eso fue todo.

La promesa de una gran Copa en Italia se disipó en la memoria y en el tiempo. Alemania volvería a jugar una final y Argentina se quedaría hasta el día de hoy con las ganas de revivir su gloria del 78 y el 86.

Yo me fui a la cama y traté de dormir, pero no pude. Estaba

**TRIVIA**

¿Qué final fue decidida por un penal?

demasiado alterado, lleno de ira y frustración. ¡Vaya regalo de cumpleaños! Me tomó horas encontrar el sueño. Le di mil vueltas al partido en la cabeza. Finalmente me rendí.

Esa noche soñé que me pateaban mil penales.

## Estados Unidos 1994:
## El Mundial de Baggio y Romario

En su afán de propagar el fútbol por todos los rincones del planeta, Joao Havelange y la FIFA lograron lo imposible: introducirlo en los Estados Unidos de América, la casa del béisbol, la NBA y el otro *"football,"* el americano.

Esta era la tierra del *soccer*, las *"soccer moms"* y miles de niñas corriendo detrás de un balón en los suburbios americanos, no del fútbol macho y apasionado, jugado en estadios repletos de fanáticos escandalosos.

No obstante, lograron mercadear "el producto" correctamente, porque contrario a los temores existentes, fue la Copa con mayor asistencia de público a los estadios, un total de 3,5 millones, superando la asistencia de Italia 90. Fue todo un éxito. Hubo grandes partidos, buenos goles y dos grandes estrellas que se pelearon al final por el título del Jugador más Valioso.

El Decimoquinto Campeonato Mundial de Fútbol, Copa FIFA, Estados Unidos de América 1994 sería en "USA" (¡mi noveno Mundial!).

*Welcome!*

## EL CALOR DE LA COPA

Calor de verdad, no el simbólico del amor y la amistad, sino el de las altas temperaturas.

Los cincuenta y dos partidos de la Copa se jugaron bajo un sol brillante, con una gran humedad y un calor sofocante. Imagínese usted lo que es jugar fútbol en el verano de Dallas, Orlando, New York o Boston, en pleno mediodía. Insoportable. Y todo por la televisión, como ya hemos dicho. Había que empezar temprano para que los europeos no se acostaran tarde. Pero nadie se murió y todos jugaron contentos. Es más, unos más contentos que otros. El USA 94 nos brindó partidos emocionates y actuaciones inolvidables de varias estrellas internacionales.

**TRIVIA**

¿Cómo se llamó la mascota del USA 94?

También ofreció el drama de Maradona, la tragedia de Andrés Escobar, una cancha bajo techo, un "ancianito" de 42 años, un codazo histórico, la sorpresa búlgara y una nueva máscota oficial, el perrito "Striker."

¡Ah! y una nueva pelota, la Questra de Adidas, cada vez más tecnificada, con más plástico y menos cuero.

## VEINTICUATRO POR ÚLTIMA VEZ

USA 94 fue la última cita Mundialista con veinticuatro participantes. El auge del evento y las presiones comerciales requerían de más gente, más equipos. Para 1998 se agregarían ocho puestos más.

El "Club de los veinticuatro" lo dividieron en seis grupos de cuatro equipos cada uno. Y tal como lo hicieron en México 86 e Italia 90, los dos primeros de cada grupo y los cuatro mejores terceros, avanzaban a una segunda ronda de eliminación directa.

Por cierto, en este Mundial se inauguró el sistema de los tres puntos al ganador. Era un incentivo de la FIFA para evitar el carnaval de empates y penales que plagó a Italia 90.

Así se conformaron los grupos en el sorteo:

**Grupo A** (Detroit, Pasadena y Palo Alto): Estados Unidos, Suiza, Colombia y Rumania
**Grupo B** (Detroit y Palo Alto): Camerún, Suecia, Brasil y Rusia
**Grupo C** (Chicago, Dallas y Foxboro): Alemania, Bolivia, España y Corea del Sur
**Grupo D** (Chicago, Dallas y Foxboro): Argentina, Grecia, Nigeria y Bulgaria
**Grupo E** (New Jersey, Washington y Orlando): Italia, Irlanda, Noruega y México
**Grupo F** (Orlando, Washington y New Jersey): Bélgica, Marruecos, Holanda y Arabia Saudita

Entre los participantes vemos que faltan Inglaterra y Francia. Los franceses fueron eliminados en el último minuto del último partido eliminatorio por Bulgaria. Los ingleses, después de la excelente actuación de Italia 90, quedaron terceros en su grupo, detrás de Holanda, y se perdieron el Mundial.

En la lista también vemos que hay un par de debutantes: Nigeria, representando a África, y Arabia Saudita por Asia.

En el caso de Bolivia, no era un debut *per se*, pero para toda una generación de bolivianos, era como si lo fuera.

## BOLIVIA Y SU "DIABLO"

Un diablo de carne y hueso, indomable en la cancha. Bolivia llegaba a su tercer Mundial tras cuarenta años (jugó en el 30 y el 50) con el mejor futbolista de su historia, un mediocampista excepcional, inteligente y habilidoso, el gran Marco Antonio Etcheverry, mejor conocido como "El Diablo." Es uno de los pocos futbolistas suramericanos que ha salido campeón en cuatro países: en su natal Bolivia con el Bolvar, el Colo-Colo de Chile, el Emelec de Ecuador y el DC United de los Estados Unidos. Su carrera también lo llevó al Albacete de España (nunca lo dejaron jugar) y al América de Cali. Con la selección verde de Bolivia, logró el subcampeonato de la Copa América en 1993 y su máximo logro, clasificar al Mundial del 94.

TRIVIA

¿Cuál fue el primer Mundial de Etcheverry?

Su debut en esta Copa, sin embargo, fue dramático. Acababa de recuperarse de una lesión que lo alejó de las canchas por varios meses y al entrar de suplente en el primer juego, lo expulsaron.

Ocurrió en el partido inaugural de la Copa, en el que Bolivia se enfrentaba a los Campeones Mundiales de Alemania en el Soldier Field de Chicago. El Diablo entró en el minuto 79 y salió en el 82. ¡Creo que ni tocó el balón!

Bolivia perdió 1–0 con un gol de mi amigo Juergen Klinsmann, pero merecía haber empatado por su gran actuación.

El segundo partido frente a Corea del Sur fue inconsecuente y terminó 0–0. El tercero también, perdieron 3–1 contra España y empacaron las maletas. Regresaron a casa con las ganas de lucir al Diablo ante los ojos del mundo. Eso vendría después, cuando en estas mismas tierras norteamericanas, Etcheverry sería el fundador de la liga profesional de EE.UU., la MLS, y saldría campeón tres veces con el DC United.

## EL BORA Y SUS "GRINGUITOS"

Una vez más aparece, el Bora Milutinovic en un Mundial. El mercenario del fútbol asistía a su tercera Copa con otra selección, esta

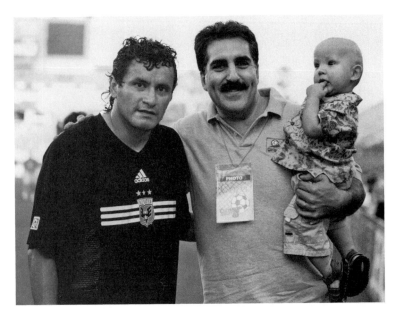

vez con la de Estados Unidos (México en el 86 y Costa Rica en el 90). Le pagaron un dineral para armar el equipo, pero él le prometió a los dirigentes que clasificaría a la segunda ronda. ¡Vaya promesa! Sólo al Bora se le ocurre algo así.

¡Pero cumplió!

Los maravillosos "gringuitos" aprovecharon su condición de local y el apoyo de la gente para meterse entre los dieciséis mejores del mundo. Y lo hicieron jugando buen fútbol y con muy buenos jugadores, dos de ellos latinos jugando su segundo Mundial: Tab Ramos y Marcelo Balboa.

El Team USA era fundamentalmente el mismo de Italia 90 pero mejor preparado. La influencia del Bora era evidente en su juego: mucha disciplina, excelente forma física, defensa sólida y contraataques peligrosos.

**TRIVIA**
¿Cuál fue la primera Copa de Cobi Jones y Earnie Stewart?

En el equipo continuaban jugando, además de Ramos y Balboa, el arquero Tony Meola, los defensas Thomas Dooley y Alexi Lalas, el medio John Harkes y los delanteros Paul Caligiuri y Eric Wynalda. A ellos se unían nuevas figuras con un gran futuro, como Ernie Stewart, Coby Jones y Joe-Max Moore, pero uno de los más habilidosos y eventualmente uno de los mejores futbolistas norteamericanos de todos los tiempos, Claudio Reyna, se perdió el Mundial por una lesión en el muslo.

*En Miami con "El Diablo" Marco Antonia Etcheverry y "El Ángel" Gianluca Sergei Fiore.*

**TRIVIA**
¿Cuál fue la tercera Copa del Bora como entrenador?

La selección la completaba otro latino, un veterano uruguayo cuya experiencia fue crucial para el equipo. Me refiero a mi querido amigo Fernando Clavijo, actual técnico de los Rapids de Colorado y miembro del Salón de la Fama.

Los muchachos iniciaron la competencia haciendo historia. No por su actuación, sino por el Estadio.

## DEBUT EN EL SILVERDOME

Se trataba del Silverdome de Pontiac, Michigan, muy cerca de Detroit, la primera cancha cubierta y con pasto natural utilizada en una Copa del Mundo.

Fue un experimento de la FIFA aprovechando un diseño creado por científicos de la Univerdad de Michigan. El pasto lo sembraban y mantenían al aire libre y bajo el sol en 200 envases gigantes en forma de hexágono. Después lo metían al estadio y formaban la cancha. Al terminar el juego, lo volvían a sacar para solearlo y echarle agua.

Genial, ¿no?

Después del Mundial, la idea la desecharon y el Silverdome volvió a su antigua cancha artificial donde hoy juegan los Leones de Detroit del fútbol americano.

**TRIVIA**
¿Cuál fue el primer estadio techado de un Mundial?

Ahí fue donde debutó el Team USA frente a Suiza el 18 de junio. Los suizos empezaron ganando a los 39 minutos, pero 5 minutos después, antes del descanso, Eric Wynalda se mandó un golazo de tiro libre de cuatro pares de maracas. Cuando Eric nos visitó en la *República Deportiva* cinco años después, nos comentó que ese fue indiscutiblemente el mejor gol de su carrera, por la factura y por la emoción.

El partido terminó 1–1.

En el segundo partido, los "gringuitos" del Bora volvieron a hacer historia, esta vez frente a Colombia.

## EL GRAN FAVORITO: COLOMBIA

Todos se lo creyeron, empezando por el mismo Pelé, quien dijo antes del Mundial que Colombia era uno de sus favoritos para ganar la Copa.

Y había razones de peso para ello.

La selección del "Pacho" Maturana todavía contaba con su excelente lista de estrellas de Italia 90, muchos de ellos triunfando fuera de casa, y se había clasificado invicta y primera en su grupo sudamericano, por delante de Argentina.

No sólo eso, le había propinado a la "albiceleste" la peor derrota de su historia en su propia casa: un horrible 5–0 que los argentinos jamás olvidaremos, ¡y que aún no hemos podido cobrarle a Colombia! Al Pibe Valderrama y sus colegas del 90, Leonel Álvarez, Andrés Escobar, "el Chonto" Herrera, Luis Perea y Freddy Rincón, se le unían nuevas promesas como "el Chicho" Serna, Iván Valenciano, el gran arquero Oscar Córdoba y el sensacional y veloz delantero, otro grande de Colombia, "el Tino" Asprilla.

La expectativa alrededor de la Selección Colombia era inmensa. Toda la prensa norteamericana mostraba gran curiosidad por los muchachos, en especial por la cabellera del Pibe. Cuando llegó el día del debut en el Rose Bowl de Pasadena, todos nos quedamos defraudados.

Rumania los mantuvo atrás todo el partido y sólo atacó tres veces. Las tres veces fueron gol. Ganaron 3–1 y Colombia se fue a pique. Nadie entendía lo sucedido. Pero no había que perder las esperanzas. Todavía quedaban dos partidos por jugar y si ganaban, podían avanzar.

Ahí fue cuando aparecieron el Bora y sus muchachos.

## EL AUTOGOL DE LA MUERTE

**E**l enfrentamiento de Colombia con los Estados Unidos en el Mundial del 94 es, en restrospectiva, el momento más oscuro en la historia del fútbol colombiano.

Ese día, el 22 de junio, perdieron el partido y uno de sus jugadores más queridos y carismáticos perdería la vida pocos días después.

Seguramente conoce la tragedia de Andrés Escobar, el defensa colombiano que anotó un autogol en la derrota de Colombia frente a los EE.UU. y al regresar a casa después del torneo fue asesinado en un restaurante de Medellín por un fanático. Su muerte dramatizó la realidad del fútbol colombiano de esos años, cuando las presiones externas y las amenazas afectaron el rendimiento de la selección en la cancha.

Todo comenzó en el minuto 35 del partido en el Rose Bowl.

Escobar trató de rechazar un centro frente a su arco y desvió la pelota al fondo de la red, sin que el arquero Córdoba pudiera hacer nada. Después, al empezar el segundo tiempo, Earnie Stewart anotó el segundo gol de los norteamericanos y destruyó la poca concentración de los colombianos, que no pudieron hacer nada hasta el último minuto de juego cuando Adolfo Valencia descontó con un gol.

TRIVIA
¿Qué jugador colombiano fue asesinado por anotar un autogol?

Se acabó la ilusión y empezó el principio del fin futbolístico de la gran Selección Colombia de los años 90. Nunca más se recuperaron. Poco se imaginaba Escobar lo que le deparaba el destino.

## LA "EFEDRINA" DEL DIEGO

**E**l drama del Diego no es nada comparado con el de Escobar. Pero como ocurrió antes, todos los argentinos lo sentimos como una verdadera tragedia. Fue el fin de Maradona en los Mundiales y la selección, el triste fin de una carrera sin parangón.

Habíamos clasificado a duras penas derrotando a Australia en un repechaje y al debutar el 21 de Junio en Foxboro, Massachusetts, el equipo demostró que tenía hambre. Maradona lució como en sus mejores tiempos, y de repente, todos nos ilusionamos. Empezando por él mismo, quien había trabajado fuertemente para meterse en forma y jugar un Mundial más por sus hijas, como siempre lo dijo, para que "Dalma y Gianinna vieran a su papá en una concentración, en un entrenamiento, en un partido."

Lo acompañaban algunos jugadores del 90 entre ellos Goycochea, Sensini, Ruggeri, Caniggia, Basualdo y Balbo, y una nueva generación de estrellas, como "el Cholo" Diego Simeone, Ariel Ortega, José Chamot, Fernando Redondo y un joven goleador que jugaba en Italia y pasaba por su mejor momento, el gran "Batigol" Gabriel Batistuta.

**TRIVIA**
¿Cuántos goles anotó Batistuta en su debut en un Mundial?

"Teníamos un equipazo," escribe Maradona en su autobiografía.

Empezaron arrasando con Grecia 4–0 con 3 goles del "Bati" (¡qué debut!) y uno de Diego, un golazo. Si seguíamos así, seríamos campeones, pensamos todos. Después le ganamos 2–1 a los nigerianos en Foxboro y garantizamos el pase a la segunda ronda.

Yo tuve la suerte de estar presente ese día, segunda vez en mi vida que presenciaba un partido de la Copa del Mundo, y primera vez que veía a mi selección.

En ese entonces trabajaba con Deportes Univisión en Miami y durante el Mundial presentaba en *Primer Impacto* un segmento con el resumen de los juegos del día. Ahí fue donde comencé a coleccionar camisetas de fútbol. Cada día me ponía la camisa de un equipo diferente para presentar mi segmento desde el cuarto de satélites.

**TRIVIA**
¿Qué substancia le encontraron a Maradona en la prueba antidopaje de USA 94?

Los fines de semana, pedía permiso y con mis propios medios, viajaba para ver algunos partidos. Uno de esos juegos fue el de Nigeria, el último de Maradona.

Apenas terminó, en medio de la alegría y la celebración, una enfermera vino a buscar a Diego a la cancha y se lo llevó para hacerle una prueba *antidoping.*

Todos sabemos lo que pasó.

Dio positivo a una substancia prohibida llamada "efedrina." Todos nos quedamos en shock al enterarnos. "¿Cómo era posible que Diego le hiciera ésto a la selección?" fue lo primero que nos vino a la mente. Nos había ilusionado a todos.

Maradona ha tratado de explicar lo que pasó más de una vez, asegurando en todo momento que él nunca trató de "sacar ventaja . . . fue una equivocación." En su autobiografía entra en detalles y culpa al médico de la selección por darle inocentemente una medicina que contenía la substancia prohibida. Eso fue todo. Nunca sabremos cuán "inocente" fue la receta del doctor, ni cuán "bien" se sentía Diego después de tomarla.

"La verdad, la única verdad del Mundial 94," confiesa Maradona en su libro, "es que se equivoca Daniel Cerrini y lo asumo yo. Esa es la única verdad."

La cosa es que fue expulsado del Mundial y después la FIFA lo suspendió por año y medio.

El tercer partido de Argentina fue contra los búlgaros y perdimos 2–0. Para el juego de octavos de final frente a Rumania, los muchachos jugaron uno de los mejores partidos de la Copa, a pesar de estar bajo el efecto psicológico de la salida de Maradona. Jamás lo olvidaré. Fue el 3 de julio en el Rose Bowl de Pasadena y allí estaba yo en la tribuna, rezando.

Desgraciadamente, los rumanos supieron hacer mejor las cosas y nos rompieron el corazón con 3 goles de contragolpe. Perdimos 3–2 y le dijimos adiós a los Estados Unidos.

Yo regresé a Miami a seguir presentando mi segmento, pero ya no era lo mismo.

Espero que nadie se haya dado cuenta.

## EL TRI DE MEJÍA BARÓN

**M**éxico regesaba a los Mundiales después del bochornoso episodio de los "cachirules" y la suspensión de la FIFA que los dejó fuera de Italia 90.

Pero regresar no fue fácil.

Los tiempos habían cambiado y la clasificación sin competencia en la CONCACAF, ya no era posible. De hecho, México se ganó el boleto a USA 94 en el último partido, en Toronto, donde derrotó a Canadá 2–1.

La eliminatoria había empezado llena de optimismo bajo la direc-

TRIVIA
¿A quién reemplazó Mejía Barón como D.T. del Tri antes de USA 94?

ción del argentino César Luis Menotti, el mismo que cambió el fútbol de Argentina y ganó el Mundial del 78. Sin embargo, las cosas no se dieron como se esperaba. Entre malos resultados y politiquería, Menotti renunció y le dieron la selección al Dr. Miguel Mejía Barón, ex D.T. de Pumas y, en esos días, D.T. del Monterrey.

Al Mundial de EE.UU. trajo lo mejor de una nueva generación de futbolistas. La anterior había perdido su oportunidad de ir a un Mundial por la suspensión de la FIFA. Ellos eran el "Brody" Jorge Campos, "El Emperador" Claudio Suárez, "el Nacho" Ambríz, Marcelino Bernal, Joaquín del Olmo, Benjamín Galindo, Misael Espinoza, "el Beto" García Aspe, el "Zague" Luis Roberto Alves, Luis García y Hugo Sánchez.

También estaba mi querido amigo y compañero de trabajo en la *República*, Félix Fernández, segundo arquero de la selección.

Para muchos, esta fue la mejor selección mexicana de la historia y en USA 94 lo demostraron. Quedaron primeros en un grupo que incluía a Italia, Irlanda y Noruega, con todo y que iniciaron la competencia perdiendo.

Su debut fue en Washington, el 19 de junio. Fue un partido reñido y de mala puntería para México. El gol se veía venir en cualquier momento, pero nunca llegó. El que llegó fue el de los noruegos a los 88 minutos y ganaron el partido 1–0.

TRIVIA
¿Qué jugador mexicano anotó dos goles en un juego de USA 94?

El mal comienzo no afectó a los muchachos de Mejía Barón. En el segundo juego contra Irlanda en Orlando, México dio una gran demostración de buen fútbol y venció 2–1 con 2 goles de Luis García.

En el último partido de la ronda preliminar, el Tri se midió de tú a tú con Italia en Washington. Empezaron perdiendo, pero gracias a un golazo desde fuera del área de Marcelino Bernal, empataron y avanzaron.

Por segunda vez en su historia, México estaba en la segunda ronda de un Mundial. Les tocó el equipo que terminó siendo la gran sorpresa de esta Copa, Bulgaria.

## EL MALEFICIO DE LOS PENALES, PARTE 2

La parte uno fue en Monterrey en el 86, frente a Alemania. Ahora el turno le tocaba a Bulgaria.

Fue el último juego de los octavos de final, el 5 de julio, un juego que los mexicanos jamás olvidarán.

Se realizó en el Giants Stadium de Nueva Jersey. Bulgaria se fue adelante con un gol de Stoitchkov a los 6 minutos de juego. Después un penal cobrado por García Aspe empató el partido. Así se quedaron por mucho tiempo, hasta que ocurrió algo insólito: por primera vez en una Copa se rompió la portería y hubo que traer una nueva.

El partido se reanudó 8 minutos después y México se fue encima de los búlgaros, pero éstos se defendieron magistralmente y mantuvieron el empate 1–1 al terminar el partido. En el alargue, la historia se repitió: México atacando, Bulgaria defendiendo. Después de 120 minutos de juego vinieron los penales.

¡Ayayay!

"¿Por qué Mejía Barón no metió a jugar a Hugo Sánchez?" fue la pregunta de muchos en ese instante. Él debería estar presente para patear penales, ¿no? Pues no. No entró a jugar y nunca sabremos por qué (a pesar de que se ha dicho que fue el propio Hugo el que no quiso entrar a jugar por temor a comerse un penal. Yo lo dudo).

Ya todos sabemos lo que pasó. México volvió a demostrar una incompetencia abismal al no poder meter un penal como el resto del mundo.

Primero falla García Aspe, después Bernal, luego Jorge Rodríguez. ¡Tres penales al hilo! ¡Insólito! Suárez fue el único en hacer el suyo. El búlgaro Letchkov anotó el último y México quedó fuera de la Copa. Así no más.

¡Ojalá se limpien del maleficio en Alemania 2006!

## BRASIL EN POS DEL "TETRA"

El "Tetracampeonato" Mundial.

Carlos Alberto Parreira dejó de hacer negocios con los árabes y tomó las riendas de la selección de su propio país. Recuerde que había entrenado a Kuwait en el 86 y a los Emiratos Árabes en el 82. Y para garantizar el éxito con el Scratch, se llevó a "el Lobo" Mario Zagallo como asistente.

La fórmula le funcionó. Por lo menos, le trajo buena suerte. Brasil llegó a la gran final por primera vez en veinticuatro años sin sufrir los infortunios de México 86, España 82 y hasta cierto punto, Italia 90.

La gran estrella del equipo era Romario, quien estaba pasando por el mejor momento de su carrera y hacía excelente pareja con Bebeto. Los acompañaban tres veteranos del 90, Dunga, Branco y Taffarel, quienes también estaban en muy buena forma.

Desde el primer juego se vio que este Brasil venía con todo. Le ganaron 2–0 a los rusos en la can-

**TRIVIA**
¿Quién fue el asistente de Parreira en USA 94?

cha de Stanford el 20 de junio, y Romario debutó anotando un gol, el primero de su carrera mundialista.

De ahí en adelante no los paró nadie. Cuatro días después, en la misma cancha, le ganaron 3–0 a Camerún y Romario volvió a anotar, junto con Bebeto y Marcio Santos. Luego empataron 1–1 con Suecia en el Silverdome de Pontiac y el gol brasileño fue de Romario. Tres goles en tres partidos.

En los octavos de final se verían las caras con los anfitriones del evento, en el día de su cumpleaños, el 4 de julio.

¡Qué regalo!

## DOS RÉCORDS EN UN DÍA

**H**ablando de Camerún, "los leones" que tanto maravillaron en Italia 90, habían perdido la ferocidad y defraudaron a su gente en el 94.

Lo único interesante que trajeron a esta Copa fue el récord de edad de Roger Milla. Ahora tenía cuarenta y dos años, el jugador más viejo en jugar en un Mundial. El equipo empató el primer partido con Suecia, perdió el segundo con Brasil y fue despedazado lentamente por los rusos en el tercero.

¡Perdieron 6–1! La mayor goleada de USA 94. Milla anotó el de la honra para Camerún.

En ese mismo encuentro, el 28 de junio en Palo Alto, se estableció otro récord de Copas Mundiales: Oleg Salenko anotó 5 de los 6 goles rusos. Primera vez en la historia.

¡Es-pec-ta-cu-lar!

Terminó de co-líder goleador del torneo con 6 goles, junto al búlgaro Stoitchkov.

**TRIVIA**
¿Cómo se llama el jugador de más edad en jugar un Mundial?

*En Miami con la selección de Brasil de 1994.*

## BAGGIO, LA OTRA ESTRELLA

**L**o mismo que hizo Romario con Brasil, lo hizo Roberto Baggio con Italia. A base de goles llevó a su equipo a la gran final.

Cuando arribó a los EE.UU., Baggio estaba pasando (al igual que Romario) por un excelente momento futbolístico. Se acababa de coronar Campeón de Italia, Campeón de Europa y Campeón Intercontinetal con Juventus. También había sido nombrado por la FIFA Jugador del Año 1993.

La diferencia entre él y Romario es que Baggio no anotó ningún gol en la primera ronda del torneo. Se destapó a partir de los octavos de final, cuando los goles más contaban (tal como lo hizo su compatriota Rossi en España 82).

Italia empezó el campeonato perdiendo 1–0 ante Irlanda en Nueva Jersey. Después le ganó 1–0 a Noruega y empató 1–1 con México.

En la segunda ronda les tocó Nigeria, que había sido la sopresa del Mundial avanzado por primera vez en su historia a los octavos de final.

Ese 5 de julio en Foxboro, los nigerianos anotaron primero y se mantuvieron arriba en el marcador hasta el minuto 88 cuando una genialidad de Baggio empató el partido y lo mandó a tiempo extra.

En la prórroga le hicieron una falta dentro del área y el mismo Baggio cobró el penal. Italia ganó 2–1 y siguió con vida, angustiosamente, pero con vida.

En los cuartos de final frente a España en la misma cancha, Baggio volvió a ser el héroe en el último minuto. Fue un partidazo, realmente emocionante. Estaban 1–1 y a los 87 minutos el gran Roberto desempató el partido y eliminó a los españoles, que una vez más regresaron a casa con las manos vacías.

La semifinal fue contra la otra gran sorpresa del torneo: los increíbles búlgaros que venían de eliminar a Alemania del torneo, con Hristo Stoitchkov a la cabeza. En otro gran partido, Italia los derrotó 2–1 y ¿quién cree que anotó los 2 goles italianos en sólo 5 minutos?

El mismo, Roberto Baggio.

A estas alturas, toda Italia estaba enamorada del nuevo héroe nacional, el muchacho de Vicenza, tranquilo y espiritual, de veintisiete años y budista. Gracias a su inspiración, Italia estaba en una final por quinta vez en su historia.

Ya verá lo que le pasó a nuestro héroe.

**TRIVIA**
¿Quién es el jugador que anotó más goles en un partido de la Copa del Mundo?

## EL CODAZO QUE LE DIO LA VUELTA AL MUNDO

**¡A**sí habrá sido!

Le dio la vuelta al mundo porque todos lo vimos, en vivo, vía satélite.

EE.UU. hacía historia al avanzar por primera vez a la segunda ronda de un Mundial y se enfrentaban a los poderosos brasileños en el Rose Bowl de Pasadena, el Día de la Independencia estadounidense, el 4 de julio. Millones de fanáticos y curiosos en todo el mundo vieron el juego por televisión.

¿Podría David vencer a Goliat?

El partido es recordado hoy no por el resultado (ganó Brasil sufriendo 1–0 con un gol de Bebeto), sino por un codazo que el defensa brasileño Leonardo le metió descaradamente a nuestro querido Tabaré Ramos del Team USA. El nocaut fue peor que el de Schumacher a Battiston en España 82. Le pegó a Ramos en la sien derecha y quedó tendido en la cancha con una contusión cerebral y una fractura de cráneo.

¡Casi lo mata!

Ramos logró recuperarse finalmente, pero se pasó seis meses fuera de las canchas, después de recibir y aceptar las sentidas disculpas de Leonardo. El brasileño fue expulsado y suspendido por el resto del Mundial.

Después del famoso codazo, Brasil siguió golpeando, pero con goles, a sus contrarios. En lo que fue uno de los mejores partidos de la Copa, derrotaron a Holanda 3–2 en Dallas (goles de Romario, Bebeto y Branco). En la semifinal, vencieron 1–0 a Suecia con gol de Romario faltando 10 minutos de juego, su quinto gol del Mundial.

**TRIVIA**
¿Quién le pegó un codazo a Tab Ramos en el Mundial 94?

Los brasileños iban camino a su quinta final en busca del Tetracampeonato.

## LA GRAN FINAL DEL ROSE BOWL

**E**l escenario de grandes partidos de fútbol americano universitario y Super Bowls de la NFL, se vestía de gala para la fiesta más grande del fútbol *soccer* mundial.

Los dos contrincantes eran Tricampeones mundiales, Italia y Brasil. Ambos hacían su quinta aparición en finales. Bajo un sol radiante y un gran ambiente, se esperaba un gran partido. Era la revancha de México 70 y ambos equipos lucían en su alineación a los dos mejores jugadores del torneo, Romario y Baggio.

Bueno . . . por aquellas cosas del fútbol, ninguno de los dos pudo hacer nada.

¡Nadie hizo nada! Fue la final más aburrida de la historia y terminó 0–0.

Una vez más, yo había viajado desde Miami para ver el partido. Pero no tuve la suerte de conseguir entradas. Y como los pases de prensa eran limitados, me quedé sin poder entrar al Rose Bowl. En mi desesperación por ver el partido, le pagué $10 al chofer de una limousina que encontré afuera del estadio, para que me dejara ver el juego en el minúsculo televisor de la limo.

Menos mal que no me perdí mucho. De haber sido un juegazo inolvidable me hubiese cortado las venas.

**TRIVIA**
¿Dónde se jugó la final de USA 94?

La prórroga también fue aburrida. El marcador siguió igual, 0–0, y por primera vez en la historia de las Copas Mundiales una final se definía por penales.

¡Qué pena! Mejor dicho, ¡qué vergüenza! ¿Qué pensarán los gringos? Gracias a este Mundial, recién le tomaban el gusto a esto del *soccer*. Havelange se quería morir.

En la ronda de penales, la pelota todavía no quería entrar. El primer tiro de Italia lo bota Baresi; el primero de Brasil, Pagliuca se lo ataja a Marcio Santos. Seguimos 0–0. Después Albertini, Romario, Evani y Branco meten los suyos. El conteo va 2–2. Taffarel le ataja el siguiente a Massaro y Dunga hace el suyo. Estamos 3–2 para Brasil.

Es entonces cuando le llega el turno al "bambino de oro," al Super-Baggio. No la va a fallar, ¿no?

¡Pues la falló!

**TRIVIA**
¿Quién falló el penal que hizo campeón a Brasil en USA 94?

Pateó por encima del travesaño, muy por encima, apuntando al cielo de Pasadena. Así fue como Brasil se coronó Tetracampeón del Mundo, sin mucha gloria y con bastante pena. Tal vez por eso celebraron tanto en la cancha, todos abrazados, todos llorando.

Minutos después, el Capitán Dunga recibía la Copa FIFA de manos de Al Gore, Vicepresidente de los EE.UU. (Yo pienso que el chofer debió devolverme los 10 dólares, ¿no creen?)

## Francia 1998: El Mundial de Zidane, Zuker y Ronaldo

Una vez más, Francia era la anfitriona de la gran fiesta. La primera vez había sido exactamente sesenta años antes, en 1938, cuando los franceses organizaron el último Mundial de nuestra Era Prehistórica, justo antes de la Segunda Guerra Mundial.

Ahora era el fin del siglo XX y los franceses, creadores de la Copa, repetían tal como lo hicieron Italia y México en dos ocasiones.

Esta fue la más grande de todas las Copas, con mucha más participación. El número de países aumentó a treinta y dos, lo cual le dio a muchos la oportunidad de ir a un Mundial por primera vez. Lo malo fue que en la ronda inicial no hubo sorpresas. Todos los peces grandes se comieron a los chicos, con la excepción de Croacia y España. El

FRANCE 98
COUPE DU MONDE
© 1994 ISL TM

primero fue la gran sorpresa y quedó tercero; el segundo, el gran fracaso y se fue en la primera ronda.

Otra novedad de Francia 98 fue la aplicación del "gol de oro," la regla que establecía que el primero que anota en tiempo extra, gana el partido.

También fue el Mundial de los expulsados, veintidos, y de las tarjetas amarillas, doscientas cincuenta. La razón pudo haber sido la intensidad con la que se jugó.

La FIFA había eliminado la opción de mejores terceros avanzando a la segunda ronda y ahora sólo los dos primeros de cada grupo avanzaban, por ende, el esfuerzo por no quedar fuera.

TRIVIA
¿Qué final se definió con ronda de penales?

Veamos qué fue lo que pasó en el Decimosexto Campeonato Mundial de Fútbol, Copa FIFA Francia 1998, con su gallito Footix como mascota oficial.

## TREINTA Y DOS EQUIPOS, OCHO GRUPOS

El incremento de participantes le agregó una plaza a todas las Confederaciones de la FIFA y cuatro a Europa, donde ahora había más países por la división de Yugoslavia.

Por Sudamérica participó el Campeón Brasil junto con Argentina, Chile y Colombia. Por la CONCACAF fueron México, Estados Unidos y un debutante, los "Reggae Boyz" de Jamaica.

Por África participaron por primera vez cinco naciones: Marruecos, Túnez, Camerún, Nigeria y otro debutante, Sudáfrica. Los representantes asiáticos fueron Irán, Arabia Saudita, Corea del Sur y otra cara nueva, Japón.

TRIVIA
¿Cuál fue el primer Mundial donde participaron 32 países?

Entre los europeos debutó un nuevo país, Croacia, parte de la antigua Yugoslavia. Al inicio del evento, nadie pudo predecir la excelente actuación que tuvo en la Copa, mucho menos que uno de sus jugadores, Davor Suker, sería el máximo goleador.

Los Grupos se conformaron de esta manera, repartidos por toda Francia, sin sedes exclusivas:

**Grupo A:** Brasil, Escocia, Marruecos y Noruega
**Grupo B:** Italia, Chile, Camerún y Austria
**Grupo C:** Francia, Sudáfrica, Arabia Saudita y Dinamarca
**Grupo D:** Paraguay, Bulgaria, España y Nigeria
**Grupo E:** Corea del Sur, México, Holanda y Bélgica
**Grupo F:** Yugoslavia, Irán, Alemania y Estados Unidos
**Grupo G:** Rumania, Colombia, Inglaterra y Túnez
**Grupo H:** Jamaica, Croacia, Argentina y Japón

## DEBUTA LA DUPLA "SA-ZA"

Como recordará, Chile llevaba varios años sin bailar en esta fiesta. Su última presentación había sido en España 82. Después sufrió el castigo de la FIFA y se perdió tres Mundiales en fila.

Ahora la Roja regresaba renovada, con muchas ganas y nuevas figuras, estrellas que triunfaban por el mundo. Dos de ellos formaban el corazón de la ofensiva: Marcelo "El Matador" Salas e Iván "Bam Bam" Zamorano. De sus apellidos, los chilenos se inventaron el "Sa-Za," la fórmula goleadora más exitosa en la historia de Chile, imitación de la dupla "Ro-Ro" de Ronaldo y Romario en Brasil.

> **TRIVIA**
> ¿Qué se conoce como la dupla "Sa-Za"?

Al "Sa-Za" los acompañaba un elenco balanceado de jóvenes y veteranos que bajo la dirección de Nelson Acosta, logró clasificar sin mayores problemas al Mundial. Los más destacados eran Nelson Tapia, Francisco Rojas, Clarence Acuña, Nelson Parraguez y mi gran amigo y estrella del Toluca y el Atlante mexicano, Fabián Estay.

> **TRIVIA**
> ¿Quién elimina a Chile en el 98?

Arrancaron con buen pie en Bordeaux, el 11 de junio. Con 2 goles del "Matador" le iban ganando a Italia 2–1 en el minuto 85, cuando el árbitro pitó un penal a favor de los italianos y Roberto Baggio empató el partido 2–2.

La segunda presentación fue en St. Etienne frente a Austria. Salas volvió a anotar y nuevamente Chile se dejó empatar en los últimos minutos. El partido quedó 1–1. Dos empates en dos partidos. Después vino otro, 1–1 contra Camerún,

> **TRIVIA**
> ¿Cuántos goles anotó Zamorano en Francia 98?

pero fue suficiente para que Chile avanzara a la segunda ronda, a punta de empates.

En los octavos de final, tal como les sucedió en las semifinales de su propio Mundial del 62, se vieron las caras con Brasil. ¡Uy!

Aquí no hubo más empates.

En el primer tiempo, los Tricampeones tuvieron 3 llegadas y anotaron 3 goles. Uno de los "Ro," Ronaldo, pudo más que la "Sa-Za" y anotó dos veces. Chile cayó derrotado 4–1 (gol de Salas) y volvió a casa.

Pese a la derrota y los empates, Chile dejó una buena impresión en Francia. Después del Mundial, Marcelo Salas continuó cosechando éxitos en Argentina e Italia, lo mismo que Zamorano, quien se quedó con las ganas de anotar un gol en una Copa del Mundo.

Pero en las Olimpiadas de Sydney del 2002 se sacó la espina y fue el máximo goleador del torneo. Después se mudó a México donde hizo al América Campeón por primera vez en no sé cuántos años.

## COLOMBIA: EL FIN DE UNA ERA

Exactamente. La gran generación del 90 llegó a su fin en Francia 98. Jugó su último Mundial y desde entonces Colombia no ha sido la misma. Se perdieron la copa del 2002 y ahora la del 2006. Eso sí, dejaron un gran legado y unos recuerdos inolvidables.

Maturana ya no estaba con el equipo. Lo reemplazó como técnico su amigo y asistente del 94, Hernán Darío "el Bolillo" Gómez, el mismo que en el 2002 clasificó a Ecuador a su primer Mundial.

El Pibe Valderrama seguía siendo la gran estrella

TRIVIA
¿Cuándo se despidió el Pibe de los Mundiales?

*Todos sonrisas, Hernán "El Bolillo" Gómez.*

y jugaba su última Copa del Mundo, junto a Leonel Álvarez, "el Tren" Valencia, Luis Perea y Freddy Rincón, pero el equipo no era ni la sombra de lo que fue en Italia 90.

**TRIVIA**
¿Quién eliminó a Colombia en Francia 98?

El primer partido lo perdieron 1–0 contra Rumania en Lyon. Después le ganaron con el mismo marcador a Túnez, con gol de Preciado, gol que resultó siendo el único de Colombia en la Copa.

En el último partido del Grupo G en Lens, Inglaterra les dio un baile y los dejó fuera de la competencia con un contundente 2–0. El segundo gol inglés fue del debutante David Beckham, su primer gol en Copas del Mundo.

Colombia dijo adiós y cerró un gran capítulo de su historia. Una nueva generación se está formando en este momento y su gran reto vendrá en las eliminatorias del 2010.

Ojalá encuentren el camino.

## DEBUTA "EL CHILA"

**P**araguay llegó a Francia con la mejor selección que había tenido en muchos años.

Ya no jugaban ni Cabañas ni "Romerito," pero había nuevas estrellas que triunfaban en Europa, Brasil y Argentina, como Celso Ayala, del River, Francisco Arce, del Gremio, Carlos Gamarra, del Benfica, Miguel Ángel Benítez, del Espanyol, Roberto Acuña, del Zaragoza, y Arístides Rojas, del Independiente.

El más destacado de todos (y definitivamente el más famoso, ruidoso, colorido y polémico) era el arquero, uno de los mejores del mundo en ese momento: José Luis Chilavert de Vélez, famoso por sus goles de penal y tiros libres.

**TRIVIA**
¿Quién fue el arquero de Paraguay en Francia 98?

Después de Argentina y el Campeón Mundial, Brasil, Paraguay era el mejor equipo de Sudamérica. Quedaron segundos en la eliminatoria, a un punto del líder, Argentina.

**TRIVIA**
¿Qué país ganó por "gol de oro" en un Mundial?

En Francia les tocó el Grupo D junto con Bulgaria, España y Nigeria, en teoría, nada fácil. En los dos primeros juegos (Bulgaria en Montpellier y España en St. Stienne) "el Chila" fue un héroe bajo los palos y mantuvo su valla invicta, pero en ambos encuentros empataron 0–0. Para España, el empate significó su eliminación, ya que en su primer partido habían perdido 3–2 ante Nigeria.

*Arquero y goleador José Luis Chilavert, todo un símbolo del Paraguay.*

Paraguay después derrotó a los mismos nigerianos 3–1 en Toulouse y avanzó a la segunda ronda del torneo, lo mismo que en su última actuación de México 86.

A propósito de Nigeria, ¿quién cree usted que dirigía el equipo? Nada menos que el Bora Milutinovic. Esta era la cuarta selección que llevaba a un Mundial, un nuevo récord del evento.

Al avanzar, los guaraníes se midieron contra los dueños de casa e hicieron historia. Ese fue el primer partido de un Mundial decidido por un "gol de oro." Desgraciadamente, no lo hicieron ellos, sino el francés Laurent Blanc, angustiosamente cuando faltaban 7 minutos para irse a los penales.

Francia ganó 1–0 y Chilavert se quedó con las ganas de patear uno.

## DESASTRE AMERICANO

La Era del Bora había terminado para los Estados Unidos y al parecer la selección quedó huérfana.

El equipo quedó último en el Mundial de Francia y el que pagó los platos rotos fue el nuevo técnico, Steve Sampson, quien había reemplazado a Milutinovic y hecho un buen trabajo en las eliminatorias. Lo despidieron al llegar a casa.

TRIVIA

¿Quién fue el técnico de Estados Unidos en el 98?

Nadie sabe que fue lo que le pasó a los "gringuitos." Tenían buenos jugadores y se prepararon bien y con tiempo. ¿Mala suerte? Tal vez.

En el primer juego perdieron 2–0 frente a los "ancianos" alemanes, un marcador que no reflejó el esfuerzo ni el buen trabajo en la cancha. En el siguiente fue lo mismo. Se enfretaron a Irán en Lyon (un partido sumamente esperado por las tensiones políticas entre los dos países) y volvieron a perder jugando bien, esta vez 2–1 (gol de Brian McBride).

Ya eliminados se enfrentaron a Yugoslavia y perdieron en otro partido de oportunidades perdidas. Más de una vez debieron anotar pero fallaron, tal vez por nerviosismo amateur. Perdieron los tres juegos y sólo anotaron 1 gol.

TRIVIA

¿Cuántos juegos ganó Estados Unidos en el 98?

Así es como la selección de Wynalda, Dooley, Cobi, McBride, Moore, Stewart y Claudio Reyna se fue con el rabo entre las patas de Francia, dejando atrás su peor actuación en Copas del Mundo. Se dijo que parte del error de Sampson fue no poner a jugar ni a Balboa ni a Ramos, ya veteranos, quienes fueron convocados pero sólo jugaron unos minutos.

En Corea y Japón, los Estados Unidos tuvieron la oportunidad de recuperarse y lo lograron. ¡Y de qué manera, señores! Definitivamente aprendieron la lección de Francia. Ya le contaré.

# OTRA COPA FRENTE A LAS CÁMARAS

**F**rancia 98 fue mi tercer Mundial trabajando en televisión y el primero en que me tocó presentar la transmisión de Univisión, tal como hice en el 2002, y tendré el honor de hacerlo nuevamente en Alemania 2006.

Ese año, la cadena me "tomó prestado" de *Fuera de Serie* y me puso en un flamante estudio de Miami a darle la bienvenida a los televidentes en cada uno de los sesenta y cuatro partidos de la Copa. (Por cierto, un año después, ese mismo estudio se convirtió en el bar de la *República Deportiva*).

Me acompañaba Jessi Losada, siempre serio y circunspecto, y un nuevo personaje de Univisión, un hombre muy simpático que seguro usted recuerda, Pepe Locuaz, un "periodista" puertorriqueño famoso por su grito de "sa-té-li-te, sa-té-li-te."

Yo, por supuesto, estaba en el medio de los dos estilos. Comentaba con humor las incidencias simpáticas de cada partido, pero al mismo tiempo le hacía preguntas "serias" a Jessi y bromeaba con "Pepe." Y la verdad es que me divertí muchísimo, a pesar de que me moría por estar en París transmitiendo con Andrés Cantor y Norberto Longo, a quienes yo les daba el pase antes de cada juego.

Después nos quedábamos en el estudio viendo el juego en pantalla gigante, y si teníamos un invitado ese día, generalmente nos acompañaba para sufrir o celebrar con nosotros, dependiendo del juego.

Recuerdo que el día que eliminaron a Colombia, el invitado era Carlos Vives. ¡Cómo sufrió ese hombre! No lloró creo que por vergüenza. Pero de la misma forma volvió a su estado natural, alegre y simpático, apenas se acabó el partido.

No sé cómo lo hizo. (Yo todavía estoy sufriendo la eliminación de Argentina de ese Mundial.)

## HABLANDO DE ARGENTINA . . .

**M**i selección llegaba con otro equipazo. Clasificó en el primer lugar en Sudamérica y todos sus jugadores eran estrellas en varios equipos europeos.

Entre ellos estaba el arquero Carlos Roa (Mallorca), Roberto Ayala (Napoli), José Chamot (Lazio), Roberto Sensini y Hernán Crespo

(Parma), Claudio "el Piojo" López y "el Burrito" Ariel Ortega (Valencia), "el Cholo" Diego Simeone y Javier Zanetti (Inter), "la Brujita" Juan Sebastián Verón (Sampdoria) y el que todos adorábamos, el gran "Batigol" Gabriel Batistuta (Fiorentina).

TRIVIA

¿A quién le hizo Gabriel Batistuta 3 goles en un partido en Francia 98?

Después del bochorno de Maradona y la triste eliminación ante Rumania en el 94, era hora de hacer enmiendas. Los muchachos llegaron a Francia como favoritos bajo la dirección de un hombre que sabía de este tipo de presiones, el ex Capitán de la Albiceleste del 78 y el 82, Daniel Passarela.

Contrario a lo que nos pasó en tantas otras Copas, el sorteo nos benefició. Quedamos en el Grupo H con tres de los cuatro debutantes en Campeonatos Mundiales: Japón, Jamaica y Croacia (nadie sabía en ese momento que eran tan buenos).

Aun así, tuvimos que sudar para ganarle a Japón y a Croacia 1–0. A los jamaiquinos si los pusimos en su lugar con un convincente 5–0. "Orteguita" hizo uno y Batistuta volvió a anotar 3 en un partido, como lo hizo en USA 94 frente a Grecia.

Invictos y sin recibir goles, avanzamos a la segunda ronda llenos de alegría y optimismo, al menos así lo sentía yo viéndolos en la tele del estudio. El único problema es que teníamos que enfrentarnos a Inglaterra y cada vez que jugamos contra ellos en un Mundial, podía suceder cualquier cosa. Para los ingleses era una revancha del juego de "la mano de Dios" de México 86. Para nosotros, otra oportunidad de cobrarles lo de Inglaterra 66 y de paso las Malvinas.

El partido se realizó en St. Etienne y cumplió con las expectativas. Fue un juegazo, el mejor de los octavos de final y uno de los mejores del torneo.

El primer tiempo fue espectacular. A los 6 minutos Batistuta abrió el marcador de penal y 4 minutos después Alan Shearer empató con otra pena máxima. A los 16 minutos la nueva estrellita inglesa, el debutante Michael Owen de apenas diecinueve años, nos hizo "la de Maradona" y nos metió el mejor gol de la Copa, después de arrancar solo desde la media cancha, gambeteando a nuestra defensa. Pero antes de irnos al descanso, Javier Zanetti se mandó un golazo que empató las cosas 2–2.

Fue el mejor primer tiempo de un Mundial en muchísimos años.

En el segundo, las emociones continuaron. David Beckham fue expulsado por patear a Simeone y el árbitro le anuló un gol a Sol Campbell que pudo haber sido nuestro fin. Pero el marcador se mantuvo 2–2 y nos fuimos al alargue y después… ¡oh no, por favor! … a los penales.

Gracias a Dios, nuestro arquero Roa se acordó de Goycochea en Italia 90 y se inspiró. Atajó 2 de los 5 penales ingleses y los sacamos del Mundial. *Yeeees!*

Pero el destino nos tenía una guardada.

En otro partido inolvidable, lleno de drama y emociones, Holanda acabó con nosotros. Empezaron ganando 1–0 temprano en el primer tiempo con un gol de Patrick Kluivert, pero 5 minutos después "el Piojo" López empató. El segundo tiempo fue de infarto. El gol argentino se veía venir en todo momento, pero nunca llegó. Cuando parecía que nos íbamos a otro alargue mundialista, ¡pum! Dennis Bergkamp nos fusila con el segundo gol naranja y se acabó el partido. Y el sueño también.

Yo no sé cómo hice, pero tuve que componerme enseguida y ponerle buena cara al mal tiempo. Creo que el shock me ayudó. Salí al aire apenas terminó el partido, con mi sonrisa de siempre, pero muriéndome por dentro. Lo que quería era llorar.

Una vez más, mi querida albiceleste se quedaba en el camino, aunque siquiera esta vez llegamos a los cuartos de final. Lo que no sabíamos en ese momento, es que acababamos de presenciar la última gran actuación de Argentina en un Mundial, hasta hoy, por lo menos.

Cuatro años después vino la debacle de Corea y Japón.

¡Ay! Duele recordarla.

## EL TRI DEL "PELÓN"

A finales de 1997, el Bora Milutinovic clasificó a México al Mundial, pero nadie estaba contento. Ni la Federación ni la gente. Hubo mucha angustia. Perdieron con Jamaica y empataron cuatro partidos seguidos. Así es que para corregir el rumbo y garantizar un buen papel en Francia, la Federación decidió cambiar de técnico.

Entra en escena Manuel Lapuente, "el Pelón," "Don Manolo," el mejor DT mexicano de los años 90, Tricampeón con el Necaxa, simpático e inteligente.

La base de su selección fue la misma del Bora, e incluía a varias estrellas del Mundial anterior, como Jorge Campos, Claudio Suárez, Marcelino Bernal, Luis García y el Beto García Aspe.

A ellos se unía una nueva "camada" (como dicen los mexicanos) de estrellas jóvenes, como Ramón Ramírez, Pavel Pardo, "Paco" Palencia, Braulio Luna, "el Chava" Carmona, "el Cabrito" Arellano y tres goleadores que pasaban por el mejor momento de sus respectivas carreras, Cuauhtémoc Blanco, Ricardo Peláez y "el Matador" Luis Hernández.

"El Matador" fue quien tuvo una mejor actuación en el Mundial.

Marcó cuatro goles y quedó como cuarto goleador del torneo junto a Ronaldo de Brasil y el otro "Matador," Marcelo Salas de Chile.

**TRIVIA**
¿A quién le hizo Blanco su primera "cuauhtemiña" en un Mundial?

Por su parte, "el Temo" Blanco impresionó al mundo entero con su famosa "cuauhteminha," con la que atenazó el balón con los pies y brincó para quitarse a dos defensas de encima. Ocurrió el 13 de junio en el debut del Tri frente a Corea en Lyon.

Peláez hizo el primer gol cuando perdían 1–0 y Hernández se destapó con 2 de los suyos. México ganó 3–1, excelente debut para ser un día trece.

El segundo encuentro en Burdeos quedó grabado en la historia. La prensa mexicana lo calificó como el mejor partido de México en "tierras europeas."

Jugaron contra Bélgica y el primer tiempo fue inolvidable. Estrellaron dos tiros en el travesaño, Pavel Pardo fue expulsado y Bélgica se fue arriba 2–0. Pero en el segundo tiempo, los muchachos del Pelón mostraron una garra inusitada y le dieron vuelta al marcador. Primero, con un penal del Beto García Aspe y después, con un gol de Blanco, su primer gol en un Mundial. Quedaron 2–2 y México siguió con vida.

El tercer partido fue contra la poderosa Holanda de los hermanos De Boer, Dennis Bergkamp, Marc Overmars, Edgar Davids y el técnico Guus Hiddink. (El mismo que entrenó a Corea en el Mundial del 2002 y ahora lleva a Australia a Alemania 2006).

Para la presentación de este encuentro en el estudio de Miami, invitamos a mi querido colega y amigo Jorge Ramos del Noticiero Univisión, para que nos acompañara y opinara como buen mexicano y amante del fútbol.

A los 18 minutos de juego, ya Holanda ganaba 2–0 y las esperanzas de México se desvanecían lentamente. Para avanzar tenían que por lo menos empatar y esperar por el resultado del Bélgica–Corea, que jugaban al mismo tiempo en París. Las cosas se le pusieron feas al Tri cuando Bélgica abrió el marcador. (Jorge estaba calladito, no decía nada).

Una vez más, Don Manolo supo inspirar al equipo en el descanso y hacer los ajustes necesarios. Sacó a dos defen-

*Con el mexicano Luis Hernández.*

sas y metió al "Cabrito" Arellano y a Peláez adelante. Al reiniciarse el juego, México salió a la cancha a hacer historia.

Primero vino la noticia de que Corea le había empatado a los belgas y, después, una gran jugada del "Temo" Blanco terminó en la cabeza justamente de Peláez y entró el primer gol de México. En el estudio, todos empezamos a comernos las uñas, todos menos Jorge Ramos, por supuesto.

Los mexicanos siguieron presionando dramáticamente y cuando faltaban 3 minutos para el final del partido, otro contratiempo: expulsan a Ramón Ramírez. Con diez jugadores y jugando tiempo de descuento, en el minuto 94 vino lo que resultó ser la última jugada del partido: Luis Hernández se saca de la manga el gol más oportuno de toda su carrera (cayéndose al suelo y tocando el balón con la punta de los dedos) y empata el partido 2–2.

¡Increíble!

En el estudio dejamos de comernos las uñas para aplaudir y felicitar a Jorge, quien ya empezaba a mostrar sus sentimientos.

En París, Bélgica y Corea terminaron empatados y los dos quedaron fuera. México estaba en la segunda ronda y Jorge Ramos me dio un abrazo de alegría.

¡Sí se pudo!

El 29 de junio en Montpellier fue la prueba de fuego. Revancha mundialista contra Alemania, el equipo que los eliminó por penales en México 86. Al terminar el primer tiempo, las cosas le sonreían al Tri. Iban dominando y ganándole a los alemanes con un gol del "Matador", su cuarto del campeonato.

**TRIVIA**
¿Qué país sacó al Tri de la Copa en Francia 98?

Esta vez el segundo tiempo fue otra historia. Lapuente cometió el error de salir a aguantar el marcador y los alemanes no se quedaron con los brazos cruzados. Lograron anotar dos veces (Klinsmann y Bierhoff) y cuando México reaccionó, ya era muy tarde.

Cayeron derrotados 2–1 y quedaron eliminados. No se pudo más.

Fue la decepción más grande en la historia del fútbol mexicano. ¿Cómo era posible jugar tan bien y perder tan mal?

La próxima oportunidad la tuvieron cuatro años después en Corea y Japón, y una vez más, el Tri sufrió otra gran decepción, esta vez peor. Ya verá.

## BRASIL VIENE POR "EL PENTA"

Creo que la palabra "Pentacampeón" se empezó a usar por primera vez en el mundo del fútbol en 1998.

Todo era "penta" en Brasil. Canciones, camisetas, posters, publicidad, comerciales, todo, todo el mundo hablaba del "Penta," del "Pentacampeonato" Mundial de Fútbol que Brasil iba a ganar en Francia. Y el resto del mundo se contagió. Hasta nosotros los periodistas no brasileños empezamos a hablar del "Penta."

**TRIVIA**
¿Quién fue el entrenador de Brasil en Francia 98?

Al final, creo que la palabra se usó tanto que le echamos mal de ojo a Brasil.

La cosa es que llegaron como favoritos absolutos a Francia, encabezados por "el Lobo" Mario Zagallo, a quien le daban una segunda oportunidad como director técnico. Ya había dirigido el fracaso del 74 y había sido asistente de Parreira en el 94.

El nuevo Scratch traía una constelación de estrellas jóvenes, como Rivaldo, Cafú, Roberto Carlos, Sampaio, Aldair y Ronaldo, en ese momento el mejor futbolista del mundo. Junto a ellos, jugaban los veteranos Taffarel, Dunga y Bebeto. Era un equipazo.

Inauguraron el Mundial el 10 de junio en París frente a Escocia. Con un autogol escocés y sin mucho esfuerzo (ni la calidad que todos esperaban) les ganaron 2–1. Después mostraron algo de su fútbol alegre y efectivo ganándole 3–0 a Marruecos con goles de Ronaldo, Rivaldo y Bebeto.

Pero en el tercer partido, ya clasificados a octavos de final, se durmieron ante los noruegos y éstos los sorprendieron con un penal en el último minuto, cuando estaban empatados 1–1. Perdieron 2–1 y la prensa brasileña se puso en pie de guerra contra la selección.

**TRIVIA**
¿En qué juego Ronaldo anotó su primer gol de Copas Mundiales?

Empezaron las críticas y las dudas.

La única respuesta tenía que salir de la cancha, así es que en el siguiente encuentro, en el Parque de los Príncipes de París, Chile fue el chivo espiatorio. Ronaldo y Sampaio anotaron 2 goles cada uno y Brasil ganó sin problemas 4–1.

En los cuartos de final les tocó Dinamarca, que había tenido una actuación discreta en la Copa. Su única victoria convincente fue un 4–1 contra Nigeria en los octavos de final, pero nada más. Se pronosticaba que Brasil los pondría a bailar samba. Jugaron en Nantes el 3 de julio y se llevaron un susto, Brasil, no Dinamarca. Gracias a Rivaldo, se salvaron. Anotó 2 goles esa tarde y Brasil tuvo que dejar el alma en la cancha para ganar un reñido 3–2.

Naturalmente, los medios brasileños no estaban satisfechos. Volvieron las críticas.

La semi fue una revancha contra Holanda, a quien Brasil había eliminado 3–2 en aquel partidazo del 94 en Dallas. Esta vez fue en Marsella y la cautela de ambos equipos prevaleció a lo largo del partido. Terminaron empatados 1–1 y así permanecieron hasta llegar a los penales. En esa ronda, el salvador de la patria fue Taffarel. Le atajó un penal a Cocu y otro a De Boer. Brasil avanzó asustado a la gran final de París, pero esta vez la prensa fue menos crítica. Se acercaba el "Penta" y había que darle ánimo a la selección.

Pero si no ganan . . . hum . . . ¡ya verán!

## "LES BLEUS" LLEGAN A LA FINAL

**A**sí llaman a la selección de casa, por su camiseta azul. Los herederos de Fontaine y Platini tenían ahora la oportunidad de borrar la mala suerte de ambos y meterse en una final.

La misión le correspondió al nuevo líder de la selección, el incomparable "Zizou", Zinedine Zidane, para muchos franceses, mejor jugador que el mismo Platini. (Usted escoja el suyo).

En 1998, este extraordinario centrocampista nacido en Marsella, de padres argelinos, era la sensación del fútbol francés y del Juventus de Italia, equipo con el que había ganado todos los títulos posibles, desde Campeón de Italia y Europa, a Campeón Intercontinental. (Le ganaron a mi River donde jugaba precisamente su héroe, Francescoli).

Pero Zidane no era el único. Lo acompañaban otras figuras formando un equipo vistoso, sólido y eficiente, por momentos brillante. Me refiero a Henry, Petit, Deschamps, Blanc, Trezeguet, Djorkaeff, Desailly y Barthez.

El primer síntoma de que la suerte de Francia había cambiado, fue el grupo que les tocó en la Copa.

Compartieron el "C" con tres países relativamente débiles: Sudáfrica, Arabia Saudita y Dinamarca. Sin mayores complicaciones, le ganaron 3–0 a los sudafricanos, 4–0 a los árabes y 2–1 a los daneses. Henry y Trezeguet anotaron sus primeros goles de Copas Mundiales en esa primera ronda, Henry 3 y Trezeguet 1. Ambos siguen jugando hoy en día y en mejor forma que nunca. Estarán presentes en Alemania 2006.

La buena suerte no abandonó a los franceses al pasar a los octavos de final, donde como ya vimos, empataron 0–0 con Paraguay y fueron los primeros en la historia en ganar un partido mundialista con un "gol de oro."

En los cuartos de final volvieron a verse con Italia, a quien Francia había eliminado en los octavos de final de México 96, antes de eliminar a Brasil por penales.

Esta vez la cita fue en el Estadio de Francia en St. Denis y no pasó nada. Fue un partido inconsecuente y aburrido. Concluyó 0–0 y tuvo que definirse con penales. Y como la suerte es crucial en este tipo de definiciones, Francia volvió a contar con ella y eliminó nuevamente a los italianos.

En realidad, más que suerte, fue la gran actuación de su arquero, el pelón Fabien Barthez, quien atajó un penal después de que su compañero Bixente Lizarazú fallara el suyo. Al final, el italiano Dino Baggio falló y Francia entró a las semifinales.

No estoy muy seguro que allí la suerte fue un factor. *Les Bleus* jugaron contra la sorpresa del torneo, Croacia, e hicieron lo necesario para derrotarlos limpiamente. El defensa Lilian Thuram fue el gran héroe del partido con 2 goles, contra uno del goleador del torneo, Davor Zuker, su quinto gol de la Copa (el sexto lo marcó en el partido por el tercer lugar que Croacia le ganó 2–1 a Holanda).

Francia venció 2–1 y "se metió" en la gran final.

En esa misma cancha recibirían a los Tetracampeones de Brasil, cuatro días más tarde.

## LA SEGUNDA GRAN FINAL DE PARÍS

La primera fue entre Italia y Hungría, el 19 de junio de 1938, en un estadio que ya no existe, el Colombes (ganó Italia 4–2).

El turno ahora era de Francia y Brasil en un Estadio que también data de esa época pero remodelado, el Stade de France, el estadio de Francia. Los franceses hacían su primera aparición en una gran final y los brasileños su sexta.

La gran atracción del partido era ver el mano a mano de los dos grandes futbolistas del momento: Ronaldo y Zidane. Pero también había la curiosidad de ver si Brasil hacía historia al conquistar el fulano "Pentacampeonato" del que todo el mundo estaba hablando.

Para los franceses, era una singular ocasión de ver a su selección borrar de la memoria años de frustración y dolor, olvidarse de una vez por todas de la paliza que Brasil les dio en Suecia 58 y de los penales con que Alemania los eliminó en España 82.

¿Qué cree que pasó ese domingo 8 de julio de 1998?

¡Pues lo lograron!

Ante la sorpresa del mundo entero que estaba viendo por televisión, Brasil desapareció de la cancha y Francia le dio una clase de fútbol. Mejor dicho, Zidane le dio la clase, una cátedra de cómo cabecear en el área chica. Allí fue donde le anotó 2 golazos inolvidables de cabeza a Taffarel y puso a su país en la senda del triunfo, en el primer tiempo.

TRIVIA

¿Cuántos goles anotó Zidane en la final del 98?

Petit anotó el del broche de oro al final de partido y Francia calló la samba con un 3–0 indiscutible.

El país que inventó la Copa del Mundo se coronaba Campeón por primera vez en su historia. Jules Rimet podía descansar en paz.

Ahora bien, ya se imagina a la prensa brasileña.

Pegaron el grito en el cielo y pidieron la cabeza desde Zagallo para abajo. Dijeron de todo, que Ronaldo estaba lesionado y que no debió jugar; que le dio un ataque de epilepsia horas antes del juego y la Nike, que era patrocinador de la selección, los obligó a alinearlo; que algunos jugadores se vendieron por un puñado de dólares para dejarse ganar . . . en fin . . . ¡vaya usted a saber!

Nadie le podía quitar el mérito a *Les Bleus*. El talento de sus estrellas quedó demostrado y nadie pudo dudar de su supremacía, con o sin buena suerte.

Cuatro años después, en Corea y Japón, la realidad los mordió y otra fue la historia. Siga leyendo.

## Corea/Japón 2002: El Mundial de Ronaldo

En realidad era de Corea solamente, pero la FIFA cambió de planes.

El día del anuncio en 1996, los coreanos del sur tenían tremenda fiesta montada en Seúl para celebrar la sede. La FIFA había prometido que el primer Mundial del nuevo milenio sería en Asia. Corea era el mejor candidato. Había tenido sus Olímpicos en el 1988, tenía grandes instalaciones, dinero y sobre todo, muchísimas ganas de ser sede.

Lo que ellos ni sospechaban era que Havelange ya había determinado que por primera vez en la historia de los Mundiales, dos países serían sede. Corea y Japón tendrían el honor de organizarlo.

El anuncio fue como un balde de agua fría para Corea.

¿Japón? ¿Por qué Japón? Era el archienemigo político y económico de Corea, invasor del país en una época. ¿Por qué tenemos que compartirlo con ellos?

*"Welcome to FIFA, baby!"* fue la respuesta de Havelange (¡Mentira! ¡No me crea!) Si metimos el Mundial en la primera potencia económica del Mundo, léase USA, ¿por qué no meterlo en la segunda?

Así fue como el Mundial se realizó en dos países.

Y para que hubiese un balance, la FIFA determinó que todo sería compartido: el nombre, los grupos, el número de juegos, las sedes, las ganancias, todo. La inauguración sería de uno (Corea) y la final del otro (Japón). La única concesión especial que se le dio a los coreanos es que su nombre iba primero. El evento se llamaba Mundial de Corea y Japón, no al revés.

La cosa es que con un comienzo tan extraño y peculiar, no debió sorprendernos las cosas que ocurrieron en la Copa y camino a ella. Primero, equipos como Alemania, Brasil y México sudaron la gota gorda para calificar. ¡Brasil lo logró en el último partido contra Venezuela! México tuvo que cambiar de técnico a última hora para salvar su cabeza y no quedar fuera.

Después, una vez que arrancó la competencia, aparecieron las sorpresas. Nunca antes el evento había visto tantas. Más de una potencia futbolística del planeta sufrió su debacle en Corea y Japón, empezando por el Campeón Mundial, Francia.

Veamos pues, como se desarrolló el sorprendente y singular Decimoséptimo Campeonato Mundial de Fútbol, Copa FIFA, Corea y Japón 2002, tan singular, que hasta la mascota fue diferente.

**TRIVIA**
¿Cómo se llamaban las tres mascotas del Mundial de Corea/Japón 2002?

De hecho, este fue el segundo Mundial de la historia con más de una mascota oficial (Alemania 74 tuvo dos). Corea/Japón tuvo tres para ser exactos, tres extraterrestres llamados "Atmos," residentes del planeta "Atmozone," de nombres Nik, Kaz y Atos. El propósito era no representar con las mascotas a ninguna cultura, para que nadie se ofendiera. (¿A quién se le habrá ocurrido ésto? ¿A Havelange?)

## OCHO GRUPOS, DOS PAÍSES

**P**ara mantener el balance, Corea tendría los primeros cuatro grupos, Japón los otros cuatro.

Así fue como quedaron establecidos en el sorteo:

**Grupo A:** (Corea): Francia, Senegal, Uruguay y Dinamarca
**Grupo B:** (Corea): Paraguay, Sudáfrica, España y Eslovenia
**Grupo C:** (Corea): Brasil, Turquía, China y Costa Rica
**Grupo D:** (Corea): Corea del Sur, Polonia, Estados Unidos y Portugal
**Grupo E:** (Japón): Irlanda, Camerún, Alemania y Arabia Saudita

**Grupo F:** (Japón): Argentina, Nigeria, Inglaterra y Suecia
**Grupo G:** (Japón): Croacia, México, Italia y Ecuador
**Grupo H:** (Japón): Japón, Bélgica, Rusia y Túnez

Como vemos, la lista de países no tuvo muchas sorpresas. Estaban básicamente los que eran y eran básicamente los que estaban.

El gran ausente, como decimos, fue Holanda. Por Suramérica echamos de menos a Colombia y a Chile. Por África, uno de los regulares no participó: Marruecos.

Lo más interesante de esta lista de ausentes es que casi todos, con la excepción de Holanda, también se perderán el Mundial de Alemania.

Ahora bien, los debutantes de Corea/Japón fueron Ecuador, Senegal, China y una de las nuevas naciones de Europa, Eslovenia, parte de la antigua Yugoslavia.

## EL QUINTO MUNDIAL DEL BORA

Y como un Mundial sin el Bora Milutinovic no es Mundial, esta vez él se las ingenió para dirigir otra selección.

Le prometió a la Federación China de Fútbol (¿cómo se dirá eso en chino?) que los clasificaría al primer Mundial de su historia y cumplió. Corea/Japón fue el quinto campeonato consecutivo en que el colorido técnico participó con una selección diferente.

Recordemos que ya había dirigido a México en el 86, Costa Rica en el 90, USA en el 94 y Nigeria en el 98.

Ahora le tocaba a los chinos, para quienes los resultados no importaban. Haber llegado era más que suficiente. El primer juego fue contra otro de los clientes del Bora, Costa Rica, dirigido casualmente por su amigo y ex asistente, Alexandre Guimaraes. Costa Rica les ganó 2–0.

**TRIVIA**
¿Qué país dirigió el Bora en Corea/Japón?

Después los chinitos perdieron con Brasil 4–0 y con Turquía 3–0. Se fueron en blanco, con 9 goles en contra, pero eso sí, muy contentos de haber participado en la gran fiesta.

¿Dónde estará Bora en este momento? Seguramente buscando trabajo para el 2006 o el 2010.

## "LOS TICOS" SE QUEDAN CORTOS

H ablando de Costa Rica, "los Ticos" llegaron a Asia entusiasmadísimos. Habían tenido una excelente campaña clasificatoria.

Quedaron primeros en el hexagonal de la CONCACAF y le ganaron a México por primera vez en el Azteca.

El grupo que les tocó en Corea no parecía tan fuerte, con la excepción por supuesto, de Brasil. De los chinos no se esperaba mucho y a los turcos no los conocía nadie, eran una incognita. (Nadie se imaginaba, como sucedió con Croacia en Francia 98, que iban a ser la sorpresa del torneo.)

"Los Ticos" de Guimaraes estaban encabezados por sus estrellas Paulo César Wanchope, Rolando Fonseca, Ronald Gómez, mi querido amigo de la MLS Mauricio Wright y el veteranísimo Hernán Medford de treinta y cuatro años de edad (el único que quedaba de la gran selección de Italia 90).

**TRIVIA**

¿En qué Copa debutó Wanchope?

El debut fue en la ciudad coreana de Gwangju frente a los chinos del Bora y les ganaron fácilmente 2–0 con goles de Gómez y Wright. Después se vieron con la incógnita turca y la cosa cambió. Fue un partido muy reñido. Turquía abrió primero el marcador y después se refugió atrás para aguantar la ofensiva tica, que finalmente logró empatar en el último minuto de juego por parte de Winston Parks. Terminaron 1–1.

El tercer partido de la primera ronda era el más difícil, contra Brasil. Si empataban, Costa Rica avanzaba. Fue uno de los mejores juegos de la ronda, un partidazo, abierto y alegre, lleno de grandes jugadas y muchos goles, 7 en total. Después de 90 minutos reñidísimos, Brasil ganó 5–2 con goles de Rivaldo, Edmilson, Junior y 2 de Ronaldo. Los costarricenses anotaron dos de Wanchope y Gómez.

Desafortunadamente, no fue posible avanzar a la segunda ronda. Turquía los dejó fuera por goles a favor y en contra. Una pena, porque se trataba de la mejor selección tica en mucho tiempo.

Espero que tengan mejor suerte ahora en Alemania 2006.

## ¡SORPRESAS TE DA LA VIDA!

¡La vida y los Mundiales, diría yo! Ya quedó establecido que Corea/Japón fue el Mundial de las sorpresas. Pero en el reino de las cosas imprevistas, hay sorpresas y luego hay . . . ¡Sorpresas!

Que un equipo empiece mal una Copa es normal. Pero que tres equipazos sean eliminados en la primera ronda, incluyendo al Campeón de Mundo, es virtualmente imposible. ¡Ni en la películas se ve eso!

Bueno . . . en esta sí se vio.

## SORPRESA #1

El primer shock lo dio Francia en la inauguración. Tal vez debería decir que lo dio Senegal, debutante africano en Copas del Mundo. Jugando bien y en excelente forma física, le dio una zancadilla al Campeón Mundial y lo dejó en el suelo, temblando y derrotado. La excusa fue que Zidane estaba lesionado. Tal vez. La cosa es que fue una victoria que tomó al mundo por sorpresa (y no mencionemos a los senegalíes viendo por televisión).

Francia después empató 0–0 con Uruguay y fue derrotada 2–0 ante Dinamarca. Fue el primer Campeón Mundial en irse a casa en la primera ronda. ¡Qué bochorno!

Esa fue la primera sorpresa. La segunda la dio Corea.

## SORPRESA #2

A pesar de ser dueños de casa y tener al ex técnico de Holanda de timonel, Guus Hiddink, nadie esperaba mucho de Corea del Sur. Seguramente los polacos pensaron lo mismo, porque en el primer juego del Grupo D fueron sorprendidos por los coreanitos y cayeron derrotados 2–0.

Al final de la primera ronda, los polacos volvieron a casa y los coreanos avanzaron por primera vez a la segunda (empataron 1–1 con USA y le ganaron 1–0 a Portugal).

Su éxito continuó hasta los cuartos de final, después que eliminaron a Italia y España (con mucha controversia por la pésima actuación de los árbitros en ambos partidos). No obstante, pusieron al país de cabeza con la fiebre del Mundial.

## SORPRESA #3

La tercera sorpresa del torneo la dieron los Estados Unidos al día siguiente, el 5 de julio. Se enfrentaron a la gran selección de Portugal, que alineaba a cuatro de sus mejores estrellas en muchos años: Fernando Couto, Joao Pinto, Rui Costa y el mejor de todos, Luis Figo.

Nuestros "gringuitos" llegaban con un nuevo técnico, Bruce Arena, listos para borrar la pésima actuación de Francia 98. También lucían nuevas figuras, como Pablo Mastroeni, Clint Mathis, Josh Wolff, DaMarcus Beasley y uno que se perfilaba como un excelente jugador, Landon Donovan. Todos ellos eran capitaneados por un veterano que finalmente tenía la opor-

**TRIVIA**
¿Quién fue el D.T. de Estados Unidos en la Copa del 2002?

tunidad de jugar un Mundial como titular y sin lesiones, me refiero al sensacional Claudio Reyna, ¡quien de paso estaba en plena forma!

El escenario del juego fue la cancha de Suwon, cerca de Seúl. Cómo sería la sorpresa que al finalizar el primer tiempo el Team USA estaba ganándole 3–1 a los portugueses. En el segundo tiempo, éstos se sacudieron un poco del shock y buscaron el empate. Pero la defensa norteamericana fue mucho para ellos y sólo pudieron anotar una vez. Portugal perdió 3–2. Después les ganó Corea 1–0 y vergonzosamente quedaron fuera del Mundial.

Los "gringuitos" siguieron hacia adelante. Empataron con Corea y perdieron con Polonia, pero les alcanzó para avanzar por segunda vez en su historia. Ahí eliminaron a México y casi se llevan por delante a Alemania en cuartos de final.

Fue la mejor actuación norteamericana en Copas del Mundo y les sirvió para subir en el ranking de la FIFA y ubicarse entre las diez mejores selecciones del planeta.

*Not bad!*

## SORPRESA #4

**Y**por si fuera poco, México y Croacia también ofrecieron una sorpresa en su primer encuentro, no porque ganó México 1–0, lo cual fue muy grato, sino porque perdió Croacia, la revelación del Mundial anterior y de quien se esperaba mucho en Corea/Japón. Al final, Croacia quedó eliminada en la primera ronda y México avanzó como primero del Grupo G, por encima de Italia.

Como ve, el torneo arrancaba dramáticamente. Y habían más sorpresas todavía.

## "LOS TETRAS" VAN POR "EL PENTA"

**A**unque usted no lo crea, Brasil no era favorito en Corea/Japón. Era la primera vez en su historia que empezaban un Mundial de esa manera. Llegaban como una selección más, dispuesta a hacer todo lo posible para lucir bien, pero no necesariamente salir Campeones.

Esto comprobó ser efectivo.

Los muchachos de Luiz Felipe Scolari, "Felipao", el nuevo DT de "la canarinha," jugaron sin presión durante toda la Copa, porque nadie daba dos pesos por ellos.

Como le comenté, se habían clasificado a duras penas. Además, algunas de sus estrellas estaban envejeciendo, no habían surgido nuevas figuras, y su principal goleador, Ronaldo venía de pasar dos años luchando con una lesión en la rodilla que lo apartó de las canchas y puso en peligro su futuro.

Pero como "Brasil es Brasil," las sorpresas no se hicieron esperar. Ronaldo debutó contra Turquía en su mejor forma y anotando gol; Rivaldo demostró, al igual que Cafú y Roberto Carlos, que no estaban tan viejos; y uno de los chicos nuevos, Ronaldinho, dejó ver que era todo un *crack*.

En la primera ronda, Brasil apartó del camino a los turcos (2–1), los chinos (4–0) y a los ticos (5–2), 11 goles en tres partidos. Ronaldo y Rivaldo anotaron en todos los juegos y Roberto Carlos y Ronaldinho anotaron uno cada uno. Era obvio que el Scratch estaba más fuerte que nunca.

Al avanzar a octavos de final, viajaron a Kobe, Japón, y se toparon con Bélgica. Nuevamente Ronaldo y Rivaldo fueron los anotadores. Ganaron 2–0. Después recibieron a Inglaterra en Shizuoka, también en Japón. Fue otro de los grandes partidos del campeonato. Ronaldinho demostró su talento con un golazo y Rivaldo volvió a anotar (llevaba 5 goles en cinco partidos). Terminaron eliminando a los ingleses 2–1.

**TRIVIA**
¿Cómo se llama la estrella de Brasil que debutó en la Copa del 2002?

El triunfo los puso en semifinales y se volvieron a encontrar con Turquía que como les dije, se habían convertido en la "Croacia" de Corea/Japón. Una vez más Ronaldo se lució y anotó el único gol del juego, su sexto del torneo. Brasil venció 1–0 a los aguerridos turcos y avanzó a otra gran final, la número 7 de su exitosa historia.

¡Tremendo récord!

## SORPRESA #5: ARGENTINA

No crea que me olvidé mencionarle que Argentina también sorprendió al mundo en Corea y Japón.

Lo que sucede es que duele mucho decirlo.

Así que seré breve: Le ganaron 1–0 a Nigeria con gol de Batistuta . . . perdieron con Inglaterra 1–0 con gol de Beckham . . . empataron 1–1 con Suecia y quedaron eliminados en la mismísima primera ronda.

¿Alguna pregunta?

Sí, claro. Tenían un equipazo lleno de estrellas maduras pasando por un buen momento: Verón, Crespo, Ortega, López, Zanetti, Gallardo, Simeone, Aimar, González y por supuesto, Batistuta.

¿Algo más?

Seguro. Fue la peor actuación de mi selección en una Copa

Mundial, de la cual todavía no nos recuperamos, con todo y que salimos Campeones Olímpicos en Atenas 2004.

¿Cómo dice?

Efectivamente. Nos cortaremos las venas en masa si algo similar ocurre en Alemania 2006. Téngalo por seguro.

¿Ya?

Muchas gracias.

## EL TRI DEL "VASCO"

Llegó como un paramédico a dar los primeros auxilios. Vino a resucitar a un muerto. Fue el salvador de la patria, el ángel de la guarda ... en fin ... del "Vasco" Javier Aguirre se puede decir esto y mucho más por la forma cómo rescató al Tri mexicano del abismo.

Todo había comenzado en las eliminatorias. El "Ojitos" Meza tomó la selección de manos del "Pelón" Lapuente en medio de grandes expectativas. Su efectividad como técnico había sido probada en tres campeonatos ganados con el Toluca. Y como era un hombre serio, sencillo e intelectual, todos en México pensaron que los llevaría a la tierra prometida de Corea y Japón.

¡Casi los deja afuera!

Sin que nadie lo pueda explicar, el "Ojitos" fue un desastre. Si no él, su selección. Perdieron con los "gringuitos" en Ohio, con Costa Rica en el Azteca, con Honduras en San Pedro y antes de que volvieran a perder, la Federación le dio la baja. Gracias.

TRIVIA
¿Quién salvó a
México y lo llevó
al Mundial de
Corea y Japón?

Entra el Vasco, ex jugador de la selección del 86, técnico campeón con Pachuca, un hombre de gran personalidad, simpático, carismático, seguro de sí mismo y aparentemente, buen técnico. Salvó al Tri y lo clasificó tercero en el hexagonal de la CONCACAF.

¡Uff!

A Corea/Japón llevó lo mejor de México en ese momento. Los buenos que estaban fuera de forma los dejó atrás. Hasta un argentino nacionalizado se llevó para garantizar el funcionamiento de la selección (Gabriel Caballero, uno de sus mediocampistas en el Pachuca).

Convocó a varios jugadores que habían ido a Francia 98, como "el Conejo" Pérez, "el Cabrito" Arellano, Braulio Luna, "Paco" Palencia, "Chava" Carmona y Cuauhtémoc Blanco. A ellos los combinó con nuevas figuras como Rafa Márquez, Gerardo Torrado, Jared Borgetti, y Ramoncito Morales.

El resultado fue una selección efectiva. No era la mejor de la historia, pero sí la más efectiva. Sabía hacer su trabajo y era batalladora. Esto se vio el 3 de junio en el primer partido frente a Croacia en Niigata, Japón. Mostrando un temple extraordinario y una calma nunca vista en el Tri, dominaron ampliamente a los croatas y les ganaron 1–0 con un penal de Blanco.

El segundo partido fue contra los debutantes de Ecuador en Miyagi y México empezó perdiendo 1–0 temprano en el juego, con un gol del "Tin" Delgado. Pero calmadamente, remontó el marcador con goles de Borgetti (su primero en un Mundial) y Torrado (un golazo desde fuera del área). México 2, Ecuador 1.

Después les tocó Italia y nuevamente los pupilos del Vasco jugaron organizadamente. Maniataron a los italianos y les anotaron un gol en la primera mitad, un cabezazo sensacional de Borgetti. Después mantuvieron el marcador hasta el final, cuando entró Alessandro del Piero y a los 85 minutos empató el partido.

Así quedaron, empatados 1–1, pero México avanzó a la segunda ronda como primero del grupo. ¡Excelente!

Hasta aquí el cuento es alegre. Después vino la pesadilla.

Y la pesadilla se llamó Estados Unidos de América. ¿Cuántas veces no le había ganado México a los norteamericanos? Más fácil es contar las veces que los "gringuitos" le han ganado a los mexicanos.

Se enfrentaron en Jeonju, Corea. Era el primer juego de México en ese país ya que los tres primeros fueron en Japón. Toda la calma y eficiencia que habían demostrado frente a Croacia, Ecuador e Italia, desapareció. Los norteamericanos los enredaron como nunca habían enredado a México y en 8 minutos anotaron el primer gol, una jugada de Claudio Reyna por la punta que terminó en un centro peligrosísimo que Brian McBride remató de memoria. Parecía una jugada de laboratorio.

México ajustó líneas, hizo cambios, buscó alternativas, pero los americanos ni se inmutaron. No dejaron pasar a nadie y cuando menos lo esperaba México, le anotaron el segundo, un golazo de Landon Donovan. Ganaron el pleito 2–0 y México despertó abruptamente de su sueño dorado.

Una vez más, no se pudo.

Aunque esta vez dolió demasiado. Quedar afuera de un Mundial es duro, pero que te saquen los "gringos" es peor, inconcebible. Es un golpe moral muy fuerte.

En Alemania 2006 veremos si México ya se recuperó del golpe.

> **TRIVIA**
> ¿Cuál fue el primer gol de Borgetti en Copas Mundiales?

> **TRIVIA**
> ¿Quién eliminó a México en el Mundial 2002?

## "CHARRÚAS" Y "GUARANÍES"

Unos regresaban, otros reaparecían.

Para la "celeste" uruguaya, el Mundial de Corea/Japón significó el regreso a la competencia después de Italia 90. Aquel equipo de Francescoli y los dos Rubén, Paz y Sosa, sólo llegó a los octavos de final y fue eliminado por Italia. Ahora volvía sin "El Príncipe" y su corte, pero con sangre nueva: Diego Forlán, Paolo Montero, Alejandro Lembo, "el Chino" Álvaro Recoba, Darío Silva, y nuestro querido Sebastián "El Loco" Abreu, triunfando en las canchas de México.

Por su lado, la selección "guaraní" de Paraguay regresaba después de su buena actuación de Francia 98 donde fueron eliminados con un "gol de oro" precisamente por los anfitriones. José Luis Chilavert, Carlos Gamarra y Celso Ayala seguían siendo los líderes y los más veteranos de la banda. Los acompañaba la nueva figura del fútbol paraguayo, abriéndose paso en el fútbol alemán, Roque Santa Cruz, y el máximo goleador de la liga mexicana, otro gran amigo: José Saturnino Cardozo.

Uruguay llegó a esta Copa vía repechaje. Tuvo que jugar con una selección de Oceanía, en este caso, Australia (el mismo repechaje que le tocó para el Mundial de Alemania que se avecina, y fue eliminado).

En el sorteo, los uruguayos quedaron en el Grupo A con Francia, Senegal y Dinamarca. En teoría parecía fácil. Francia y ellos deberían avanzar. Ahora sabemos que fue el grupo de las sorpresas. Ni ellos ni Francia avanzaron. Uruguay perdió con Dinamarca, empató sin goles con Francia y volvió a empatar 3–3 con Senegal en un juegazo inolvidable, uno de los más emocionantes de la primera ronda, donde Forlán anotó tal vez el mejor gol de la Copa, la bajó con el pecho fuera del área y mandó un cañonazo imparable al segundo palo. ¡Pechopum! ¡Golazo!

Paraguay había clasificado cómodamente de segundo en Sudamérica detrás de Argentina, bajo la dirección del italiano Cesare Maldini, el padre de Paolo.

En el primer partido del Grupo B, Sudáfrica los sorprendió con un penal en el último minuto y empataron 2–2. Chilavert no jugó ese día por estar suspendido y Santa Cruz debutó con un gol.

TRIVIA

¿Quién dirigió a Paraguay en el 2002?

"El Chila" sí jugó en el siguiente, frente a España en Jeanju. Fue un desastre. España les cobró el empate de Francia 98 que los había eliminado y los arrolló con un indiscutible 3–1. Fernando Morientes anotó 2 goles esa noche y Fernando Hierro el tercero. Mal debut para Chilavert, quien ya empezaba a mostrar su edad. Ya no era el mismo bajo los palos.

El tercer encuentro fue contra la debutante Eslovenia y los paraguayos obtuvieron el pase a la segunda ronda ganando 3–1. Al avanzar se enfrentaron a Alemania en Seogwipo, Corea. Los alemanes habían goleando 8–0 a Arabia Saudita, empatado a 1 con Irlanda y derrotado a Camerún 2–0. Su gran figura era un joven llamado Michael Ballack, quien vuelve a ser la gran estrella alemana en el 2006. Fue un juego reñido y complicado, sin muchas emociones. Ambos equipos jugaron defensivamente y cuando parecía que se iban al tiempo extra, Oliver Neuville le anotó un gol al "Chila" en el minuto 88. Alemania ganó 1–0.

Paraguay siguió el camino de Uruguay y se fue a casa. Chilavert se despidió de su selección y los Mundiales.

Por su parte, Alemania siguió ganando y llegó hasta la gran final, gracias a los goles oportunos de Ballack frente a EE.UU. en cuartos de final (1–0), y Corea en semifinales (1–0).

## EL "SHOW" DE LOS ANFITRIONES

Contra todo pronóstico, japoneses y coreanos lograron meterle la fiebre del fútbol a su gente. Corea más que Japón porque llegó más lejos, pero los nipones también sintieron por primera vez en sus vidas la emoción de un Campeonato Mundial de Fútbol.

Ya le había dicho que Corea debutó sorprendiendo. Japón también. Avanzó por primera vez en su historia a la segunda ronda y en el primer lugar de su grupo. Arrancó el Mundial empatando 2–2 con los belgas, luego le ganó 1–0 a los rusos y 2–0 a los tunesinos.

En todos los partidos, los japoneses mostraron un gran desarrolo futbolístico y mostraron jugadores con talento y habilidad como Junichi Inamoto (estrella del Arsenal y del Fulham), Shinji Ono (con el Feyenoord de Holanda) y la gran figura, Hidetoshi Nakata (estrella del Perugia, del Roma y del Parma).

Desafortunadamente para ellos, en los octavos de final se vieron las caras con la otra selección sorpresa del torneo, Turquía, y fueron derrotados 1–0.

**TRIVIA**

¿Quién eliminó a Japón en su Mundial?

Los coreanos corrieron con mejor suerte. En los octavos de final protagonizaron uno de los juegos más emocionates de la Copa en Daejeon, frente a Italia y ante 38 mil coreanos vestidos de rojo y otros 5 millones más viendo en pantallas gigantes por toda Corea. Christian Vieri había abierto el marcador a los 18 minutos y a partir de ese momento los coreanitos se lanzaron en una misión que parecía imposible: remontar el marcador y vencer a Italia.

Y lo lograron, aunque los ayudó un poco el árbitro ecuatoriano Byron Moreno.

Uno de los mejores jugadores coreanos en toda la Copa, Ki Hyeon Seol empató a los 88 minutos y después, en el tiempo extra, cuando faltaban 3 minutos para irse a los penales, el mejor de todos, Jung Hwan Ahn, eliminó a los italianos con un gol histórico.

Fue apoteósico.

Después, Corea se enfretó a España en cuartos de final y otra vez con la ayuda del árbitro, el egipcio Gamal Ghandour, que no vio un gol clarísimo de los españoles, igualaron 0–0 en tiempo regular y se fueron al alargue. Después a los penales. Ahí Corea pateó mejor. Eliminó a "la Furia" española ante los ojos atónitos del mundo y de millones de coreanos vestidos de rojo congregados en las plazas principales de todo el país. Era una verdadera "Marea Roja," tal como alguien lo describió.

**TRIVIA**

¿Cuáles fueron los dos países europeos que Corea eliminó en el Mundial 2002?

Nunca antes un Campeonato Mundial de la FIFA había despertado tanto interés entre el público anfitrión.

La aventura coreana terminó en las semifinales, donde los alemanes les aguaron la fiesta con un gol de Ballack faltando 15 minutos para el final del partido. La selección coreana se despidió de su gente, Alemania avanzó a la final y el país de Corea del Sur volvió a su rutina diaria, pero eso sí, con una sonrisa en la boca.

## LA GRAN FINAL DE YOKOHAMA

**B**rasil empezó el torneo calladito, sin prometer mucho. Pero llegó a la final sonriente y orgulloso, como el gran favorito.

Alemania por su parte, empezó como una selección más y llegó a la final como ... ¡pues como una selección más! Había demostrado que es mejor tener suerte que ser bueno. Pero llegó, aunque no se esperaba mucho de ellos ante la máquina de Ronaldo y Rivaldo.

El escenario de aquel domingo 30 de junio, era el majestuoso Estadio Internacional de Yokohama, cerca de Tokio, repleto con 90 mil personas. Otros mil millones veían por televisión.

Para los que llevan la cuenta, esta era la decimoséptima final del Campeonato Mundial de Fútbol, setenta y dos años después de la primera en Montevideo. Era también la séptima final que jugaban los dos protagonistas. La diferencia es que los brasileños la habían ganado cuatro veces, y los alemanes sólo tres.

**TRIVIA**

¿En dónde se jugó la final de Corea y Japón?

Y como dato curioso, le digo que era la primera vez que ambas selecciones se enfrentaban en una Copa del Mundo. Es increíble pensar que se evitaron uno al otro todos esos años. Cosas del destino. El partido arrancó como arrancan muchos combates de boxeo, con los contrincantes midiéndose cautelosamente. Poco a poco, Brasil fue tomando control de la cancha y en un par de ocasiones puso en apuros al gran portero alemán, Oliver Kahn, el héroe de la selección. Pero en general fue un primer tiempo discreto, sin mayores emociones. Concluyó sin goles.

La samba empezó a sonar en el segundo tiempo.

A los 67 minutos, cuando Brasil dominaba a placer, Ronaldo se salió con la suyas y abrió el marcador.

A los 79 minutos, una incursión de Kléberson por la punta derecha, termina con un centro rastrero a los pies de Rivaldo, quien en vez de tocar el balón, abre las piernas para que siga de largo y le llegue a Ronaldo. Con frialdad y precisión, el gran goleador coloca el balón como con la mano, en la base del palo, lejos de Kahn.

Brasil 2, Alemania 0.

No pasó más nada. Eso fue todo.

Con cierta facilidad, Brasil logró el tan esperado y anunciado "Penta," y se convirtió en el Pentacampeón del Mundo. Ronaldo se coronaba como el mejor jugador del planeta y de paso, máximo goleador del torneo con 8 goles.

Alemania volvía a perder una final, tal como le pasó en el 66 contra Inglaterra, el 82 contra Italia, y el 86 contra Argentina. La suerte no le alcanzó.

¿La tendrá en el 2006?

Haga su apuesta. Allá nos vemos.

TRIVIA
¿Quién fue el
máximo goleador
del Mundial
2002?

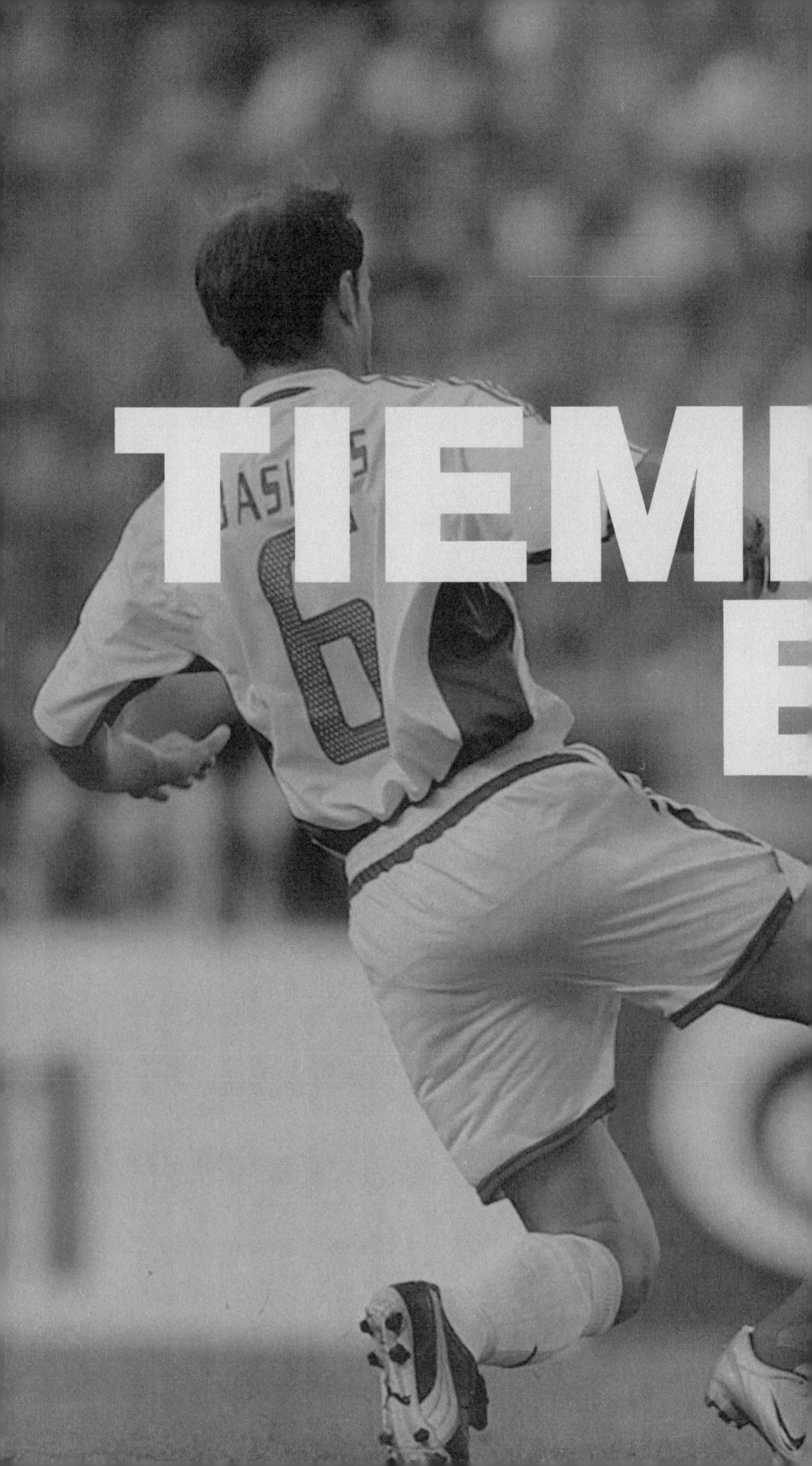
TIEM
E

**XTRA**

**Alemania
2006**

# Uno:
## Los Treinta y Dos Países
# Participantes
# y Sus Estrellas

**Finalmente** llegamos al nuevo, el próximo, el inmediato, otro Mundial de la Era Contemporánea, el Decimoctavo Campeonato Mundial de Fútbol, Copa FIFA, Alemania 2006 (el nombre oficial sigue siendo largo).

Antes de entrar en detalles sobre quiénes pelearán por esta Copa y de dónde vienen, hagamos un resumen de lo que ya sabemos:

- Se han jugado diecisiete Mundiales desde 1930.
- Nueve se jugaron en Europa, cuatro en Sudamérica, tres en Norteamérica y uno en Asia.
- Cuatro países lo han organizado dos veces: México, Francia, Italia y ahora Alemania.
- El país que más ha ganado es Brasil, cinco veces.
- Alemania e Italia lo han ganado tres veces cada uno, Argentina y Uruguay, dos veces, Francia e Inglaterra, una vez.
- El máximo goleador es el francés Just Fontaine, con 13 goles.
- El jugador que más goles anotó en un partido fue el ruso Oleg Salenko, 5 goles en el Rusia 6–Camerún 1 de USA 94.
- El único jugador que ha ganado tres Mundiales es Pelé.
- Los jugadores que más Mundiales jugaron son el mexicano Antonio Carbajal y el alemán Lothar Mattaeus, con cinco cada uno.
- El partido con más goles fue el Austria 7–Suiza 5 de Suiza 54, 12 goles.
- La goleada más grande se la dio Hungría a El Salvador, 10–1 en España 82.
- El único país que ha participado en todos los Mundiales es Brasil.

La gran incógnita del próximo Mundial es ver cuál de estos récords se rompe. ¿Cuál cree usted que se romperá? ¿Será el del máximo goleador? ¿El de la mayor goleada? Ya veremos. ¡No se pierda la Copa!

## EL CLUB DE LOS TREINTA Y DOS

Una vez más, el Mundial cita a treinta y dos naciones, una práctica que comenzó en Francia 98.

Estos treinta y dos privilegiados provienen de los cinco continentes. De Europa participarán catorce incluyendo al anfitrión, de África cinco, de Sudamérica cuatro, de Asia cuatro, del Caribe, Norte y Centroamérica cuatro y uno de Oceanía. Este será el primer Mundial con representaciones de los cinco continentes del planeta.

Veamos la lista por continente y en orden alfabético:

| EUROPA | ÁFRICA | ASIA |
|---|---|---|
| 1 Alemania | 1 Angola | 1 Arabia Saudita |
| 2 Croacia | 2 Côte d'Ivoire | 2 Japón |
| 3 España | 3 Ghana | 3 Irán |
| 4 Francia | 4 Togo | 4 República de Corea |
| 5 Holanda | 5 Túnez | |
| 6 Inglaterra | | **EL CARIBE, NORTE Y** |
| 7 Italia | **SUDAMÉRICA** | **CENTROAMÉRICA** |
| 8 Polonia | 1 Argentina | 1 Costa Rica |
| 9 Portugal | 2 Brasil | 2 Estados Unidos de |
| 10 República Checa | 3 Ecuador | América |
| 11 Serbia y Montenegro | 4 Paraguay | 3 México |
| 12 Suecia | | 4 Trinidad y Tobago |
| 13 Suiza | | |
| 14 Ucrania | | **OCEANÍA** |
| | | Australia |

## CINCO NOVATOS

La lista anterior incluye, por primera vez en un Mundial, a cinco naciones africanas, de las cuales (otro récord) cuatro son debutantes: Angola, Côte d'Ivoire, Ghana y Togo.

La CONCACAF también lleva un debutante en Copas del Mundo: Trinidad y Tobago.

Por Europa hay un país nuevo y dos con nuevo nombre. El nuevo es Ucrania, miembro de la antigua Unión Soviética. Los rebautizados son la República Checa y Serbia y Montenegro. La primera era parte de la antigua Checoslovaquia, la segunda competía con el nombre de Yugoslavia hasta el año 2003.

En otras palabras, Alemania 2006 verá el debut de seis países, el mayor número de debutantes que se ha visto desde que comenzaron los Mundiales de la Era Moderna en Brasil 50.

Por su parte, Ecuador, Australia e Irán son casi debutantes. Los tres juegan apenas su segundo Mundial. Los ecuatorinos debutaron en Corea/Japón, los australianos en el primero de Alemania en 1974, y los iraníes lo hicieron en Francia 98.

Entre los grandes que regresan a la gran fiesta del 2006 está Holanda, ausente desde Francia 98. Suiza, que no es de los grandes pero que fue anfitrión en el 54, regresa a la Copa por primera vez desde USA 94. Así es que, bienvenidos.

Los grandes ausentes serán Bélgica, Marruecos, Camerún y, claro está, Bulgaria y Rumania que siempre andan por ahí dando zancadillas en los Mundiales. Esta vez no podrán.

Pero de todos los ausentes, los que más echaremos de menos son Colombia, Chile y Uruguay.

## EL FORMATO

El formato de Alemania 2006 seguirá siendo el mismo: ocho grupos de cuatro equipos, en los cuales los dos primeros de cada grupo avanzarán a una segunda ronda de eliminación directa.

Los partidos se jugarán en doce ciudades alemanas: Munich, Stuttgart, Nuremberg, Francfort, Hanover, Kaiserslautern, Colonia, Gelsenkirchen, Dortmund, Hamburgo, Leipzig y Berlín.

En el sorteo efectuado en Leipzig el pasado 9 de diciembre, los grupos quedaron formados de esta manera, repartidos por toda Alemania:

> **Grupo A:** Alemania, Costa Rica, Polonia y Ecuador
> **Grupo B:** Inglaterra, Paraguay, Trinidad-Tobago y Suecia
> **Grupo C:** Argentina, Côte d'Ivoire, Serbia y Montenegro
> y Holanda
> **Grupo D:** México, Angola, Irán y Portugal
> **Grupo E:** Italia, Ghana, Estados Unidos y la República Checa
> **Grupo F:** Brasil, Croacia, Australia y Japón
> **Grupo G:** Francia, Suiza, República de Corea y Togo
> **Grupo H:** España, Ucrania, Túnez y Arabia Saudita

Por cierto, le cuento que este es el primer Campeonato del

Mundo en el que el Campeón anterior no clasificó directamente por su calidad de Campeón. Brasil tuvo que participar en las eliminatorias como todo el resto del mundo, con la excepción por supuesto, de los anfitriones alemanes.

## "ES HORA DE HACER AMIGOS"

**¡M**e parece muy bien!
Este es el lema oficial del Mundial, y si mal no recuerdo, es el primer Mundial con un lema.

Hablando de cosas oficiales, la mascota de este año es el leoncito "Goleo," algo más reconocible y realista que los tres peculiares extraterrestres de Corea y Japón. Otra novedad de la Copa es que por primera vez la mascota oficial tiene su propia canción.

*Marketing, baby, marketing!*

*Con el mundialmente famoso artista Romero Britto, quien muy gentilmente me regaló un cuadro gigante de su visión del Mundial de Alemania 2006.*

# HABLEMOS DE BILLETES

**S**í señor, hablemos de lo que más mueve la Copa del Mundo (además de las pasiones): los billetes, el *cash*, *money*, lana, guita, chavos, muna . . .

Al Comité Organizador de Alemania 2006 le costará unos $513 millones montar el gran *show*. Esta inversión la recuperará con la venta de entradas, la venta de comida y bebidas en los estadios y la publicidad en la cancha. Pero no será suficiente. El resto lo pone la FIFA (unos $200 millones).

Pero eso no es nada para la poderosa organización. Hay otro cálculo que indica que el Mundial generará la módica suma de . . . ¿listo? ¡¡2,000 millones de dólares!!

¡Chi-chin, chi-chin!

Más de la mitad de ese dinero proviene de los derechos de televisión ($1,400 millones). El resto lo pagan los quince patrocinadores oficiales del Mundial (la gente de McDonald's, Fuji, Budweiser, Adidas, etc. etc.).

Al final, después de que se paguen todas las cuentas, la FIFA se ganará unos $130 millones. Nada mal para un evento que dura un mes.

# EL PREMIO AL GANADOR

**A**hora bien . . . ¿cuánto cree usted que ganará el Campeón Mundial?

Además del prestigio y el placer de llevarse la Copa, hay un premio en efectivo de . . . ¡chin-chin! . . . $19 millones, casi un milloncito por jugador, ¿no? ¡Ojalá! La Federación del país le da una prima a cada jugador, pero no llega a ser tanto.

En el caso de Alemania, por ejemplo, nos enteramos que la Federación le prometió a cada jugador $350,000 si ganan el Mundial, $175,000 si quedan segundos, $117,000 si llegan a las semifinales y $58,000 si avanzan hasta los cuartos de final.

Para el Subcampeón también hay dinero. Le tocan $17 millones. Los que queden en el tercero y cuarto puesto se llevan $16 millones cada uno. Es decir, una vez que llega a semifinales ya tiene garantizado esos 16 milloncitos de dólares.

Para los perdedores también hay billetes, no se preocupe.

Los cuatro equipos que sean eliminados en los cuartos de final se van a casa con unos $9 millones en los bolsillos. Y los ocho eliminados en los octavos de final, se llevan unos $6 millones cada uno. En otras palabras, por avanzar a la segunda ronda, un país gana automáticamente 6 millones de dólares.

Finalmente, a los pobres que eliminen en la primera ronda, ya no serán tan pobres. La FIFA les pagará aproximadamente $4.5 millones a cada uno por el solo hecho de participar.

Ahora entiende porqué tanta gente quiere ir al Mundial.

## QUIÉN ES QUIÉN EN ALEMANIA 2006

Ahora sí. Examinemos los treinta y dos países que jugarán el Mundial de Alemania 2006.

Vamos a ir país por país en orden alfabético y por continentes. Empezaremos por los nuestros de las Américas y después pasaremos a Europa, África, Asia y Oceanía.

En cada país le daré la información básica necesaria para conocerlo bien, pero no demasiado, para que usted no se me abruma.

Conocerá el *ranking* del país según la FIFA (utilizo el *ranking* al momento del sorteo, diciembre 2005) y cómo se clasificó . . . su historia mundialista . . . el grupo en el que jugará y sus rivales . . . el nombre del Director Técnico y su experiencia . . . las estrellas principales, con su posición y en los casos que aplique, el Club famoso para el que juegan . . . el jugador joven que yo pienso va a destacarse, y finalmente, una descripción general del equipo y mi opinión al respecto. (Nota: La información que les doy es la existente mientras escribo este el libro. Ya sabemos como cambian las cosas de un día para otro en el mercado del fútbol).

¿Listo?

Vámonos para Sudamérica, empezando por el país que saldrá Campeón, el número uno (y no tiene nada que ver con el alfabeto, eso es pura casualidad).

## SUDAMÉRICA
### ARGENTINA • BRASIL • ECUADOR • PARAGUAY

# ARGENTINA

**RANKING DE LA FIFA** Número 4

**¿CÓMO LLEGÓ?** Clasificó segundo en Sudamérica.

**HISTORIA** Decimocuarto Mundial. Bicampeón del Mundo: Argentina 78 y México 86. Subcampeón en Uruguay 30 e Italia 90. Anfitrión en 1978.

**ÚLTIMO MUNDIAL** Corea/Japón 2002: eliminado en la primera ronda. (¡Ay, Dios mío!)

**RIVALES 2006** Grupo C: Côte d'Ivoire, Serbia y Montenegro y Holanda

¡Vamos al Mundial!

**TÉCNICO** José Pekerman (DT desde el 2004. Ganó 3 Campeonatos Mundiales Juveniles con Argentina).

**ESTRELLAS** ¡Todos son estrellas! … Perdón …
- Hernán Crespo (delantero, Chelsea, 7 goles en las eliminatorias)
- Juan Pablo Sorín (defensa, Villareal)
- Pablo Aimar (medio, Valencia)
- Juan Román Riquelme (medio, Villareal, primer Mundial)
- Carlos Tévez (delantero, Corinthians, primer Mundial)

**¡OJO CON ESTE MUCHACHO!** LIONEL MESSI: Excelente medio del Barcelona, diecinueve años. Fue el mejor jugador y máximo goleador del Mundial Juvenil de Holanda 2005. Debutó en la selección mayor a finales de las eliminatorias y se acopló de inmediato. La prensa argentina lo elogió mucho. No es Maradona, pero es mejor que Tévez (¡quien ya sabemos es muy bueno!). Según Peckerman, "es un fenómeno, una joya. Nos va a dar muchas alegrías." No lo pierda de vista.

**COMENTARIO** Mi querida Albiceleste va a salir Campeona porque la final es el día de mi cumpleaños. Ese es el único regalo que deseo. Y

tenemos con qué lograrlo. Un gran técnico y un equipo balanceado de vieja guardia (Ayala, Zanetti, Sorín, Crespo, Aimar) y jóvenes talentosos (Messi, Tévez, Riquelme, Rodríguez, Demichellis, Cambiasso, Mascherano). ¿Qué más necesitamos? … ¡Ah! Buena suerte. De eso no sé si tengamos mucho. Para empezar nos tiraron al grupito de la muerte, pero ya verán. No nos parará nadie hasta el 9 de julio en la gran final de Berlín (ni siquiera Brasil, quien nos debe dos, una por la Copa América y otra por la Confederaciones). ¡Vamos, Argentina, carajo!

# BRASIL

*RANKING* **DE LA FIFA**  Número 1

**¿CÓMO LLEGÓ?**  Quedó primero en Sudamérica
(por primera vez en la historia el Campeón tuvo
que participar en las eliminatorias).

**HISTORIA**  Decimoctavo Mundial (Único país en jugar todos los
Mundiales). Pentacampeón del Mundo: Suecia 58, Chile 62, México
70, USA 94 y Corea/Japón 2002. Subcampeón en Brasil 50 y Francia
98. Tercero en Francia 38 y Argentina 78. Anfitrión en 1950.

**ÚLTIMO MUNDIAL**  Corea/Japón 2002: Campeón.

**RIVALES 2006**  Grupo F: Australia, Japón y Croacia

**TÉCNICO**  Carlos Alberto Parreira (DT desde el 2002. Es su quinta
Copa. Dirigió a Brasil, Campeón de USA 94, a Kuwait en España 82,
Emiratos Árabes en Italia 90 y Arabia Saudita en Francia 98).

**ESTRELLAS**  ¿Por dónde empiezo?
 • Ronaldo (delantero, Real Madrid, 10 goles en las eliminatorias,
   cuarto Mundial, suplente en el 94)

- Ronaldinho (delantero, Barcelona, segundo Mundial)
- Roberto Carlos (defensa, Real Madrid, cuarto Mundial)
- Cafú (defensa, Milán, cuarto Mundial)
- Kaká (delantero, Milán, segundo Mundial, primero como titular)

**¡OJO CON ESTE MUCHACHO!** ADRIANO: Ya lo conocemos de la Copa América, el Inter y la Copa Confederaciones. Tiene veinticuatro años y es un goleador extraordinario, fuerte, alto, con un cañón en ambas piernas. Anotó 6 goles en las eliminatorias. Tal vez no será el máximo goleador en Alemania porque hay mucha competencia (incluso dentro de su propio equipo), pero seguramente nos deleitará con un par de goles históricos. No se los pierda. ¡Prepare su grabadora!

**COMENTARIO** Los Pentacampeones llegan como favoritos absolutos. Ronaldinho es el mejor futbolista del planeta y hay varios jóvenes muy ambiciosos. ¡Pero cuidado! Cada vez que esto ocurre, no ganan el Mundial. Les pasó en España 82, México 86, Italia 90 y Francia 98. Por el contrario, en el 2002 no eran favoritos y ya sabemos qué pasó. Están en un grupo cómodo y deben avanzar sin problemas. Sin embargo, ya Pelé se los advirtió, "mucho cuidado con la complacencia."

Los Treinta y Dos Países Participantes

# ECUADOR

*RANKING* **DE LA FIFA** Número 37

**¿CÓMO LLEGÓ?** Quedó tercero en Sudamérica (detrás de Brasil y Argentina).

**HISTORIA** Segundo Mundial.

**ÚLTIMO MUNDIAL** Corea/Japón 2002: No pasó de la primera ronda (le ganó a Croacia pero perdió con Italia y México).

**RIVALES 2006** Grupo A: Alemania, Costa Rica y Polonia

**TÉCNICO** Luis Fernando Suárez (DT desde el 2004. Ex jugador colombiano. Fue asistente de Pacho Maturana. Ex DT del Pereira, Cali, Tolima y Campeón con el Nacional de Medellín. En Ecuador dirigió el Aucas de Quito y la selección en la Copa América 97).

**ESTRELLAS**
* Ivan Hurtado (Capitán, defensa, Al Arabi de Qatar)
* Agustín "Tin" Delgado (delantero, Barcelona de Ecuador, 5 goles en las eliminatorias)
* Ulises de la Cruz (defensa, Aston Villa)
* Edison Méndez (delantero, anotó 5 goles en las eliminatorias)

**¡OJO CON ESTE MUCHACHO!** CHRISTIAN LARA: Heredó el 10 de la camiseta de Alex Aguinaga en la selección, algo que le pone presión pero lo llena de orgullo. Y no le queda grande. En las eliminatorias le tocó debutar en la victoria frente a Argentina, anotando el primer gol

y participando en el segundo. Tiene veintiséis años y ya es la estrella de su equipo, El Nacional, donde lo llaman "Larita" y lo comparan con Robinho por su estatura, 1.62 m. Es inteligente, rápido y creativo. Su sueño es triunfar en Argentina, México o Europa. Aprovechará el Mundial para mostrar su talento.

**COMENTARIO** La altura de Quito los ayudó a clasificarse. Allí nunca perdieron y derrotaron a Brasil y Argentina. Vamos a ver cómo les va al nivel del mar en Alemania. Son rápidos, se desplazan con soltura y se defienden bien. Superaron en la tabla de posiciones a Colombia, Uruguay y Chile. Sus cuatro grandes figuras, Hurtado, De la Cruz (atrás), Méndez (medio) y Delgado (adelante), ya tienen experiencia mundialista y nadie los va a intimidar. Junto a ellos están los prospectos Luis Valencia, Franklin Salas y "Larita." La Tricolor está en un grupo muy difícil, donde cualquier cosa puede pasar. Pero puede sorprender con su fútbol alegre y efectivo que ha mejorado notablemente en los últimos cinco años.

# PARAGUAY

**RANKING DE LA FIFA** Número 30

**¿CÓMO LLEGÓ?** Quedó cuarto en Sudamérica.

**HISTORIA** Séptimo Mundial. Avanzó a octavos de final en Francia 98 y Corea/Japón 2002.

**ÚLTIMO MUNDIAL** Corea/Japón 2002: clasificó a la segunda ronda, eliminado por Alemania 1–0.

**RIVALES 2006** Grupo B: Inglaterra, Suecia y Trinidad y Tobago

**TÉCNICO** Aníbal "Maño" Ruíz (DT desde el 2002. Uruguayo. Fue DT de la selección de El Salvador, el Olimpia de Paraguay, el Nacional de Uruguay, y en México, el Necaxa, Tecos, Veracruz, Puebla, León y Correcaminos).

**ESTRELLAS**
* José Saturnino Cardozo (delantero, San Lorenzo, tercer Mundial, 7 goles en las eliminatorias)
* Carlos Gamarra (defensa, Palmeiras, tercer Mundial)
* Roberto Acuña (medio, La Coruña, tercer Mundial)
* Roque Santa Cruz (delantero, Bayern Munich, segundo Mundial)

**¡OJO CON ESTE MUCHACHO!** NELSON HAEDO: Delantero de veintitrés años, la nueva promesa del fútbol paraguayo. A los dieciocho años se lo llevaron a Alemania, al Werder Bremen, donde juega hoy. Fue estrella de la selección guaraní del Mundial Juvenil del 2003. Es rapidísimo y tiene un excelente olfato de gol (como dicen los expertos). Le dieron la oportunidad con la selección mayor a fines de las eliminatorias y sorprendió a todos. Recuerde bien su nombre, Haedo.

**COMENTARIO** La selección Albiroja de Paraguay viene a mejorar su papel de los últimos dos Mundiales, donde avanzó a la segunda ronda, pero fue eliminada por un gol. Quedó cuarta en Sudamérica con una combinación de jugadores veteranos y jóvenes de la selección olímpica que ganó la medalla de plata en Atenas 2004 (entre ellos dos excelentes medios: Julio Dos Santos y Edgar Barreto). El veteranísimo "Maño" va a necesitar todas su "mañas" para guiar a los guaraníes en un grupo que se las trae. Y como Pepe Cardozo juega su último Mundial, quiere despedirse con broche de oro. Ojalá tenga buena puntería. ¡Cuidado con Paraguay!

# NORTE, CENTROAMÉRICA Y EL CARIBE

## COSTA RICA · ESTADOS UNIDOS
## MÉXICO · TRINIDAD Y TOBAGO

# COSTA RICA

**RANKING DE LA FIFA** Número 21

**¿CÓMO LLEGÓ?** Quedó tercero en el Hexagonal final de CONCACAF (detrás de EE.UU. y México).

**HISTORIA** Tercer Mundial. Avanzó a la segunda ronda en Italia 90, eliminado por Checoslovaquia 4–1.

**ÚLTIMO MUNDIAL** Corea/Japón 2002: Se quedó en la primera ronda.

**RIVALES 2006** Grupo A: Alemania, Ecuador y Polonia

**TÉCNICO** Alexandre Borge Guimaraes (DT desde el 2005. Dirigió a Costa Rica en Corea/Japón 2002. Fue DT del Saprissa y del Irapuato y Dorados de México. Nació en Brasil. Jugó con Costa Rica en Italia 90).

**ESTRELLAS**

- Paulo César Wanchope (delantero, máximo goleador de la selección, 8 goles en las eliminatorias, será su último Mundial)
- Dany Fonseca (medio, primer Mundial)
- Ronald Gómez (delantero, Saprissa, segundo Mundial)
- Walter Centeno (medio, Saprissa, segundo Mundial)

**¡OJO CON ESTE MUCHACHO!** ALVARO SABORIO: Goleador nato, veinticuatro años, delantero del Saprissa. Fue el máximo goleador de la temporada 2004 del fútbol tico, con 25 goles. En la del 2005 anotó más de 15. En los cinco años que lleva de profesional, ha anotado casi 100 goles. Después de Wanchope, es el mejor goleador que ha

dado Costa Rica en los últimos años. Anotó 3 en las eliminatorias. Alemania es su primer Mundial y de él se espera mucho. La presión, sin embargo, no le debe afectar. Ya jugó en los Olímpicos de Atenas 2004 y el Mundial de Clubes 2005. Préstele atención porque va a llegar muy lejos.

**COMENTARIO** La meta de la Tricolor tica es repetir el éxito de Italia 90, cuando debutaron y fueron la gran sorpresa. Derrotaron a Escocia y Suecia y avanzaron a la segunda ronda. En Corea/Japón, Costa Rica volvió a impresionar con su fútbol rápido y organizado. No avanzaron por diferencia de goles con los turcos, quienes terminaron terceros en el torneo. El grupo que les tocó está complicado, pero con Wanchope jugando su último Mundial, y con Fonseca, Gómez, Centeno y Saborío pasando por el mejor momento de sus carreras, creo que los ticos traen suficiente inspiración para emular lo de Italia. Mucha suerte y . . . ¡pura vida!

# ESTADOS UNIDOS

**RANKING DE LA FIFA** Número 8

**¿CÓMO LLEGÓ?** Ganó el Hexagonal final de la CONCACAF (arriba de México y Costa Rica).

**HISTORIA** Octavo Mundial. Llegó a semifinales en Uruguay 30 y a cuartos de final en Corea/Japón 02. Anfitrión en 1994.

**ÚLTIMO MUNDIAL** Corea/Japón 2002: Llegó a cuartos de final después de eliminar a México. Fue eliminado por Alemania.

**RIVALES 2006** Grupo E: Italia, la República Checa y Ghana

**TÉCNICO** Bruce Arena (DT desde 1999. Ex DT del DC United de la MLS, dos veces Campeón. Será su segundo Mundial).

**ESTRELLAS**
- Claudio Reyna (Capitán, medio, Manchester City, tercer Mundial)
- Landon Donovan (delantero, Galaxy de L.A., segundo Mundial)
- Brian McBride (delantero, Fulham, tercer Mundial)
- DaMarcus Beasley (delantero, PSV Eindhoven, segundo Mundial)

• Kasey Keller (portero, Borussia Monchengladbach de Alemania, cuarto Mundial, sólo jugó de titular en Francia 98)

**¡OJO CON ESTE MUCHACHO!** OGUCHI ONYEWU: Sangre nigeriana y temple de acero. Defensa del Standard Liege de Bélgica, 2 metros de altura (6'4") y tiene veinticuatro años. Juega con calma demostrando su gran talento. Se destacó en la Sub-17 y la Sub-20 de EE.UU. En el 2002 fue contratado por el Metz de Francia, y en el 2004 se fue a Bélgica, donde es uno de los mejores defensas de la primera división. El "Gooch" (así lo llaman) captó la atención de Arena y fue titular en la Copa Oro 2005. Probablemente lo será en Alemania. No lo pierda de vista.

**COMENTARIO** Es la quinta participación seguida de los "gringuitos." Y como dice el dicho, "no hay quinto malo." Si es mejor que el cuarto (cuando casi eliminan a Alemania en cuartos de final) este Mundial será histórico para el Team USA. Hace doce años ni liga profesional tenían ¡y ya son octavos en el planeta! La MLS se fortalece cada año y varias de sus estrellas juegan en Europa (Reyna en Manchester City, Lewis en Leeds United, Beasley en PSV Eindhoven, McBride y Bocanegra en el Fulham, Keller en el Borussia). Tienen un grupo duro, pero al parecer no hay nada que el *soccer* norteamericano se proponga que no pueda lograr. ¡Que se preparen Italia y la República Checa! *Go USA!*

# MÉXICO

**RANKING DE LA FIFA** Número 7

**¿CÓMO LLEGÓ?** Segundo en el Hexagonal final de la CONCACAF.

**HISTORIA** Decimotercer Mundial. Llegó a cuartos de final en México 70 y México 86. Anfitrión en 1970 y 1986.

**ÚLTIMO MUNDIAL** Corea/Japón 2002: Eliminado en octavos de final por los EE.UU.

**RIVALES 2006** Grupo D: Irán, Angola y Portugal

**TÉCNICO** Ricardo Lavolpe (DT desde el 2003. Argentino. Ex DT de Toluca, Chivas, América, Puebla, Atlas y Atlante. Como jugador, fue portero del Atlante y de la selección argentina en Argentina 78).

**ESTRELLAS**
- Rafa Márquez (defensa, Barcelona)
- Oswaldo Sánchez (arquero, Chivas, primer Mundial de titular)
- Jared Borgetti (delantero, Bolton, 14 goles en las eliminatorias)
- Cuauhtémoc Blanco (delantero, América, tercer Mundial)
- Guille Franco (delantero, Monterrey, nació en Argentina)

**¡OJO CON ESTE MUCHACHO!** JAIME LOZANO: A pesar de una lesión, dejó su huella en las eliminatorias como una gran promesa del fútbol mexicano. "El Jimmy," vientisiete años, medio de los Tigres de Monterrey, demostró talento y soltura (y un tiro libre mortal). Anotó 11 goles, segundo mejor goleador del Tri. Es favorito de Lavolpe, quien lo hizo titular en la Copa América y en la Copa Confederaciones, donde jugó muy bien. Esta experiencia lo ayudará a brillar en Alemania.

**COMENTARIO** Lavolpe dijo que clasificaría a México al Mundial y cumplió. No sin dejar atrás un lastre de polémicas que muchos quisieran olvidar (todos menos Hugo Sánchez, principal opositor de tener un extranjero como técnico). Lavolpe probó a los mejores jugadores del patio (en especial jóvenes y algunos naturalizados) y armó el mejor equipo posible. Anotaron 22 goles y terminaron segundos en el grupo (detrás de EE.UU. pero con la misma puntuación). A la hora del sorteo, la FIFA los nombró cabeza de la serie, primera vez en su historia. Eso les aseguró un grupo "fácil." México avanzará a la segunda ronda sin problemas, siempre y cuando haga lo que sabe hacer en la cancha y no se deje llevar por la confianza. Si no, Hugo se dará banquete.

# TRINIDAD Y TOBAGO

**RANKING DE LA FIFA** Número 51

**¿CÓMO LLEGÓ?** Ganó el repechaje contra Bahrein, de la zona asiática.

**HISTORIA** Primer Mundial

**ÚLTIMO MUNDIAL** Debutante

**RIVALES 2006** Grupo B: Inglaterra, Paraguay y Suecia

**TÉCNICO** Leo Beenhakker (DT desde el 2004. Ex DT de Holanda en Italia 90 y de Arabia Saudita camino a USA 94. Ex DT del Ajax, Feyenoord, Real Madrid, Real Zaragoza, el América y las Chivas).

**ESTRELLAS**
- Dwight Yorke (capitán, delantero, Sydney FC, Australia, jugó con Manchester United, Aston Villa y Birmingham City)
- Russell Latapy (medio, treinta y ocho años, Falkirk de Escocia, jugó con Porto y Boavista de Portugal y los Rangers de Glasgow,

estaba retirado de competencias internacionales y le rogaron para que regresara)
- Stern John (delantero, Coventry City, Inglaterra, jugó con el Columbus Crew de la MLS, líder goleador de la liga en el 98, anotó 12 goles en las eliminatorias, segundo después de Borgetti)

**¡OJO CON ESTE MUCHACHO!** CHRIS BIRCHALL: Medio, veintidós años, del Port Vale de la segunda división inglesa. Nacido en Inglaterra, de madre trinitaria, es el único jugador de raza blanca de la selección. Juega bien por la punta derecha y posee un excelente disparo de larga distancia. Ya ha anotado varios goles de esa forma para la selección desde que debutó en el 2005. Uno de esos golazos fue el del empate ante Bahrein en el primer juego del repechaje.

**COMENTARIO** Beenhakker será adorado en estas islas caribeñas por el resto de su vida. Logró lo imposible: clasificarlos al Mundial. Les costó, pero lo lograron. Terminaron cuartos en la CONCACAF y eso les dio derecho al repechaje con una país asiático (Bahrain), a quien vencieron y sacaron el boleto. Ya se puede imaginar el carnaval que se armó en las calles de Trinidad y Tobago. La fiesta todavía continúa porque para ellos este Mundial será precisamente éso, una fiesta. Vienen a divertirse porque no tienen nada que perder y mucho que ganar. Podrían echarle una broma a Inglaterra o a Suecia (no creo que puedan con Paraguay).

# EUROPA

### ALEMANIA · CROACIA · ESPAÑA · FRANCIA HOLANDA · INGLATERRA · ITALIA · POLONIA PORTUGAL · REPÚBLICA CHECA · SERBIA Y MONTENEGRO · SUECIA · SUIZA · UCRANIA

# ALEMANIA

*RANKING* **DE LA FIFA** Número 16

**¿CÓMO LLEGÓ?** Anfitrión

**HISTORIA** Decimosexto Mundial. Tricampeón Mundial: Suiza 54, Alemania 74 e Italia 90. Subcampeón en Inglaterra 66, España 82, México 86 y Corea/Japón 2002. Anfitrión en 1974.

**ÚLTIMO MUNDIAL** Corea/Japón 2002: Subcampeón, perdió 2–0 con Brasil.

¡Vamos al Mundial!

**RIVALES 2006** Grupo A: Costa Rica, Polonia y Ecuador

**TÉCNICO** Jurgen Klinsmann (DT desde el 2003. Ex estrella y goleador de la selección. Debuta como DT en un Mundial)

**ESTRELLAS**
- Michael Ballack (capitán, medio, Bayern Munich)
- Lukas Podolski (delantero, FC Colonia, polaco-alemán)
- Miroslav "Miro" Klose (delantero, Bremen, polaco-alemán)

**¡OJO CON ESTE MUCHACHO!** BASTIAN SCHWEINSTEIGER:

Habilidoso medio de Bayern Munich, veinte años, muy popular y querido en toda Alemania, lo llaman "Basti." Debutó exitosamente en la Eurocopa 2004. Mostró su talento en la Copa Confederaciones 2005. Póngale el ojo porque debe irle muy bien jugando en su propia casa.

**COMENTARIO** La Alemania del 2006 no es la misma del 74, el 86 o el 90 cuando salió Campeona del Mundo. Sus nuevas figuras no se comparan con los Beckenbauers, Mullers, Sellers, Rummenigges de aquel entonces. Además, van a jugar con una gran presión del público y la prensa, a quienes aún no han convencido de su poder. Pero todos sabemos que Alemania es Alemania y jugando en casa, va a ser difícil vencerlos (sobre todo en la primera ronda). Ahora bien . . . ¿ganarán el Mundial? Los campeones necesitan suerte y Alemania siempre la ha tenido. Yo no los descartaría.

# CROACIA

***RANKING* DE LA FIFA** Número 20

**¿CÓMO LLEGÓ?** Ganó el Grupo 8 (superó a Suecia, Bulgaria y Hungría).

**HISTORIA** Tercer Mundial. Debutó en Francia 98 y quedó tercero. Su estrella Davor Suker fue el máximo goleador.

**ÚLTIMO MUNDIAL** Corea/Japón 2002: No pasó de la primera ronda, perdió con México y Ecuador.

**RIVALES 2006** Grupo F: Brasil, Australia y Japón

**TÉCNICO** Zlatko Kranjcar (DT desde el 2004. Ex jugador de la antigua Yugoslavia. Debuta como DT en este Mundial).

**ESTRELLAS**
- Los hermanos Niko (capitán, medio, Hertha Berlin) y Robert Kovac (defensa, Juventus) nacidos en Alemania.
- Dado Prso (delantero, Rangers)
- Josip "Joe" Simunic (defensa central, Hertha Berlin)
- Igor Tudor (defensa, Siena)

**¡OJO CON ESTE MUCHACHO!** DARIJO SRNA: Suena a "Darío Serna" ¿no? Tiene veintitrés años, lateral derecho, desequilibrante y además, goleador. Anotó 5 goles en las eliminatorias. Es excelente subiendo por la banda, al estilo Roberto Carlos. Juega en la liga de Croacia (en el Shakhtar Donetsk). No olvide su nombre.

**COMENTARIO** El equipo de la camiseta de cuadros no es tan bueno como el de Francia 98, con Sukor a la cabeza, pero clasificó invicto en su Grupo 8 de Europa, lo cual me hace pensar que mejorará su actuación de Corea/Japón. Su mejor atributo es la defensa. El técnico Kranjcar, muy querido y respetado en Croacia, tomó el equipo después del fracaso en la Eurocopa 2004 y lo clasificó al Mundial. Su hijo Niko Kranjcar (medio) también juega en la selección. Avanzará a la segunda ronda, pese a estar en un grupo difícil, pero dudo que siga más adelante.

# ESPAÑA

**RANKING DE LA FIFA** Número 6

**¿CÓMO LLEGÓ?** Ganó el repechaje contra Eslovaquia (quedó segundo en el Grupo 7 detrás de Serbia y Montenegro, arriba de Bélgica y Bosnia-Herzegovina).

**HISTORIA** Décimosegundo Mundial. Quedó cuarto en Brasil 1950. Fue anfitrión en 1982.

**ÚLTIMO MUNDIAL** Corea/Japón 2002: Eliminado en cuartos de final por Corea en los penales.

**RIVALES 2006** Grupo H: Ucrania, Túnez y Arabia Saudita

**TÉCNICO** Luis Aragonés (DT desde el 2004. Ex jugador y ex DT del At. de Madrid, Real Madrid, Barcelona, Espanyol, Valencia, Betis, Sevilla y Mallorca. Debuta como DT en un Mundial).

**ESTRELLAS**
- Raúl (Raúl González) (capitán, delantero, Real Madrid)
- Carles Puyol (defensa, Barcelona)
- Xavi Hernández (medio, Barcelona)

• Fernando Morientes (delantero, Liverpool)
• Guti (José María Gutiérrez) (delantero, Real Madrid)

**¡OJO CON ESTE MUCHACHO!** FERNANDO TORRES: veintiún años, atacante del Atlético de Madrid. Es el delantero español con más futuro en este momento. Rápido, fuerte, inteligente y habilidoso. Es diestro, pero usa muy bien la zurda. Fue el goleador de la selección en las eliminatorias con 7 goles. El mismo DT Aragonés dice que "nunca hace un gol igual a otro". No lo pierda de vista porque seguramente se lucirá en Alemania.

**COMENTARIO** La Furia Roja se clasificó angustiosamente, a pesar de no perder un sólo partido. Tampoco ganó muchos: seis victorias y seis empates. Tuvieron que ir al repechaje contra Eslovaquia para ganarse el boleto (en el partido de ida ganaron 5–0 y otro jovencito prometedor, Luis García del Liverpool, anotó 3 goles). Según Aragonés, España va a Alemania a ganar la Copa. ¡Enhorabuena, tío! Para ello necesitará la suerte que nunca ha tenido en los Mundiales (y a Xavi en la media cancha, quien se recupera de una operación en la rodilla). ¿Será este el año de España? Yo no creo, pero ojalá. Todos los latinoamericanos lo celebraríamos con orgullo (no empezó mal; le tocó un buen grupo).

# FRANCIA

**RANKING DE LA FIFA** Número 5

**¿CÓMO LLEGÓ?** Ganó invicto el Grupo 4 (por encima de Suiza, Israel e Irlanda).

**HISTORIA** Decimoprimer Mundial. Campeón en Francia 98. Fue anfitrión dos veces: 1938 y 1998.

**ÚLTIMO MUNDIAL** Corea/Japón 2002: Eliminada en la primera ronda sin ganar y sin anotar goles ¡un desastre!

**RIVALES 2006** Grupo G: Suiza, Corea y Togo

**TÉCNICO** Raymond Doménech (DT desde el 2004. Ex estrella y ex DT del Olimpique de Lyon. Primer Mundial como técnico).

**ESTRELLAS**
- Zinedine Zidane (capitán, medio, Real Madrid)
- Claude Makelele (medio, Chelsea)
- David Trezeguet (delantero, Juventus)
- Thierry Henry (delantero, Arsenal)

**¡OJO CON ESTE MUCHACHO!** JEAN-ALAIN BOUMSONG: Considerado heredero del gran capitán y defensa central de Francia,

Marcel Desailly. Nació en Camerún, veintisiete años. Debutó en la Eurocopa 2004 y actualmente juega en el Newcastle de Inglaterra. Es fuerte, ágil y elegante, un *stopper* natural. Se ganó el puesto de titular al final de las eliminatorias. El escenario del Mundial lo va a inspirar.

**COMENTARIO** *Les Bleus* quieren y *tienen* que redimirse ante su público, el mismo que se enloqueció con ellos en el 98. La Francia del 2006 es una mezcla de veteranos (Zidane, Vieira, Makelele, Thuram, Henry y Trezeguet) y caras nuevas: William Gallas (Chelsea), Jean-Alain Boumsong (Newcastle), Willy Sagnol (Bayern Munich), Vikash Dhorasoo (Milán) y Florent Malouda (Lyon). Todos buscan un lugar en la gloriosa historia del fútbol galo, donde nació el Mundial. Se clasificaron invictos pero con muchos empates (cinco) y pocos goles (14 en diez juegos), en un grupo relativamente fácil. Sus dos goleadores principales, Henry y Trezeguet golean sin dificultad en sus respectivos clubes, pero en la selección les falla la puntería. ¿Les mejorará en Alemania? Más les vale, si no quieren irse por el mismo callejón de Corea/Japón. De ellos depende que Francia no repita el bochorno.

# HOLANDA

**RANKING DE LA FIFA** Número 3

**¿CÓMO LLEGÓ?** Ganó invicto el Grupo 1 (por encima de la República Checa, Rumania y Finlandia).

**HISTORIA** Octavo Mundial. Subcampeón en Alemania 74 y Argentina 78. Cuarto en Francia 98.

**ÚLTIMO MUNDIAL** Francia 98: Quedó cuarto, perdió con Croacia 2–1.

**RIVALES 2006** Grupo C: Argentina, Côte d'Ivoire y Serbia y Montenegro

**TÉCNICO** Marco van Basten (DT desde el 2004. Ex estrella de la selección, el Ajax y el Milán. Varias veces nombrado mejor futbolista de Europa y del Mundo. Primer Mundial como DT).

**ESTRELLAS**
- Ruud van Nistelrooy (delantero, Manchester United, anotó 7 goles en las eliminatorias)
- Edgar Davids (medio, Tottenham)
- Roy Makaay (delantero, Bayern Munich)
- Phillip Cocu (defensa, PSV Eindhoven)

**¡OJO CON ESTE MUCHACHO!** RAFAEL VAN DER VAART: Es uno de los mejores prospectos del fútbol holandés en este momento. Es un versátil armador, veintitrés años, juega en el Hamburgo. Salió de las filas del Ajax, donde lo comparan con Cruyff y Bergkamp. Es uno de los favoritos de Marco van Basten (junto con Robin van Persie, delantero del Arsenal) y forma una ofensiva peligrosísima con el superestrella Ruud van Nistelrooy.

**COMENTARIO** La nueva Naranja Mecánica llega igual que Francia: necesita reivindicarse ante el mundo después de no ir a Corea/Japón. Clasificó invicta en un grupo difícil. Permitieron apenas 3 goles y anotaron 27, el tercer mejor *average* de la eliminatoria europea (después de Portugal y Suecia). Van Basten basa su selección en jóvenes habilidosos como Robin van Persie (Arsenal), Rafael van der Vaart y Khalid Boulahrouz (Hamburgo), Wesley Sneijder (Ajax) y Arjen Robben (Chelsea). Holanda es definitivamente una de las favoritas a ganar la Copa. Primero, sin embargo, tiene que avanzar en el Grupo C, el más duro de este Mundial, donde se verá nuevamente la cara con Argentina.

# INGLATERRA

**RANKING DE LA FIFA** Número 9

**¿CÓMO LLEGÓ?** Ganó el Grupo 6 (arriba de Polonia, Austria e Irlanda).

**HISTORIA** Duodécima Copa. Campeón en Inglaterra 66, cuarto en Italia 90. Anfitrión en 1966.

**ÚLTIMO MUNDIAL** Corea/Japón 2002: eliminado en cuartos de final por Brasil 2–1.

**RIVALES 2006** Grupo B: Paraguay, Trinidad y Tobago y Suecia

**TÉCNICO** Sven-Goran Eriksson (DT desde el 2001. Sueco. Ex DT del Benfica, Roma, Fiorentina, Sampdoria y Lazio. Segundo Mundial como DT).

**ESTRELLAS**
- David Beckham (capitán, medio, Real Madrid)
- Michael Owen (delantero, Newcastle)
- Rio Ferdinand (defensa central, Manchester United)
- Frank Lampard (medio, Chelsea, 5 goles en las eliminatorias)

**¡OJO CON ESTE MUCHACHO!** WAYNE ROONEY: No es un secreto que este chico de veintiún años, delantero del Manchester United, es bueno de verdad. Desde que debutó en la selección en el 2003 con diecisiete años, ha sido una sensación (tal como Pelé en el 58, con la misma edad). Es fuerte, explosivo y potente en el remate, el jugador más joven en debutar con Inglaterra. Anotó 4 goles en la Eurocopa del 2004. Si todo le sale bien, este Mundial verá su coronación como la máxima estrella del fútbol inglés.

**COMENTARIO** Con Rooney y Owen adelante, Lampard en el medio y Ferdinand atrás (y si Beckham se pone las pilas) Inglaterra tiene con qué ganar el Mundial. Ahora bien, siempre le falta lo que le sobra a Alemania, suerte. Eriksson, quien se enfrentará a sus compatriotas en la primera ronda, ha renovado el equipo con gente joven: el central John Terry (veintiséis, Chelsea), el medio Joe Cole (veinticinco, Chelsea) y el puntero Jermain Defoe (24, Tottenham). Como resultado, clasificó primero en su grupo. Pero sabemos lo exigente que es el público inglés. Como allí se inventó el fútbol, siempre quieren ser los mejores. No es tan fácil. Para Inglaterra, nunca lo ha sido. Esta vez será diferente. Le tocó un buen grupo y probablemente cambie su suerte (siempre y cuando no se topen con Brasil o Argentina, por supuesto).

# ITALIA

**RANKING DE LA FIFA** Número 12

**¿CÓMO LLEGÓ?** Ganó el Grupo 5 (superando a Noruega, Escocia y Eslovenia).

**HISTORIA** Decimosexto Mundial. Tricampeón del mundo: Italia 34, Francia 38 y España 82. Subcampeón en México 70 y USA 94. Anfitrión en 1934 y 1990.

**ÚLTIMO MUNDIAL** Corea/Japón 2002: Eliminada con Gol de Oro en octavos de final por Corea 2–1.

**RIVALES 2006** Grupo E: Ghana, Estados Unidos y la República Checa

**TÉCNICO** Marcello Lippi (DT desde el 2004. Ex DT de Juventus, cinco veces Campeón de Italia, Campeón de Europa e Intercontinental).

**ESTRELLAS**
- Francesco Totti (delantero, Roma)
- Alessandro Nesta (defensa central, Milán)
- Christian Vieri (delantero, Milán)
- Alessandro del Piero (delantero, Juventus)

**¡OJO CON ESTE MUCHACHO!** LUCA TONI: No es tan muchacho que digamos. Tiene veintinueve años, pero nunca jugó un Mundial. Es el mejor goleador italiano en una liga plagada de extranjeros. En el Fiorentina lo comparan con Batistuta. Al igual que "Batigol" en el 94, él también debutó anotando goles: 13 en dieciséis partidos. Por él le pagaron 10 millones de euros al Palermo (donde anotó 30 goles en el 2003). En las eliminatorias, anotó 4 goles, el mejor de la selección. Si la racha goleadora lo acompaña, será otro Rossi, Schilaci o Baggio, quienes por si solos llevaron a Italia a la gran final. Esté pendiente por si se da el *miracolo* nuevamente.

**COMENTARIO** La famosa escuadra *Azzurra* llega, como siempre, favorita. Adelante tiene a los veteranos Totti, Vieri y del Piero, además de Luca Toni y dos jóvenes con gran futuro: Antonio Cassano (veinticuatro, Roma) y Alberto "il Gila" Gilardino (veinticuatro, Milán). La defensa sigue siendo sólida, como es la tradición italiana, y en la media hay un caballito luchador, nacido en Argentina, Mauro Camoranesi (Juventus), el mismo que jugó en Cruz Azul. El

espíritu triunfador del Lippi se enfrentará a una prueba de fuego en Alemania, especialmente en la primera ronda, donde le tocó un grupo muy difícil. ¿Se impondrá? Yo creo que sí. Italia va a montar un gran *show* buscando el Tetracampeonato.

# POLONIA

**RANKING DE LA FIFA** Número 23

**¿CÓMO LLEGÓ?** Fue uno de los dos mejores segundos de Europa (detrás de Inglaterra y por encima de Austria e Irlanda en el Grupo 6).

**HISTORIA** Sexto Mundial. Quedó tercero en Alemania 74 y España 82.

**ÚLTIMO MUNDIAL** Corea/Japón 2002: eliminado en la primera ronda.

**RIVALES 2006** Grupo A: Alemania, Costa Rica y Ecuador

**TÉCNICO** Pawel Janas (DT desde el 2002. Ex jugador de la selección. Jugó en España 82. Fue DT de Polonia en los Olímpicos del 92. Primer Mundial como DT).

**ESTRELLAS**
- Maciej Zurawski (delantero, Celtic, anotó 7 goles en las eliminatorias)
- Tomas Frankowski (medio, Elche, anotó 7 goles en las eliminatorias)
- Kamil Kosowski (medio, FC Kaiserslautern)
- Jerzy Dudek (arquero, Liverpool)

**¡OJO CON ESTE MUCHACHO!** EUZEBIUSZ SMOLAREK, "EBI": Medio ofensivo, veinticinco años, del Borussia de Dortmund, Alemania. Bastante experimentado para su edad. Empezó su carrera profesional en el 2000 con el Feyernoord de Holanda, donde jugó cuatro temporadas antes de jugar en Dortmund. Su padre también fue jugador de la selección polaca (Wlodzimierz Smolarek). Es el mejor prospecto de una selección con pocas figuras jóvenes.

**COMENTARIO** Terminó las eliminatorias de segunda en un grupo débil, a un punto del ganador, Inglaterra. Pero eso le alcanzó para entrar al Mundial como uno de los dos mejores segundos lugares de toda la clasificación. Solo perdió dos partidos y fue uno de los mejores goleadores. Anotó 27 goles en diez partidos. Pero desde la época de Lato en los años setenta, cuando quedó tercera en 2 Campeonatos Mundiales, Polonia no ha sido la misma. Sus mejores jugadores de hoy, todos promediando los treinta años, no se comparan con las estrellas del pasado. Yo dudo que Polonia pueda hacer un buen papel en Alemania. Se quedará en la primera ronda del Grupo A.

# PORTUGAL

**RANKING DE LA FIFA** Número 10

**¿CÓMO LLEGÓ?** Ganó invicto el Grupo 3 (superando a Eslovaquia, Rusia y Estonia).

**HISTORIA** Cuarto Mundial. Quedó tercero en Inglaterra 66, donde Eusebio fue el máximo goleador.

**ÚLTIMO MUNDIAL** Corea/Japón 2002: eliminado en la primera ronda, perdió con EE.UU. 3–2 y con Corea 1–0.

**RIVALES 2006** Grupo D: México, Irán y Angola

**TÉCNICO** Luiz Felipe Scolari, "Felipao" (DT desde el 2003. Brasileño. Ganó el Mundial de Corea/Japón 2002 como DT de Brasil. Subcampeón de la Eurocopa 2004 como DT de Portugal).

**ESTRELLAS**
- Luis Figo (medio, Inter de Milán)
- Rui Costa (medio, Milán)

• Pauleta (Pedro Miguel Carreiro Resendes) (delantero, Paris St-Germain, máximo goleador en la eliminatoria europea, 11 goles)
• Deco (Anderson de Sousa) (medio, Barcelona, nació en Brasil)

**¡OJO CON ESTE MUCHACHO!** CRISTIANO RONALDO: Como será de bueno este portuguesito de veintiún años, que el Manchester United lo contrató para reemplazar a Beckham cuando éste se fue al Real Madrid. Es un medio muy habilidoso con el balón, a veces espectacular. En las eliminatorias anotó 7 goles, segundo en la selección después de Pauleta. Se destacó con Portugal en la Eurocopa y los Olímpicos del 2004. Le aseguro que en Alemania lo hará otra vez y se erigirá como la nueva gran estrella del fútbol portugués.

**COMENTARIO** Portugal fue el equipo más goleador de la zona europea con 35 goles en doce partidos. Sólo recibieron 5. Excelente para un

equipo que debió ser Campeón de la Eurocopa 2004 jugando en casa, pero se dejó ganar en la final por Grecia, que ni siquiera clasificó para Alemania. "Felipao" sabe lo que es jugar un Mundial (y ganarlo). La experiencia le será muy útil en esta Copa. Si inspira a sus pupilos tal como inspiró a sus compatriotas hace cuatro años, Portugal va a llegar lejos. No va a ser Campeón, pero dará sorpresas. Avanzará con México en el Grupo D y borrará el fracaso de Corea/Japón. Téngalo por seguro.

# REPÚBLICA CHECA

**RANKING DE LA FIFA**  Número 2

**¿CÓMO LLEGÓ?**  Eliminó a Noruega en la repesca (quedó segundo en el Grupo 1, debajo de Holanda, arriba de Rumania y Finlandia).

**HISTORIA**  Primer Mundial (Como Checoslovaquia jugó ocho Mundiales. Fue Subcampeón en Francia 38 y Chile 62).

**ÚLTIMO MUNDIAL**  Debuta como la República Checa (como Checoslovaquia en Italia 90, llegó a cuartos de final).

**RIVALES 2006**  Grupo E: Italia, Ghana y Estados Unidos

**TÉCNICO**  Karel Bruckner (DT desde el 2002. Fue DT de Polonia en los Olímpicos de Sydney 2000 y DT de la Sub-20).

**ESTRELLAS**
  • Pavel Nedved (medio, Juventus, superestrella del equipo)
  • Jan Koller (delantero, Borussia Dortmund, máximo goleador de la selección con más de 40 goles)

- Tomas Rosicky (medio, Borussia Dortmund, veintiséis años, anotó 7 goles en las eliminatorias)
- Jan Polak (medio, Norimberk de Alemania, veinticinco años, anotó 4 goles en las eliminatorias)
- Peter Cech (arquero, veinticuatro años, Chelsea, nombrado mejor arquero de la Liga de Campeones de Europa en el 2004)

**¡OJO CON ESTE MUCHACHO!** MILAN BAROS: Sensacional delantero, veinticinco años, Aston Villa. Jugó una temporada con el Liverpool antes de ser tansferido al Aston por $8 millones. Se perfila como un excelente goleador. Anotó 5 goles en las eliminatorias y fue el máximo goleador de la Eurocopa 2004 con 5 goles (2 de ellos a Dinamarca en cuartos de final en apenas 2 minutos). No lo pierda de vista.

**COMENTARIO** Es una de las selecciones más peligrosas de Europa. Anotó 35 goles en los doce partidos de las eliminatorias (igual que Portugal). Cinco de sus estrellas anotaron más de 4 goles cada uno. Jan Koller, fue el segundo mejor goleador de toda la clasificación europea con 9 goles (Rosicky 7, Baros 5, Vratilslav Lokvenc 5, Jan Polak 4). Con razón la FIFA los tiene en el segundo lugar del *ranking* mundial. Van a ser un dolor de cabeza en Alemania, especialmente en el Grupo E de la primera ronda. Creo que llegarán muy lejos. No a la final, pero sí estarán entre los ocho mejores del mundo. Puede citarme.

# SERBIA Y MONTENEGRO

**RANKING DE LA FIFA** Número 47

**¿CÓMO LLEGÓ?** Ganó invicto el Grupo 7 (mejor que España, Bosnia y Bélgica).

**HISTORIA** Primer Mundial (Como Yugoslavia jugó 9 Mundiales. Quedó cuarto en Uruguay 30 y Chile 62).

**ÚLTIMO MUNDIAL** Debutante (como Yugoslavia en Francia 98, avanzó a octavos definal, eliminado por Holanda 2–1).

**RIVALES 2006** Grupo C: Argentina, Côte d'Ivoire y Holanda

**TÉCNICO** Ilija Petkovic (DT desde el 2001. Ex asistente del DT de Yugoslavia camino a Francia 98 y Corea/Japon 02. Ex jugador de Yugoslavia en España 82. Primer Mundial como DT).

**ESTRELLAS**
- Savo Milosevic (delantero, Osasuna)
- Mateja Kezman (delantero, At. Madrid, 5 goles en las eliminatorias)
- Darko Kovacevic (delantero, Real Sociedad)
- Dejan Stankovic (capitán, medio, Inter de Milán)

**¡OJO CON ESTE MUCHACHO!** ZVONIMIR VUKIC: Mediocampista ofensivo del Portsmouth de Inglaterra, veintisiete años. No es tan muchacho, pero el mundo aún no lo conoce. Este será su primer Mundial. Mide casi 2 metros de altura (6'1") y es muy ágil, creativo y goleador. Anotó 4 goles en las eliminatorias y en los cuatro años que jugó con el Belgrado anotó 53, 22 de ellos en una temporada. Esa peligrosidad seguramente la mostrará en Alemania.

**COMENTARIO** Yugoslavia empezó a jugar con el nombre de Serbia y Montenegro a partir del 2003. Clasificarse invicto a este Mundial ha sido su primer gran logro. No entraron ni a la Eurocopa 2004, ni a los Olímpicos de Atenas. Su mejor arma es la defensa, la mejor de la zona europea. En diez partidos sólo le anotaron 1 gol (en el empate 1–1 con España). La base del equipo son los veteranos Milosevic, Kovacevic y Kezman, y los jóvenes Pedrag Ocokolijic (defensa), Vukic (medio) y Marco Pantelic (delantero, Hertha Berlín). Le tocó un grupo fuerte, tan fuerte como el de las eliminatorias, lo cual indica que les debe ir bien. Seguramente van a dar un par de zancadillas (¡ojalá no sea a Argentina!).

# SUECIA

**RANKING DE LA FIFA** Número 14

**¿CÓMO LLEGÓ?** Fue uno de los dos mejores segundos de la eliminatoria europea (quedó empatada en puntos con el líder del Grupo 8, Croacia).

**HISTORIA** Undécima participación. Subcampeón en Suecia 58. Tercero en USA 94. Anfitrión en 1958.

**ÚLTIMO MUNDIAL** Corea/Japón 2002: Ganó el grupo de Inglaterra y Argentina. Eliminado en octavos de final por Senegal.

**RIVALES 2006** Grupo B: Inglaterra, Paraguay y Trinidad y Tobago

**TÉCNICO** Lars Lagerback (DT desde 2004. Fue co-entrenador de Suecia en Corea/Japón. Segundo Mundial como DT).

**ESTRELLAS**
- Henrik Larsson (delantero, Barcelona, 5 goles en las eliminatorias)
- Fredrik Ljungberg (delantero, Arsenal, 7 goles en las eliminatorias)
- Olof Mellberg (capitán, defensa)

**¡OJO CON ESTE MUCHACHO!** ZLATAN IBRAHIMOVIC: Delantero de la Juve, veinticuatro años. Es la nueva sensación del fútbol sueco, uno de sus mejores delanteros en muchos años y uno de los más prometedores de Europa. Anotó 8 goles en las eliminatorias, el tercer mejor goleador de la zona. Le anotó un golazo a Hungría en Budapest en el último minuto del descuento y Suecia ganó 1–0. Es atlético, escurridizo y hace excelente pareja con el veterano Larsson. Con apenas veinte años jugó de suplente en dos partidos de Corea/Japón. Esta Copa debe ser su consagración como estrella internacional. Recuerde el nombre, Ibrahimovic.

**COMENTARIO** Suecia es una selección joven. El promedio de edad es de veinticuatro años. Alrededor de los veteranos Ljungberg, Mellberg y Larsson, hay un puñado de muchachos que han surgido en los últimos cinco años, en su mayoría medios y delanteros, como Christian Wilhemsson, Johan Elmander, Markus Rosenberg y por supuesto, Ibrahimovic. Suecia anotó 30 goles en diez partidos eliminatorios, el mejor promedio en Europa, 3 goles por partido en un grupo muy duro. El DT Lagerback tiene muchísima confianza en su equipo y apuesta que dará sorpresas muy gratas en Alemania. Yo estoy de acuerdo con él. ¡Cuidado con Suecia!

# SUIZA

**RANKING DE LA FIFA** Número 36

**¿CÓMO LLEGÓ?** Derrotó a Turquía en un repechaje (2–0 en Berna, 2–4 en Estambul. Quedó segundo en el Grupo 4, debajo de Francia, mejor que Israel e Irlanda).

**HISTORIA** Octavo Mundial. Llegó a cuartos de final en Italia 34, Francia 38 y Suiza 54. Anfitrión en 1954.

**ÚLTIMO MUNDIAL** USA 94. Eliminado en octavos de final por España 3–0.

**RIVALES 2006** Grupo G: Francia, Corea y Togo

**TÉCNICO** Jakob "Kobi" Kuhn (DT desde el 2001. Ex estrella del FC Zurich y la selección suiza. Debuta como DT en un Mundial).

**ESTRELLAS**
- Alexander Frei (delantero, Stade Rennes)
- Raphael Wicky (medio, Hamburgo)
- Marco Streller (delantero, Stuttgart)

**¡OJO CON ESTE MUCHACHO!** TRANQUILO BARNETTA: Tiene veintiún años y es otro de los pibes que se sentirá como en casa en Alemania. Juega como medio ofensivo en el Bayer Leverkusen. Junto a su compañero Philippe Senderos (defensa, Arsenal), fue estrella de la selección Sub-17 Campeona de Europa en el 2002. Tiene mucha clase y temperamento para su edad. Se desenvuelve con elegancia y soltura en cualquier situación, ante cualquier rival. Los suizos lo adoran y piensan que llegará muy lejos como futbolista. Préstele atención.

**COMENTARIO** La selección helvética dio la gran sorpresa en las eliminatorias al sacar del Mundial en un repechaje a los poderosos turcos, terceros en la última Copa. Durante la clasificación no perdió un sólo partido y terminó segunda. Hace dos Mundiales que los suizos no participan. Vienen a revivir el éxito de USA 94, cuando avanzaron a la segunda ronda jugando muy bien. La defensa es su mejor arma, con el capitán veterano Johann Vogel, el joven Senderos del Arsenal, y un arquero muy experimentado, Pascal Zuberbuhler. Probablemente repitan lo de USA y avancen a la segunda ronda en el Grupo G, pero no más allá.

# UCRANIA

**RANKING DE LA FIFA** Número 40

**¿CÓMO LLEGÓ?** Ganó el Grupo 2 (por encima de Turquía, Dinamarca y Grecia).

**HISTORIA** Primer Mundial

**ÚLTIMO MUNDIAL** Debutante

**RIVALES 2006** Grupo H: España, Túnez y Arabia Saudita

**TÉCNICO** Oleg Blokhin (DT desde el 2003. Ex estrella y goleador de la Unión Soviética y el Dinamo de Kiev. Fue el Mejor jugador europeo de 1975).

**ESTRELLAS**
* Andriy Shevchenko, "Sheva" (delantero, Milán, 6 goles en las eliminatorias)
* Andriy Voronin (delantero, Bayer Leverkusen)
* Andriy Gusin (medio, Dinamo de Kiev)
* Aleksandr Shovkovski (arquero, Dinamo de Kiev)

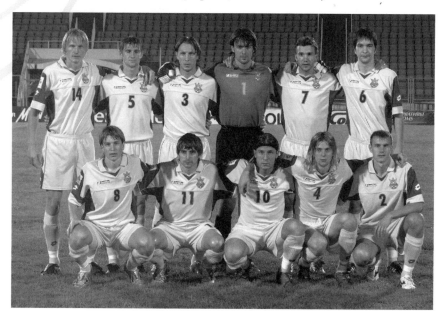

**¡OJO CON ESTE MUCHACHO!** ANDRIY RUSOL: Defensa central, veintitrés años, pupilo de Blokhin quien le dio la oportunidad de jugar y se ganó el puesto. Es alto y fuerte, pero elegante en su estilo. Buen cabeceador de *corners*. Ya anotó un par de goles desde su debut con la selección en el 2005. Juega con el Dnipro Dnipropetrovsk de su país y seguramente recibirá ofertas después del Mundial.

**COMENTARIO** El equipo de los Andriys es debutante pero ya tiene tradición Mundialista. Varios ucranianos militaron en la vieja Unión Soviética. Fue el primer país europeo en clasificarse. Ganó su grupo por encima de Turquía, tercero en Corea/Japón (le ganaron 3–0 en Estambul), y Grecia, Campeones de Europa, (le ganaron 1–0 en Atenas). La base del equipo es el Dinamo de Kiev y el Dnipro Dnepropetrovsk, es decir, la mayoría de los jugadores se conocen bien. La defensa es fuerte y eficiente, especialmente el arquero Shovkovski. Sólo recibió 7 goles en doce juegos eliminatorios, seis de ellos sin recibir ningún gol. El superestrella Shevchenko no es el único goleador del equipo. Lo acompaña otro Andriy en la ofensiva, Andriy Voronin, quien lleva varios años jugando en Alemania y se sentirá como en su casa. Obviamente, los ucranianos no son favoritos, pero como cada Copa produce un equipo sorpresa, no me extrañaría que ellos sean la del 2006.

# ÁFRICA

### ANGOLA · CÔTE D'IVOIRE · GHANA
### TOGO · TÚNEZ

# ANGOLA

**RANKING DE LA FIFA**  Número 62

**¿CÓMO LLEGÓ?**  Ganó el Grupo 4 de África
(superó a Nigeria y Algeria).

**HISTORIA**  Primer Mundial

**ÚLTIMO MUNDIAL**  Debutante

**TÉCNICO**  Luis de Oliveira Goncalvez (DT desde el 2003. Fue DT de
las selecciones Sub-17 y Sub-20 de Angola).

## ESTRELLAS

- Fabrice "Akwa" Maieco (capitán, treinta y tres años, juega en Qatar)
- Bruno Mauro (delantero, treinta y dos años, juega en Portugal)
- Flavio Amado (delantero, juega en Egipto)

**¡OJO CON ESTE MUCHACHO!** PEDRO MANUEL TORRES "MANTORRAS": Delantero del Benfica, veinticuatro años. Por ser africano y tener una excelente técnica, en Portugal lo comparan con el legendario Eusebio. Tiene el mismo estilo afro-latino del famoso goleador. El Barcelona lo tuvo en su plantel, pero el entonces DT Louis van Gaal lo dejó ir por tener muchos "comunitarios" (europeos). No lo pierda de vista.

**COMENTARIO** Los "Palancas Negras" de Angola lograron el sueño dorado de llegar finalmente a un Mundial. Y lo lograron de chiripa. Quedaron empatados en el primer lugar del grupo con Nigeria pero con un gol menos en contra. Les tomó cuatro Mundiales llegar. En el 86 los eliminó Argelia y en las últimas tres Copas el verdugo fue Camerún (quien esta vez quedó afuera). No es el mejor equipo de África, pero tiene mucha influencia del fútbol portugués, sus antiguos colonizadores. Precisamente con ellos se verán las caras al debutar en el Grupo D (el mismo de México). Su meta es ganarles a como de lugar. Si lo logran, valió la pena esperar. Una cosa es cierta, es el equipo con los mejores nombres de jugadores: Zé Kalanga, Lebo Lebo, Love, Loco, Jamba y Lama.

# CÔTE D'IVOIRE

**RANKING DE LA FIFA** Número 41

**¿CÓMO LLEGÓ?** Ganó el Grupo 3 de África (por encima de Camerún y Egipto).

**HISTORIA** Primer Mundial

**ÚLTIMO MUNDIAL** Debutante

**RIVALES 2006** Grupo C: Argentina, Serbia y Montenegro y Holanda

**TÉCNICO** Henri Michel (DT desde 2004. Francés. Cuarto Mundial. Dirigió a Francia en México 86, Camerún en USA 94, Marruecos en Francia 98 y Túnez camino a Corea/Japón. "Otro" Bora, ¡como quien dice!).

**ESTRELLAS**
- Didier Drogba (delantero, Chelsea)
- Kolo Toure (defensa central, Arsenal)
- Aruna Dindane (delantero, Racing de Lens, Francia)

**¡OJO CON ESTE MUCHACHO!** DIDIER DROGBA: Es el mejor jugador en la historia de Côte d'Ivoire. Con veintiocho años, muchos lo conocen internacionalmente, sobre todo en Francia, donde fue el futbolista del año 2004, jugando con el Marsella. Actualmente es estrella del Chelsea (al lado de Hernán Crespo) y uno de los mejores delanteros del fútbol inglés. Junto al camerunés Eto'o y el ganés Essien (otro compañero del Chelsea) el sensacional delantero está considerado como uno de los mejores jugadores africanos del momento. Con su clase, velocidad y puntería en el momento de anotar goles, va a tener un excelente Mundial. Recuerde el nombre, Drogba.

**COMENTARIO** La selección de Los Elefantes de Côte d'Ivoire es el mejor equipo africano de la Copa, después de Túnez. Con Michel en la dirección y Drogba en la cancha, viene a repetir el éxito de Senegal en Corea/Japón. En las eliminatorias le ganaron por un punto a Camerún (que empató con Egipto en la última fecha) y lograron lo que ellos han llamado "la clasificación divina." Como están en el "grupo de la muerte" de Alemania, los costamarfileños (así se dice) van a tener que sacar lo mejor de su fútbol para avanzar. Si lo logran (espero que no sea a expensas de Argentina) va a ser la sorpresa del siglo. Téngalo por seguro. (Además, tiene el nombre de país más difícil en alemán: Elfenbeinkuste).

# GHANA

**RANKING DE LA FIFA** Número 50

**¿CÓMO LLEGÓ?** Ganó el Grupo 2 de África (superó a Sudáfrica, Congo y Uganda).

**HISTORIA** Primer Mundial

**ÚLTIMO MUNDIAL** Debutante

**RIVALES 2006** Grupo E: Italia, Estados Unidos y la República Checa

**TÉCNICO** Ratomir Dujkovic (DT desde el 2004. Serbio. Ex DT de Ruanda. Habla muy bien el español porque jugó en el Valencia de España y dirigió en Venezuela).

**ESTRELLAS**
- Michael Essien (medio, Chelsea, 3 goles en las eliminatorias)
- Stephen Appiah (capitán, medio, Chelsea, 4 goles en las eliminatorias)
- Sulley Ali Muntari (medio, Udinese)

**¡OJO CON ESTE MUCHACHO!** MICHAEL ESSIEN: Para que sepa cuán bueno es este muchachón de veinticuatro años, le cuento solamente que el Chelsea pagó por él cerca de ... lea bien ... ¡$40 millones al Olympique de Lyon! Es el jugador africano más caro del mundo. Así será de bueno ¿no? Es el motor del equipo inglés, junto a su paisano Appiah. Defiende y ataca sin problemas. El técnico portugués del Chelsea, José Mourinho, lo describe como un jugador "multifuncional." Con razón pagaron tanto por él. Téngalo presente cuando vea jugar a los ghaneses.

**COMENTARIO** El técnico serbio, Dujkovic, fue el cuarto DT que tuvieron Las Estrellas Negras de Ghana en las eliminatorias. Apenas llegó a finales del 2004, lo primero que hizo fue imponer disciplina. Le costó pero resultó. Los llevó a la tierra prometida. Gracias a él y al liderazgo de Essien y Appiah (y 4 goles de Asamoah Gyan) Ghana llega a su primer Mundial desde que empezó a tratar en 1962. Ya habían ganado tres Mundiales Infantiles, y varias Copas de África, pero nunca habían llegado al gran baile.

Desafortunadamente, cuando llegan, la fiesta está repleta de los mejores bailadores. El grupo que les tocó es muy fuerte y difícilmente avanzarán. Eso no quita que se diviertan en la cancha y ofrezcan un *show* inolvidable. "Ghanas" no les faltan.

# TOGO

**RANKING DE LA FIFA** Número 56

**¿CÓMO LLEGÓ?** Ganó el Grupo 1 de África (por encima de Senegal y Congo).

**HISTORIA** Primer Mundial

**ÚLTIMO MUNDIAL** Debutante

**RIVALES 2006** Grupo G: Francia, Suiza y Corea

**TÉCNICO** Stephen Keshi (DT desde el 2004. Nigeriano. Fue asistente del DT de Nigeria, Campeón Olímpico en Atlanta 96. Ex capitán de la selección de Nigeria en USA 94).

**ESTRELLAS**
- Kossi Agassa (portero, Metz de Francia)
- Mamam Cherif Touré (medio, Metz de Francia, 3 goles en las eliminatorias)
- Eric Akoto (defensa, juega en Austria)

**¡OJO CON ESTE MUCHACHO!** EMMANUEL ADEBAYOR: veintidós años, delantero del Mónaco, de origen nigeriano. Fue el líder goleador de la zona africana con 11 goles. Esto lo ha convertido en la máxima figura del fútbol togolés. Cuando tenía dieciocho años fue contratado por el Metz de Francia, equipo con el que ascendió a la primera división. En el 2003 fue vendido por $4 millones al Mónaco, donde ha jugado al lado de grandes estrellas como Javier Saviola, Fernando Morientes y Rafa Márquez. Es alto y espigado, lo cual lo hace un excelente cabeceador. Su racha goleadora debe acompañarlo en Alemania.

**COMENTARIO** La clasificación de los Halcones fue la más sorpresiva de todo el proceso eliminatorio, no sólo de África sino del mundo entero. Nadie esperaba que la selección de este pequeño país de 5 millones de habitantes, uno de los más pequeños de África, eliminara a Senegal, la sorpresa africana de Corea/Japón. En la última jornada los senegaleses tenían que ganar y Togo perder o empatar a domicilio en el Congo. ¿Qué cree ocurrió? Senegal ganó! y Togo también! (3–2, con un gol de Adebayor y 2 de Abdel Coubadja). El milagro se había consumado y los pupilos del nigeriano Keshi estaban en el Mundial. Jugarán en un grupo más fuerte que ellos y difícilmente avanzarán. Pero estos Halcones vuelan alto y ya sabemos lo que Senegal le hizo a Francia en Seúl. ¿Se repetirá la historia?

# TÚNEZ

**RANKING DE LA FIFA** Número 28

**¿CÓMO LLEGÓ?** Ganó el Grupo 5 de África (un punto por encima de Marruecos).

**HISTORIA** Cuarto Mundial. Participó y no pasó de la primera ronda en Argetina 78, Francia 98 y Corea/Japón 02

**ÚLTIMO MUNDIAL** Corea/Japón 2002: No pasó de la primera ronda.

**RIVALES 2006** Grupo H: España, Ucrania y Arabia Saudita

**TÉCNICO** Roger Lemerre (DT desde el 2003. Ganó con Túnez la Copa Africana de Naciones en el 2004. Ex DT de Francia. Ganó la Eurocopa 2000 y la Copa Confederaciones 2001. Fue asistente en Francia 98. Renunció después de Corea/Japón 2002).

**ESTRELLAS**
- Karim Saidi (defensa, veintitrés años, Feyenoord de Holanda)
- Silva dos Santos (delantero, nació en Brasil, juega en Francia, anotó 6 goles en las eliminatorias)
- Jose Clayton (defensa, nació en Brasil, tercera Copa con Túnez)

**¡OJO CON ESTE MUCHACHO!** HAYKEL GUEMAMDIA:
Centrodelantero de veinticuatro años. Debutó en la selección en
medio de las eliminatorias, donde anotó 3 goles. Fue el segundo
mejor goleador del equipo. Le hizo un penal a Argentina al debutar
en la Copa Confederaciones del 2005 (Túnez perdió 2–1). En poco
tiempo se ha convertido en un ídolo nacional. Es un goleador nato,
veloz, versátil y bueno con las dos piernas. Tiene un futuro brillante y
probablemente reciba ofertas internacionales después del Mundial.

**COMENTARIO** En tres Mundiales Las Águilas tunecinas sólo han ganado un partido. Fue en Argentina 78. El marcador terminó 3–1.
¿Recuerda el rival? . . . México. Desde ese entonces no han podido
ganar otro. Lograrlo es su meta en Alemania. Y tienen con qué. El
técnico francés, Lemerre, sabe lo que hace y la influencia de dos
brasileños naturalizados les da una dinámica diferente al resto de los
equipos africanos. Por eso son los Campeones del continente y el
equipo que más goles anotó en las eliminatorias de la zona: 25. Están
en un grupo balanceado y podrían dar una sorpresa. Por lo menos,
lograrán el sueño de ganar por segunda vez en un Mundial. ¿Quién
será la víctima?

# ASIA
## ARABIA SAUDITA · COREA · IRÁN · JAPÓN

# ARABIA SAUDITA

**RANKING DE LA FIFA** Número 32

**¿CÓMO LLEGÓ?** Ganó el Grupo A de Asia (por encima de Corea).

**HISTORIA** Cuarto Mundial. Llegaron a la segunda ronda de USA 94

**ÚLTIMO MUNDIAL** Corea/Japón 2002: Eliminados en la primera ronda (Alemania los goleó 8–0 en el debut).

**RIVALES 2006** Grupo H: España, Ucrania y Túnez

**TÉCNICO** Marcos Paqueta

**ESTRELLAS**
- Sami al-Jaber (centrodelantero, treinta y cuatro años, cuarto Mundial, superestrella del fútbol saudita, Calderón lo sacó del retiro)
- Ibrahim Al Shahrani (medio, treinta y un años, tercer Mundial, 3 goles en las eliminatorias)

**¡OJO CON ESTE MUCHACHO!** MOHAMMAD AL SHLHOUB: medio, veintiséis años, pequeñito de estatura pero gigante en talento y habilidad con el balón. Anotó 3 goles en las eliminatorias. Lo llaman "Baby Maradona" y juega con el número 10. Fue el mejor jugador de la Copa de Asia del 2000. Jugó unos minutos en Corea/Japón, pero esta será su primera Copa de titular.

**COMENTARIO** Este es el cuarto Mundial de Los Hijos del Desierto. Pero desde su debut en USA 94 (donde avanzaron a la segunda ronda) su rendimiento ha decaído en cada edición. En Francia 98 no

ganaron un solo encuentro y en Corea/Japón cayeron humillados ante los alemanes 8–0. Detener esta seguidilla de derrotas es la meta en Alemania. El nuevo DT ha complementado la destreza de algunos de sus jugadores con lo que más les falta: disciplina y preparación física. Están en un grupo en el que no podrán avanzar, pero seguramente robarán algún punto.

# REPÚBLICA DE COREA

***RANKING* DE LA FIFA** Número 29

**¿CÓMO LLEGÓ?** Quedó segundo en el Grupo A de Asia (detrás de Arabia Saudita).

**HISTORIA** Séptimo Mundial. Semifinalista en Corea/Japón 2002.

**ÚLTIMO MUNDIAL** Corea/Japón 2002: Llegó a semifinales, eliminado por Alemania.

**RIVALES 2006** Grupo G: Francia, Suiza y Togo

**TÉCNICO** Dick Advocaat (DT desde el 2005. Holandés. Ex DT de Holanda en USA 94 y en la Eurocopa 2004. Dirigió a los Emiratos Árabes camino a Alemania 2006. Ex DT del PSV Eindhoven y los Rangers de Escocia. Fue asistente de Rinus Michel, el padre del "fútbol total" de Holanda en Alemania 74).

### ESTRELLAS

- Lee Young-Pyo (medio, Tottenham, segunda Copa)
- Ahn Jung Hwan (delantero, Metz de Francia)
- Lee Dong Gook (delantero, Werder Bremen, anotó 5 goles en las eliminatorias)

**¡OJO CON ESTE MUCHACHO!** PARK JI-SUNG: Mediocampista creativo, veinticinco años, es la nueva estrella del fútbol coreano. En el 2005 fue transferido al Manchester United del PSV Eindhoven, adonde se lo había llevado el ex DT de la selección coreana, Guus Hiddink. Jugó de suplente en Corea/Japón y anotó el histórico gol con que Corea derrotó 1–0 a Portugal y avanzó a la segunda ronda.

**COMENTARIO** El milagro de Corea/Japón ¿fue por calidad o casualidad? Esa es la pregunta que los Diablos Rojos de Corea del Sur tienen que contestar en Alemania. Como anfitriones del Mundial pasado, los coreanitos maravillaron al mundo bajo la dirección del holandés Guus Hiddink. Le ganaron a Portugal, Italia, España y llegaron a las semifinales. Ahora las cosas han cambiado. Hiddink ya no está y en la eliminatoria quedaron segundos en su grupo. Incluso llegaron a perder en su propia casa y el técnico holandés, Jo Bonfrere, tuvo que renunciar. En Alemania jugarán en un grupo que debe ganar Francia, es decir, Corea tendrá que pelearse el segundo puesto con Suiza. ¿Habrá más milagros?

# IRÁN

***RANKING* DE LA FIFA** Número 19

**¿CÓMO LLEGÓ?** Terminó segundo en el Grupo B de Asia (detrás de Japón).

**HISTORIA** Tercer Mundial. Nunca ha pasado de la primera ronda. Una victoria y un empate.

**ÚLTIMO MUNDIAL** Francia 98: Eliminado en la primera ronda. Le ganó a los EE.UU. 2–1.

**RIVALES 2006** Grupo D: México, Angola y Portugal

**TÉCNICO** Branko Ivankovic (DT desde el 2002. Croata. Fue asistente de Ciro Blazevic, DT de Croacia en Francia 98. Ex DT del Hannover 96. Tiene un doctorado, Ph.D, en Educación Física).

**ESTRELLAS**
- Ali Daei (capitán, delantero, máximo goleador de la zona, 9 goles, jugó en el Bayern Munich, el Hertha Berlín y en Francia 98)

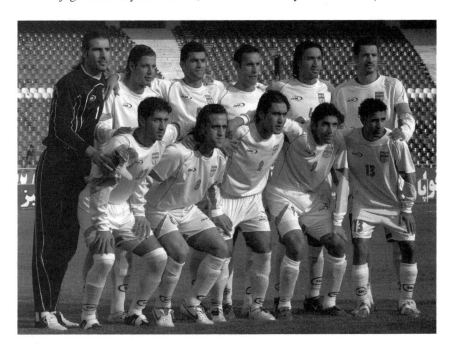

- Vahid Hashemian (delantero, Hannover 96, anotó 4 goles en las eliminatorias, jugó con el Bayern)
- Mehdi Mahdavikia (defensa, Hamburgo, jugó en Francia 98)
- Ali Karimi (delantero, Bayern Munich, "El Mago de Teheran," Jugador Asiático del año 2004)

**¡OJO CON ESTE MUCHACHO!** ARASH BORHANI: veintidós años, delantero estrella del Pas de Teherán. Todos piensan que será la próxima gran estrella del fútbol iraní. Es rapidísimo y posee una gran técnica. Se destacó en el equipo olímpico. A finales de la eliminatoria, fue llamado a la selección mayor donde anotó 2 goles cruciales.

Tenga presente su nombre cuando Irán debute frente a México el 11 de junio en Nuremberg.

**COMENTARIO**
Después de Japón, Irán es el equipo asiático mejor ranqueado por la FIFA. Su técnico croata lleva cuatro años con el equipo y le ha mejorado el ritmo de juego, dándole rapidez y presión. Cuenta con un quinteto de jugadores "alemanes" muy talentosos que juegan en la Bundesliga.

Además de Karimi, Hashemian y Mahdavikia, están Ferydoon Zandi (Keiserslautern) y Moharram Navidkia (Bochum). El capitán del equipo, el legendario goleador Daei, también jugó varios años en Alemania. Esta influencia europea le será muy útil a los iraníes. Mucho cuidado con ellos porque seguramente le amargarán la vida a alguien en el Grupo D (México o Portugal).

# JAPÓN

**RANKING DE LA FIFA** Número 15

**¿CÓMO LLEGÓ?** Ganó el Grupo B de Asia (arriba de Irán).

**HISTORIA** Tercer Mundial

**ÚLTIMO MUNDIAL** Corea/Japón 2002: Avanzó a la segunda ronda, fue eliminado por Turquía.

**RIVALES 2006** Grupo F: Brasil, Australia y Croacia

**TÉCNICO** Zico (DT desde el 2003. Fue jugador y DT del Kashima de Japón. Antes, fue Ministro del Deporte de Brasil y estrella del Flamengo y la selección brasileña en España 82 y México 86).

**ESTRELLAS**
- Hidetoshi Nakata (delantero, Bolton Wanderers, también jugó con el Fiorentina, Parma, Roma, Perugia y Boloña)
- Shunsuke Nakamura (medio, Celtic)
- Junichi Inamoto (medio, West Bromwich, también jugó en el Arsenal y el Fulham)
- Shinji Ono (medio, Feyenoord)

**¡OJO CON ESTE MUCHACHO!** YOSHITO OKUBO: Delantero del
Mallorca, veintitrés años. Es el mejor delantero que ha salido de
Japón en los últimos años. Es pequeño pero muy fuerte, con un cañón
en la pierna derecha. Fue estrella de la selección japonesa Sub-20.
Zico lo incluyó en la selección mayor una vez empezadas las elimina-
torias y quedó impresionado. No olvide su nombre, Okubo.

**COMENTARIO** Desde que Zico dirige la selección de Japón, ésta ganó
la Copa de Asia y la Copa Kirin en el 2004 y tuvo una gran actuación
en la Copa Confederaciones del 2005, donde le ganó al Campeón de
Europa, Grecia, y le empató a Brasil. Por eso es un ídolo en la tierra
del sol naciente. Esta Copa de Alemania, sin embargo, será su prueba
de fuego. Se enfrentará a sus compatriotas, a los croatas y a los alegres
y entusiasmados australianos. Pero tiene un equipo de excelentes
jugadores, experimentados y apoyados por jovencitos que Zico personalmente ha reclutado en todo Japón (entre ellos Tatsuya Tanaka
de veintidós años). La meta es mejorar la actuación de Corea/Japón e
ir mas allá de los octavos de final.

---

# OCEANÍA
## Australia

---

# AUSTRALIA

**RANKING DE LA FIFA**  Número 49

**¿CÓMO LLEGÓ?**  Ganó el repechaje contra Uruguay (en tanda de penales).

**HISTORIA**  Segundo Mundial

**ÚLTIMO MUNDIAL**  Alemania 74: Eliminado en primera ronda.

**RIVALES 2006**  Grupo F: Brasil, Croacia y Japón

**TÉCNICO**  Guus Hiddink (DT desde el 2005. Ex DT de Corea en Corea/Japón 02 y Holanda en Francia 98. También dirigió al Eindhoven, el Valencia, el Real Madrid y el Betis).

## ESTRELLAS

- Mark Schwarzer (portero, Middlesbrough)
- Mark Viduka (delantero, Middlesbrough, también jugó con el Celtic, el Leeds y el Zagreb de Croacia)
- Harry Kewell (medio, Liverpool, Campeón de Europa 2005)
- Craig Moore (capitán, defensa, Newcastle)

**¡OJO CON ESTE MUCHACHO!** TIM CAHILL: Medio goleador, veinticinco años, Everton de Inglaterra. Fue el mejor goleador de la selección y de la zona en las eliminatorias, con 7 goles. Debutó con 2 goles a Tahiti (Australia goleó 9–0) y luego le anotó una tripleta a Fiyi (ganaron 6–1). En su primera temporada en Inglaterra anotó 12 (¡también le mete goles a los grandes!).

**COMENTARIO** Después de cuatro repechajes, llegaron. Fue un largo camino de treinta y dos años, justamente desde su primer Mundial, Alemania 74. Todos en la tierra de los canguros le dan el crédito al DT, quien tomó las riendas del equipo después de la Copa Confederaciones del 2005, donde Australia no ganó un solo encuentro. Pero la verdad es que si hay un fútbol que ha mejorado notablemente en los últimos años, es el australiano. De hecho, la mayoría de sus estrellas juegan en Inglaterra. Hay uno que juega en España (John Aloisi, Alavés) y otro en Italia (Marco Bresciano, Parma). Hiddink sólo les dio confianza y disciplina (y puntería en los penales, porque así fue como eliminaron a Uruguay). En Alemania estarán en un grupo muy difícil. Sería un verdadero milagro si Hiddink repite con los Socceroos lo que hizo con los Diablos Rojos de Corea.

# NOTA

**A**ntes de pasar a la guía del Mundial 2006, *Siga La Copa*, quiero compartir un par de observaciones con usted. La primera es que todavía tengo la esperanza de que algún equipo mundialista contrate al "Bora" Milutinovic antes del 9 de junio del 2006. No puedo creer que se pierda este Mundial.

La otra es la foto de un equipo que si bien no irá al Mundial de Alemania, estará presente de corazón. Me refiero a mi equipo de fútbol de la Golden Years Soccer League donde juega un puñado de entusiastas argentinos, brasileños, colombianos, uruguayos, costarricenses, hondureños, salvadoreños y mexicanos. Algunos estarán

aupando a sus selecciones en Alemania (con mi libro en la mano, por supuesto); otros, lamentándose por haberse perdido el viaje (pero disfrutando el libro de igual manera).

Y, por supuesto que tampoco puedo olvidarme de mis amigos de toda la vida. La banda sin igual de la "Escuela Nacional de Comercio de San Isidro" (E.N.C.S.I.) de Buenos Aires, Argentina. Ellos forman parte de mi vida futbolera y por eso también espero que me puedan acompañar en Alemania (soñar no cuesta nada).

*E.N.C.S.I. Campeones 2004*            *Goleen Years Soccer league.*

# Dos:

## Siga La Copa

**Ahora** tome un lápiz y prepárese a escribir su propia versión del Mundial de Alemania 2006.

Es muy sencillo. Lo único que tiene que hacer es mantener estas páginas a mano durante los treinta días que durará el Mundial (no deje que les caigan ni comida ni cerveza encima, por favor). Durante o después de cada partido, anote los datos más importantes de lo que pase en la cancha, tales como los tiempos de los goles y sus anotadores . . . el nombre de su jugador favorito . . . los jugadores amonestados y expulsados . . . su jugada favorita o la más importante . . . marcador final y lo más importante: su opinión del partido (incluyendo lo que piensa del árbitro, si es aplicable).

Después del Mundial, guarde la guía. Cada año, o cada vez que se acuerde con nostalgia del Mundial de Alemania, sáquela y revise sus notas para revivir así lo acontecido.

¿Le parece?

Aquí vamos. Disfrute la Copa y que gane el me . . . (¡Ar-gen-tina! ¡Ar-gen-tina!).

---

### LOS GRUPOS

| GRUPO A: | GRUPO B: | GRUPO C: | GRUPO D: |
|---|---|---|---|
| Alemania | Inglaterra | Argentina | México |
| Costa Rica | Paraguay | Côte d'Ivoire | Angola |
| Polonia | Trinidad y Tobago | Serbia y Montenegro | Irán |
| Ecuador | Suecia | Holanda | Portugal |

| GRUPO E: | GRUPO F: | GRUPO G: | GRUPO H: |
|---|---|---|---|
| Italia | Brasil | Francia | España |
| Ghana | Croacia | Suiza | Ucrania |
| Estados Unidos | Australia | República de Corea | Túnez |
| Rep. Checa | Japón | Togo | Arabia Saudita |

# LA INAUGURACIÓN EN MUNICH

## GRUPO A:
### ALEMANIA · COSTA RICA · POLONIA · ECUADOR

**GRUPO A – PARTIDO #1**

INAUGURACIÓN
ALEMANIA___ vs. COSTA RICA___
*Munich, viernes, 9 de junio de 2006*

Goles: _____

Mi jugador favorito: _____

Mi jugada favorita: _____

Califica el partido:
    ❏ Aburrido    ❏ No pasó nada    ❏ Bueno    ❏ Muy bueno
    ❏ Un partidazo    ❏ El mejor partido que he visto en mi vida

Comentarios: _____


**GRUPO A – PARTIDO #2**

POLONIA___ vs. ECUADOR___
*Gelsenkirchen, viernes, 9 de junio de 2006*

Goles: _____

Mi jugador favorito: _____

Mi jugada favorita: _____

Califica el partido:
    ❏ Aburrido    ❏ No pasó nada    ❏ Bueno    ❏ Muy bueno
    ❏ Un partidazo    ❏ El mejor partido que he visto en mi vida

Comentarios: _____

## GRUPO A – PARTIDO #17
### ALEMANIA___ vs. POLONIA___
*Dortmund, miércoles, 14 de junio de 2006*

Goles: _____

Mi jugador favorito: _____

Mi jugada favorita: _____

Califica el partido:
- ❑ Aburrido      ❑ No pasó nada      ❑ Bueno      ❑ Muy bueno
- ❑ Un partidazo      ❑ El mejor partido que he visto en mi vida

Comentarios: _____

## GRUPO A – PARTIDO #18
### ECUADOR___ vs. COSTA RICA___
*Hamburgo, jueves, 15 de junio de 2006*

Goles: _____

Mi jugador favorito: _____

Mi jugada favorita: _____

Califica el partido:
- ❑ Aburrido      ❑ No pasó nada      ❑ Bueno      ❑ Muy bueno
- ❑ Un partidazo      ❑ El mejor partido que he visto en mi vida

Comentarios: _____

## GRUPO A – PARTIDO #33
### ECUADOR ___ vs. ALEMANIA___
*Berlín, martes, 20 de junio de 2006*

Goles: _____

Mi jugador favorito: _____

Mi jugada favorita: _____

Califica el partido:
  ❏ Aburrido      ❏ No pasó nada    ❏ Bueno      ❏ Muy bueno
  ❏ Un partidazo  ❏ El mejor partido que he visto en mi vida

Comentarios: _____


**GRUPO A – PARTIDO #34**

COSTA RICA___ vs. POLONIA___

*Hanover, martes, 20 de junio de 2006*

Goles: _____

Mi jugador favorito: _____

Mi jugada favorita: _____

Califica el partido:
  ❏ Aburrido      ❏ No pasó nada    ❏ Bueno      ❏ Muy bueno
  ❏ Un partidazo  ❏ El mejor partido que he visto en mi vida

Comentarios: _____


**POSICIONES FINALES DEL GRUPO A:**

| Posición | Equipo | PJ | PG | PE | PP | GF | GC | Puntos |
|----------|--------|----|----|----|----|----|----|--------|
| 1A | | | | | | | | |
| 2A | | | | | | | | |
| 3A | | | | | | | | |
| 4A | | | | | | | | |

## GRUPO B:
### INGLATERRA · PARAGUAY · TRINIDAD Y TOBAGO · SUECIA

### GRUPO B – PARTIDO #3
### INGLATERRA___ vs. PARAGUAY___
*Francfort, sábado, 10 de junio de 2006*

Goles: _____

Mi jugador favorito: _____

Mi jugada favorita: _____

Califica el partido:
❏ Aburrido        ❏ No pasó nada     ❏ Bueno      ❏ Muy bueno
❏ Un partidazo    ❏ El mejor partido que he visto en mi vida

Comentarios: _____

### GRUPO B – PARTIDO #4
### TRINIDAD Y TOBAGO___ vs. SUECIA___
*Dortmund, sábado, 10 de junio de 2006*

Goles: _____

Mi jugador favorito: _____

Mi jugada favorita: _____

Califica el partido:
❏ Aburrido        ❏ No pasó nada     ❏ Bueno      ❏ Muy bueno
❏ Un partidazo    ❏ El mejor partido que he visto en mi vida

Comentarios: _____

## GRUPO B – PARTIDO #19
### INGLATERRA___ vs. TRINIDAD Y TOBAGO___
*Nuremberg, jueves, 15 de junio de 2006*

Goles: _____

Mi jugador favorito: _____

Mi jugada favorita: _____

Califica el partido:
   ❏ Aburrido      ❏ No pasó nada      ❏ Bueno      ❏ Muy bueno
   ❏ Un partidazo   ❏ El mejor partido que he visto en mi vida

Comentarios: _____

## GRUPO B – PARTIDO #20
### SUECIA___ vs. PARAGUAY___
*Berlín, jueves, 15 de junio de 2006*

Goles: _____

Mi jugador favorito: _____

Mi jugada favorita: _____

Califica el partido:
   ❏ Aburrido      ❏ No pasó nada      ❏ Bueno      ❏ Muy bueno
   ❏ Un partidazo   ❏ El mejor partido que he visto en mi vida

Comentarios: _____

## GRUPO B – PARTIDO #35
### SUECIA___ vs. INGLATERRA___
*Colonia, jueves, 20 de junio de 2006*

Goles: _____

Mi jugador favorito: _____

Mi jugada favorita: _____

Califica el partido:
❏ Aburrido ❏ No pasó nada ❏ Bueno ❏ Muy bueno
❏ Un partidazo ❏ El mejor partido que he visto en mi vida

Comentarios: _____

## GRUPO B – PARTIDO #36
### PARAGUAY___ vs. TRINIDAD Y TOBAGO___
*Kaiserslautern, jueves, 20 de junio de 2006*

Goles: _____

Mi jugador favorito: _____

Mi jugada favorita: _____

Califica el partido:
❏ Aburrido ❏ No pasó nada ❏ Bueno ❏ Muy bueno
❏ Un partidazo ❏ El mejor partido que he visto en mi vida

Comentarios: _____

### POSICIONES FINALES DEL GRUPO B:

| Posición | Equipo | PJ | PG | PE | PP | GF | GC | Puntos |
|---|---|---|---|---|---|---|---|---|
| 1B | | | | | | | | |
| 2B | | | | | | | | |
| 3B | | | | | | | | |
| 4B | | | | | | | | |

## GRUPO C:
### ARGENTINA · CÔTE D'IVOIRE
### SERBIA Y MONTENEGRO · HOLANDA

**GRUPO C – PARTIDO #5**

### ARGENTINA___ vs. COSTA DE MARFIL___
*Hamburgo, sábado, 10 de junio de 2006*

Goles: _____

Mi jugador favorito: _____

Mi jugada favorita: _____

Califica el partido:
- ❏ Aburrido     ❏ No pasó nada     ❏ Bueno     ❏ Muy bueno
- ❏ Un partidazo     ❏ El mejor partido que he visto en mi vida

Comentarios: _____

**GRUPO C – PARTIDO #6**

### SERBIA Y MONTENEGRO___ vs. HOLANDA___
*Leipzig, domingo, 11 de junio de 2006*

Goles: _____

Mi jugador favorito: _____

Mi jugada favorita: _____

Califica el partido:
- ❏ Aburrido     ❏ No pasó nada     ❏ Bueno     ❏ Muy bueno
- ❏ Un partidazo     ❏ El mejor partido que he visto en mi vida

Comentarios: _____

### GRUPO C – PARTIDO #21
ARGENTINA___ vs. SERBIA Y MONTENEGRO___

*Gelsenkirchen, viernes, 16 de junio de 2006*

Goles: _____

Mi jugador favorito: _____

Mi jugada favorita: _____

Califica el partido:
- ❏ Aburrido    ❏ No pasó nada    ❏ Bueno    ❏ Muy bueno
- ❏ Un partidazo   ❏ El mejor partido que he visto en mi vida

Comentarios: _____

### GRUPO C – PARTIDO #22
HOLANDA___ vs. COSTA DE MARFIL___

*Stuttgart, viernes, 16 de junio de 2006*

Goles: _____

Mi jugador favorito: _____

Mi jugada favorita: _____

Califica el partido:
- ❏ Aburrido    ❏ No pasó nada    ❏ Bueno    ❏ Muy bueno
- ❏ Un partidazo   ❏ El mejor partido que he visto en mi vida

Comentarios: _____

### GRUPO C – PARTIDO #37
HOLANDA___ vs. ARGENTINA___

*Francfort, miércoles, 21 de junio de 2006*

Goles: _____

Mi jugador favorito: _____

Mi jugada favorita: _____

Califica el partido:
❑ Aburrido ❑ No pasó nada ❑ Bueno ❑ Muy bueno
❑ Un partidazo ❑ El mejor partido que he visto en mi vida

Comentarios: _____

## GRUPO C – PARTIDO #38
### CÔTE D'IVOIRE___ vs. SERBIA Y MONTENEGRO___
*Munich, miércoles, 21 de junio de 2006*

Goles: _____

Mi jugador favorito: _____

Mi jugada favorita: _____

Califica el partido:
❑ Aburrido ❑ No pasó nada ❑ Bueno ❑ Muy bueno
❑ Un partidazo ❑ El mejor partido que he visto en mi vida

Comentarios: _____

_____

### POSICIONES FINALES DEL GRUPO C:

| Posición | Equipo | PJ | PG | PE | PP | GF | GC | Puntos |
|----------|--------|----|----|----|----|----|----|--------|
| 1C | | | | | | | | |
| 2C | | | | | | | | |
| 3C | | | | | | | | |
| 4C | | | | | | | | |

## GRUPO D:
### MÉXICO • ANGOLA • IRÁN • PORTUGAL

**GRUPO D – PARTIDO #7**

MÉXICO___ vs. IRÁN___

*Nuremberg, domingo, 11 de junio de 2006*

Goles: _____

Mi jugador favorito: _____

Mi jugada favorita: _____

Califica el partido:
❑ Aburrido          ❑ No pasó nada     ❑ Bueno     ❑ Muy bueno
❑ Un partidazo   ❑ El mejor partido que he visto en mi vida

Comentarios: _____
_____

**GRUPO D – PARTIDO #8**

ANGOLA___ vs. PORTUGAL___

*Colonia, domingo, 11 de junio de 2006*

Goles: _____

Mi jugador favorito: _____

Mi jugada favorita: _____

Califica el partido:
❑ Aburrido          ❑ No pasó nada     ❑ Bueno     ❑ Muy bueno
❑ Un partidazo   ❑ El mejor partido que he visto en mi vida

Comentarios: _____

**GRUPO D – PARTIDO #23**

MÉXICO ___ vs. ANGOLA___

*Hanover, viernes, 16 de junio de 2006*

Goles: _____

Mi jugador favorito: _____

Mi jugada favorita: _____

Califica el partido:
- ❑ Aburrido   ❑ No pasó nada   ❑ Bueno   ❑ Muy bueno
- ❑ Un partidazo   ❑ El mejor partido que he visto en mi vida

Comentarios: _____


**GRUPO D – PARTIDO #24**

PORTUGAL___ vs. IRÁN___

*Francfort, sábado, 17 de junio de 2006*

Goles: _____

Mi jugador favorito: _____

Mi jugada favorita: _____

Califica el partido:
- ❑ Aburrido   ❑ No pasó nada   ❑ Bueno   ❑ Muy bueno
- ❑ Un partidazo   ❑ El mejor partido que he visto en mi vida

Comentarios: _____
_____


**GRUPO D – PARTIDO #39**

PORTUGAL___ vs. MÉXICO___

*Gelsenkirchen, miércoles, 21 de junio de 2006*

Goles: _____

Mi jugador favorito: _____

Mi jugada favorita: _____

Califica el partido:
    ❑ Aburrido    ❑ No pasó nada    ❑ Bueno    ❑ Muy bueno
    ❑ Un partidazo    ❑ El mejor partido que he visto en mi vida

Comentarios: _____

## GRUPO D – PARTIDO #40

### IRÁN___ vs. ANGOLA___
*Leipzig, miércoles, 21 de junio de 2006*

Goles: _____

Mi jugador favorito: _____

Mi jugada favorita: _____

Califica el partido:
    ❑ Aburrido    ❑ No pasó nada    ❑ Bueno    ❑ Muy bueno
    ❑ Un partidazo    ❑ El mejor partido que he visto en mi vida

Comentarios: _____

### POSICIONES FINALES DEL GRUPO D:

| Posición | Equipo | PJ | PG | PE | PP | GF | GC | Puntos |
|----------|--------|----|----|----|----|----|----|--------|
| 1D | | | | | | | | |
| 2D | | | | | | | | |
| 3D | | | | | | | | |
| 4D | | | | | | | | |

## GRUPO E:
### ITALIA · GHANA · ESTADOS UNIDOS · REPÚBLICA CHECA

**GRUPO E – PARTIDO #9**

### ITALIA___ vs. GHANA___
*Hanover, lunes, 12 de junio de 2006*

Goles: _____

Mi jugador favorito: _____

Mi jugada favorita: _____

Califica el partido:
- ❑ Aburrido        ❑ No pasó nada        ❑ Bueno        ❑ Muy bueno
- ❑ Un partidazo        ❑ El mejor partido que he visto en mi vida

Comentarios: _____


**GRUPO E – PARTIDO #10**

### ESTADOS UNIDOS ___ vs. REPÚBLICA CHECA___
*Gelsenkirchen, lunes, 12 de junio de 2006*

Goles: _____

Mi jugador favorito: _____

Mi jugada favorita: _____

Califica el partido:
- ❑ Aburrido        ❑ No pasó nada        ❑ Bueno        ❑ Muy bueno
- ❑ Un partidazo        ❑ El mejor partido que he visto en mi vida

Comentarios: _____

## GRUPO E – PARTIDO #25
### ITALIA___ vs. ESTADOS UNIDOS___
*Kaiserlautern, sábado, 17 de junio de 2006*

Goles: _____

Mi jugador favorito: _____

Mi jugada favorita: _____

Califica el partido:
❑ Aburrido      ❑ No pasó nada      ❑ Bueno      ❑ Muy bueno
❑ Un partidazo      ❑ El mejor partido que he visto en mi vida

Comentarios: _____

## GRUPO E – PARTIDO #26
### REPÚBLICA CHECA___ vs. GHANA___
*Colonia, sábado, 17 de junio de 2006*

Goles: _____

Mi jugador favorito: _____

Mi jugada favorita: _____

Califica el partido:
❑ Aburrido      ❑ No pasó nada      ❑ Bueno      ❑ Muy bueno
❑ Un partidazo      ❑ El mejor partido que he visto en mi vida

Comentarios: _____

## GRUPO E – PARTIDO #41
### REPÚBLICA CHECA___ vs. ITALIA___
*Hamburgo, jueves, 22 de junio de 2006*

Goles: _____

Mi jugador favorito: _____

Mi jugada favorita: _____

Califica el partido:
    ❏ Aburrido    ❏ No pasó nada    ❏ Bueno    ❏ Muy bueno
    ❏ Un partidazo    ❏ El mejor partido que he visto en mi vida

Comentarios: _____


## GRUPO E – PARTIDO #42

GHANA___ vs. ESTADOS UNIDOS___

*Nuremberg, jueves, 22 de junio de 2006*

Goles: _____

Mi jugador favorito: _____

Mi jugada favorita: _____

Califica el partido:
    ❏ Aburrido    ❏ No pasó nada    ❏ Bueno    ❏ Muy bueno
    ❏ Un partidazo    ❏ El mejor partido que he visto en mi vida

Comentarios: _____

_____

### POSICIONES FINALES DEL GRUPO E:

| Posición | Equipo | PJ | PG | PE | PP | GF | GC | Puntos |
|----------|--------|----|----|----|----|----|----|--------|
| 1E | | | | | | | | |
| 2E | | | | | | | | |
| 3E | | | | | | | | |
| 4E | | | | | | | | |

## GRUPO F:
### BRASIL · CROACIA · AUSTRALIA · JAPÓN

**GRUPO F – PARTIDO #11**

### BRASIL___ vs. CROACIA___
*Berlín, martes, 13 de junio de 2006*

Goles: _____

Mi jugador favorito: _____

Mi jugada favorita: _____

Califica el partido:
❏ Aburrido ❏ No pasó nada ❏ Bueno ❏ Muy bueno
❏ Un partidazo ❏ El mejor partido que he visto en mi vida

Comentarios: _____


**GRUPO F – PARTIDO #12**

### AUSTRALIA___ vs. JAPÓN___
*Kaiserlautern, lunes, 12 de junio de 2006 (Así es, el #12 se juega antes del #11).*

Goles: _____

Mi jugador favorito: _____

Mi jugada favorita: _____

Califica el partido:
❏ Aburrido ❏ No pasó nada ❏ Bueno ❏ Muy bueno
❏ Un partidazo ❏ El mejor partido que he visto en mi vida

Comentarios: _____

## GRUPO F – PARTIDO #27
### BRASIL___ vs. AUSTRALIA___
*Munich, domingo, 18 de junio de 2006*

Goles: _____

Mi jugador favorito: _____

Mi jugada favorita: _____

Califica el partido:
  ❑ Aburrido        ❑ No pasó nada      ❑ Bueno      ❑ Muy bueno
  ❑ Un partidazo    ❑ El mejor partido que he visto en mi vida

Comentarios: _____


## GRUPO F – PARTIDO #28
### JAPÓN___ vs. CROACIA___
*Nuremberg, domingo, 18 de junio de 2006*

Goles: _____

Mi jugador favorito: _____

Mi jugada favorita: _____

Califica el partido:
  ❑ Aburrido        ❑ No pasó nada      ❑ Bueno      ❑ Muy bueno
  ❑ Un partidazo    ❑ El mejor partido que he visto en mi vida

Comentarios: _____


## GRUPO F – PARTIDO #43
### JAPÓN___ vs. BRASIL___
*Dortmund, jueves, 22 de junio de 2006*

Goles: _____

Mi jugador favorito: _____

Mi jugada favorita: _____

Califica el partido:
- ❏ Aburrido     ❏ No pasó nada     ❏ Bueno     ❏ Muy bueno
- ❏ Un partidazo  ❏ El mejor partido que he visto en mi vida

Comentarios: _____

## GRUPO F – PARTIDO #44
### CROACIA___ VS. AUSTRALIA___
*Stuttgart, jueves, 22 de junio de 2006*

Goles: _____

Mi jugador favorito: _____

Mi jugada favorita: _____

Califica el partido:
- ❏ Aburrido     ❏ No pasó nada     ❏ Bueno     ❏ Muy bueno
- ❏ Un partidazo  ❏ El mejor partido que he visto en mi vida

Comentarios: _____

### POSICIONES FINALES DEL GRUPO F:

| Posición | Equipo | PJ | PG | PE | PP | GF | GC | Puntos |
|----------|--------|----|----|----|----|----|----|--------|
| 1F       |        |    |    |    |    |    |    |        |
| 2F       |        |    |    |    |    |    |    |        |
| 3F       |        |    |    |    |    |    |    |        |
| 4F       |        |    |    |    |    |    |    |        |

## GRUPO G:
### FRANCIA · SUIZA · REPÚBLICA DE COREA · TOGO

**GRUPO G – PARTIDO #13**

FRANCIA___ vs. SUIZA___

*Stuttgart, martes, 13 de junio de 2006*

Goles: _____

Mi jugador favorito: _____

Mi jugada favorita: _____

Califica el partido:
- ❏ Aburrido     ❏ No pasó nada     ❏ Bueno     ❏ Muy bueno
- ❏ Un partidazo     ❏ El mejor partido que he visto en mi vida

Comentarios: _____

**GRUPO G – PARTIDO #14**

REPÚBLICA DE COREA___ vs. TOGO___

*Francfort, martes, 13 de junio de 2006*

Goles: _____

Mi jugador favorito: _____

Mi jugada favorita: _____

Califica el partido:
- ❏ Aburrido     ❏ No pasó nada     ❏ Bueno     ❏ Muy bueno
- ❏ Un partidazo     ❏ El mejor partido que he visto en mi vida

Comentarios: _____

## GRUPO G – PARTIDO #29
### FRANCIA___ vs. REPÚBLICA DE COREA___
*Leipzig, domingo, 18 de junio de 2006*

Goles: _____

Mi jugador favorito: _____

Mi jugada favorita: _____

Califica el partido:
- ❏ Aburrido  ❏ No pasó nada  ❏ Bueno  ❏ Muy bueno
- ❏ Un partidazo  ❏ El mejor partido que he visto en mi vida

Comentarios: _____

## GRUPO G – PARTIDO #30
### TOGO___ vs. SUIZA___
*Dortmund, lunes, 19 de junio de 2006*

Goles: _____

Mi jugador favorito: _____

Mi jugada favorita: _____

Califica el partido:
- ❏ Aburrido  ❏ No pasó nada  ❏ Bueno  ❏ Muy bueno
- ❏ Un partidazo  ❏ El mejor partido que he visto en mi vida

Comentarios: _____

## GRUPO G – PARTIDO #45
### TOGO___ vs. FRANCIA___
*Colonia, viernes, 23 de junio de 2006*

Goles: _____

Mi jugador favorito: _____

Mi jugada favorita: _____

Califica el partido:
❑ Aburrido ❑ No pasó nada ❑ Bueno ❑ Muy bueno
❑ Un partidazo ❑ El mejor partido que he visto en mi vida

Comentarios: _____

## GRUPO G – PARTIDO #46
### SUIZA___ vs. REPÚBLICA DE COREA ___
*Hanover, viernes, 23 de junio de 2006*

Goles: _____

Mi jugador favorito: _____

Mi jugada favorita: _____

Califica el partido:
❑ Aburrido ❑ No pasó nada ❑ Bueno ❑ Muy bueno
❑ Un partidazo ❑ El mejor partido que he visto en mi vida

Comentarios: _____

### POSICIONES FINALES DEL GRUPO G:

| Posición | Equipo | PJ | PG | PE | PP | GF | GC | Puntos |
|----------|--------|----|----|----|----|----|----|--------|
| 1G | | | | | | | | |
| 2G | | | | | | | | |
| 3G | | | | | | | | |
| 4G | | | | | | | | |

## GRUPO H:
### ESPAÑA • UCRANIA • TÚNEZ • ARABIA SAUDITA

**GRUPO H – PARTIDO #15**

### ESPAÑA___ vs. UCRANIA___
*Leipzig, miércoles, 14 de junio de 2006*

Goles: _____

Mi jugador favorito: _____

Mi jugada favorita: _____

Califica el partido:
❑ Aburrido     ❑ No pasó nada    ❑ Bueno    ❑ Muy bueno
❑ Un partidazo  ❑ El mejor partido que he visto en mi vida

Comentarios: _____

**GRUPO H – PARTIDO #16**

### TÚNEZ___ vs. ARABIA SAUDITA___
*Munich, miércoles, 14 de junio de 2006*

Goles: _____

Mi jugador favorito: _____

Mi jugada favorita: _____

Califica el partido:
❑ Aburrido     ❑ No pasó nada    ❑ Bueno    ❑ Muy bueno
❑ Un partidazo  ❑ El mejor partido que he visto en mi vida

Comentarios: _____

## GRUPO H – PARTIDO #31

ESPAÑA___ vs. TÚNEZ___

*Stuttgart, lunes, 19 de junio de 2006*

Goles: _____

Mi jugador favorito: _____

Mi jugada favorita: _____

Califica el partido:
- ❑ Aburrido      ❑ No pasó nada      ❑ Bueno      ❑ Muy bueno
- ❑ Un partidazo  ❑ El mejor partido que he visto en mi vida

Comentarios: _____

## GRUPO H – PARTIDO #32

ARABIA SAUDITA___ vs. UCRANIA___

*Hamburgo, lunes, 19 de junio de 2006*

Goles: _____

Mi jugador favorito: _____

Mi jugada favorita: _____

Califica el partido:
- ❑ Aburrido      ❑ No pasó nada      ❑ Bueno      ❑ Muy bueno
- ❑ Un partidazo  ❑ El mejor partido que he visto en mi vida

Comentarios: _____

## GRUPO H – PARTIDO #47

ARABIA SAUDITA___ vs. ESPAÑA___

*Kaiserslautern, viernes, 23 de junio de 2006*

Goles: _____

Mi jugador favorito: _____

¡Vamos al Mundial!

Mi jugada favorita: _____

Califica el partido:
  ❏ Aburrido    ❏ No pasó nada    ❏ Bueno    ❏ Muy bueno
  ❏ Un partidazo  ❏ El mejor partido que he visto en mi vida

Comentarios: _____

### GRUPO H – PARTIDO #48

UCRANIA___ vs. TÚNEZ___

*Berlín, viernes, 23 de junio de 2006*

Goles: _____

Mi jugador favorito: _____

Mi jugada favorita: _____

Califica el partido:
  ❏ Aburrido    ❏ No pasó nada    ❏ Bueno    ❏ Muy bueno
  ❏ Un partidazo  ❏ El mejor partido que he visto en mi vida

Comentarios: _____

### POSICIONES FINALES DEL GRUPO H:

| Posición | Equipo | PJ | PG | PE | PP | GF | GC | Puntos |
|----------|--------|----|----|----|----|----|----|--------|
| 1H | | | | | | | | |
| 2H | | | | | | | | |
| 3H | | | | | | | | |
| 4H | | | | | | | | |

# SEGUNDA RONDA

Equipos que avanzan a **OCTAVOS DE FINAL**

1. _____    9. _____

2. _____    10. _____

3. _____    11. _____

4. _____    12. _____

5. _____    13. _____

6. _____    14. _____

7. _____    15. _____

8. _____    16. _____

Así se jugarán los **OCTAVOS DE FINAL**

_____ vs. _____         _____ vs _____

_____ vs. _____         _____ vs _____

_____ vs. _____         _____ vs _____

_____ vs. _____         _____ vs _____

## OCTAVOS DE FINAL – PARTIDO #49

1A_____ _____ vs. 2B_____
*Munich, sábado, 24 de junio de 2006*

Goles: _____

Mi jugador favorito: _____

Mi jugada favorita: _____

Califica el partido:
❏ Aburrido      ❏ No pasó nada    ❏ Bueno      ❏ Muy bueno
❏ Un partidazo  ❏ El mejor partido que he visto en mi vida

Avanza a cuartos de final: _____

Comentarios: _____


## OCTAVOS DE FINAL – PARTIDO #50

1C_____ ___ vs. 2D_____ ___
*Leipzig, sábado, 24 de junio de 2006*

Goles: _____

Mi jugador favorito: _____

Mi jugada favorita: _____

Califica el partido:
❏ Aburrido      ❏ No pasó nada    ❏ Bueno      ❏ Muy bueno
❏ Un partidazo  ❏ El mejor partido que he visto en mi vida

Avanza a cuartos de final: _____

Comentarios: _____

## OCTAVOS DE FINAL – PARTIDO #51

1B_____  ___  vs.  2A_____  ___

*Stuttgart, domingo, 25 de junio de 2006*

Goles: _____

Mi jugador favorito: _____

Mi jugada favorita: _____

Califica el partido:
   ❏ Aburrido        ❏ No pasó nada    ❏ Bueno     ❏ Muy bueno
   ❏ Un partidazo   ❏ El mejor partido que he visto en mi vida

Avanza a cuartos de final: _____

Comentarios: _____


## OCTAVOS DE FINAL – PARTIDO #52

1D_____  ___  vs.  2C_____  ___

*Nuremberg, domingo, 25 de junio de 2006*

Goles: _____

Mi jugador favorito: _____

Mi jugada favorita: _____

Califica el partido:
   ❏ Aburrido        ❏ No pasó nada    ❏ Bueno     ❏ Muy bueno
   ❏ Un partidazo   ❏ El mejor partido que he visto en mi vida

Avanza a cuartos de final: _____

Comentarios: _____

## OCTAVOS DE FINAL – PARTIDO #53

1E_____ \_\_\_ vs. 2F_____ \_\_\_
*Kaiserlautern, lunes, 26 de junio de 2006*

Goles: _____

Mi jugador favorito: _____

Mi jugada favorita: _____

Califica el partido:
❑ Aburrido  ❑ No pasó nada  ❑ Bueno  ❑ Muy bueno
❑ Un partidazo  ❑ El mejor partido que he visto en mi vida

Avanza a cuartos de final: _____

Comentarios: _____

## OCTAVOS DE FINAL – PARTIDO #54

1G_____ \_\_\_ vs. 2H_____ \_\_\_
*Colonia, lunes, 26 de junio de 2006*
Goles: _____

Mi jugador favorito: _____

Mi jugada favorita: _____

Califica el partido:
❑ Aburrido  ❑ No pasó nada  ❑ Bueno  ❑ Muy bueno
❑ Un partidazo  ❑ El mejor partido que he visto en mi vida

Avanza a cuartos de final: _____

Comentarios: _____

## OCTAVOS DE FINAL – PARTIDO #55

1F_____  ___  vs.  2E_____

*Dortmund, martes, 27 de junio de 2006*

Goles: _____

Mi jugador favorito: _____

Mi jugada favorita: _____

Califica el partido:
    ❏ Aburrido    ❏ No pasó nada    ❏ Bueno    ❏ Muy bueno
    ❏ Un partidazo    ❏ El mejor partido que he visto en mi vida

Avanza a cuartos de final: _____

Comentarios: _____

## OCTAVOS DE FINAL – PARTIDO #56

1H_____  ___  vs.  2G_____  ___

*Hanover, martes, 27 de junio de 2006*

Goles: _____

Mi jugador favorito: _____

Mi jugada favorita: _____

Califica el partido:
    ❏ Aburrido    ❏ No pasó nada    ❏ Bueno    ❏ Muy bueno
    ❏ Un partidazo    ❏ El mejor partido que he visto en mi vida

Avanza a cuartos de final: _____

Comentarios: _____

# CUARTOS DE FINAL

Equipos que avanzan a **CUARTOS DE FINAL**

1. _____     5. _____

2. _____     6. _____

3. _____     7. _____

4. _____     8. _____

Así se jugarán los **CUARTOS DE FINAL**

_____ vs. _____

_____ vs. _____

_____ vs. _____

_____ vs. _____

## CUARTOS DE FINAL – PARTIDO #57

1_____ ___ vs. 3_____ ___

*Berlín, viernes, 30 de junio de 2006*

Goles: _____

Mi jugador favorito: _____

Mi jugada favorita: _____

Califica el partido:
   ❏ Aburrido        ❏ No pasó nada     ❏ Bueno     ❏ Muy bueno
   ❏ Un partidazo  ❏ El mejor partido que he visto en mi vida

Avanza a la semifinal: _____

Comentarios: _____

## CUARTOS DE FINAL – PARTIDO #58

5_____ ___ vs. 7_____ ___

*Hamburgo, viernes, 30 de junio de 2006*

Goles: _____

Mi jugador favorito: _____

Mi jugada favorita: _____

Califica el partido:
   ❏ Aburrido        ❏ No pasó nada     ❏ Bueno     ❏ Muy bueno
   ❏ Un partidazo  ❏ El mejor partido que he visto en mi vida

Avanza a la semifinal: _____

Comentarios: _____

## CUARTOS DE FINAL – PARTIDO #59

2_____ ___ vs 4_____ ___

*Gelsenkirchen, sábado, 1° de julio de 2006*

Goles: _____

Mi jugador favorito: _____

Mi jugada favorita: _____

Califica el partido:
❏ Aburrido       ❏ No pasó nada    ❏ Bueno      ❏ Muy bueno
❏ Un partidazo   ❏ El mejor partido que he visto en mi vida

Avanza a la semifinal: _____

Comentarios: _____

## CUARTOS DE FINAL – PARTIDO #60

6_____ ___ vs 8_____ ___

*Francfort, sábado, 1° de julio de 2006*

Goles: _____

Mi jugador favorito: _____

Mi jugada favorita: _____

Califica el partido:
❏ Aburrido       ❏ No pasó nada    ❏ Bueno      ❏ Muy bueno
❏ Un partidazo   ❏ El mejor partido que he visto en mi vida

Avanza a la semifinal: _____

Comentarios: _____

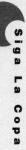

# SEMIFINALES

### Así se jugarán las **SEMIFINALES**

_____ vs. _____    _____ vs. _____

## SEMIFINAL – PARTIDO #61

A_____ ___ vs. C_____ ___

*Dortmund, martes, 4 de julio de 2006*

Goles: _____ Mi jugador favorito: _____

Mi jugada favorita: _____

Califica el partido:
- ❏ Aburrido    ❏ No pasó nada    ❏ Bueno    ❏ Muy bueno
- ❏ Un partidazo    ❏ El mejor partido que he visto en mi vida

Avanza a la gran final: _____

Comentarios: _____

## SEMIFINAL – PARTIDO #62

B_____ ___ vs. D_____ ___

*Munich, miércoles, 5 de julio de 2006*

Goles: _____ Mi jugador favorito: _____

Mi jugada favorita: _____

Califica el partido:
- ❏ Aburrido    ❏ No pasó nada    ❏ Bueno    ❏ Muy bueno
- ❏ Un partidazo    ❏ El mejor partido que he visto en mi vida

Avanza a la gran final: _____

Comentarios: _____

# TERCER LUGAR

**TERCER LUGAR – PARTIDO #63**

_____ ___ vs. _____ ___
*Stuttgart, sábado, 8 de julio de 2006*

Goles: _____

Mi jugador favorito: _____

Mi jugada favorita: _____

Califica el partido:
- ❏ Aburrido     ❏ No pasó nada     ❏ Bueno     ❏ Muy bueno
- ❏ Un partidazo     ❏ El mejor partido que he visto en mi vida

Comentarios: _____

_____

Ganador del tercer lugar:_____

# LA GRAN FINAL DE BERLÍN

_____ VS. _____

## LA GRAN FINAL – PARTIDO #64

_____ _____ VS. _____ _____

*Berlín, domingo, 9 de julio de 2006*

Goles: _____

Mi jugador favorito: _____

Mi jugada favorita: _____

Califica el partido:
    ❑ Aburrido   ❑ No pasó nada   ❑ Bueno   ❑ Muy bueno
    ❑ Un partidazo   ❑ El mejor partido que he visto en mi vida

Comentarios: _____

_____

Campeón Mundial: _____

Subcampeón Mundial: _____

# RESUMEN DE ALEMANIA 2006

Campeón: _____

Técnico del Campeón: _____

Subcampeón: _____

Técnico del Subcampeón: _____

Máximo goleador: _____

Otros goleadores: _____

Mayor goleada: _____

Mejores partidos: _____

Mejor jugador de la Copa: _____

Mi jugador favorito: _____

## Equipo Ideal

Arquero: _____

Defensas: 1. _____ 3. _____

2. _____ 4. _____

Medios: 1. _____ 3. _____

2. _____ 4. _____

Delanteros: 1. _____ 2. _____

# Posiciones Finales

1. _____

2. _____

3. _____

4. _____

5. _____

6. _____

7. _____

8. _____

9. _____

10. _____

11. _____

12. _____

13. _____

14. _____

15. _____

16. _____

17. _____

18. _____

19. _____

20. _____

21. _____

22. _____

23. _____

24. _____

25. _____

26. _____

27. _____

28. _____

29. _____

30. _____

31. _____

32. _____

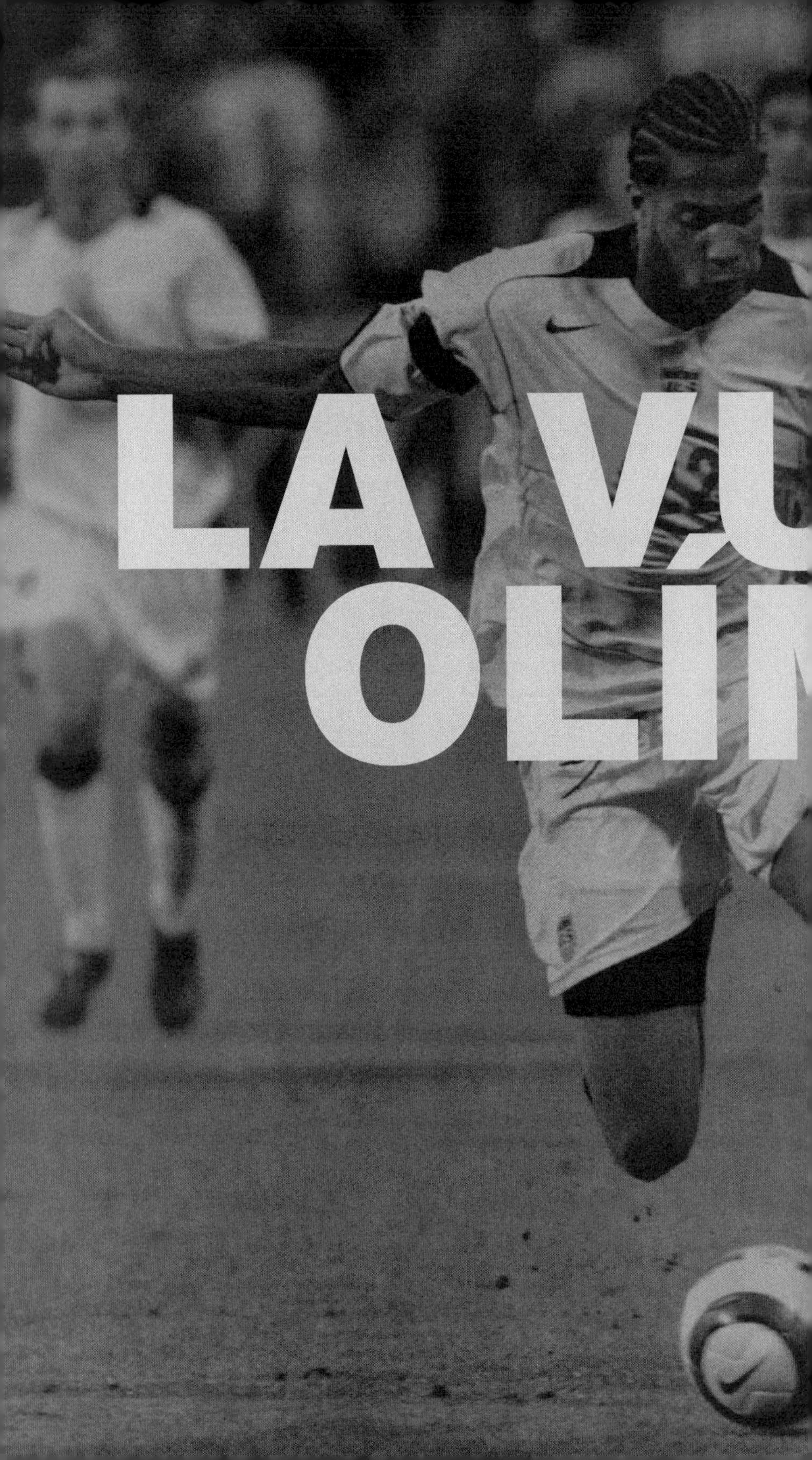
LA VU
OLI

UELTA
MPICA

## Las Doce Sedes del Mundial

## LAS DOCE SEDES DEL MUNDIAL

**C**omo decimos en televisión, "estamos llegando al final de nuestro programa." Pero antes de despedirnos y tal como se lo prometí al principio, vamos a concluir nuestro recorrido mundialista con una "Vuelta Olímpica," trofeo en mano si así lo desea, por las doce ciudades sedes del Decimoctavo Campeonato Mundial, Copa FIFA, Alemania 2006.

Vamos a empezar por el sur, precisamente donde todo dará inicio el viernes, 9 de junio, en la hermosa ciudad de Munich, capital del Estado de Bavaria. De allí iremos subiendo hacia el Norte, en un zig-zag de oeste a este, hasta llegar a Berlín, la capital alemana y sede de la gran final el domingo, 9 de julio.

Una vez conozcamos a Munich iremos a una de sus vecinas sureñas, la ciudad de Stuttgart. De ahí cruzaremos al este, a la bella Nuremberg, y luego al centro de Alemania, donde encontraremos tres sedes muy cercanas: Francfort, Kaiserlautern y Colonia.

Seguiremos zigzagueando y nos iremos al este del país, al corazón de la vieja Alemania Oriental, a la ciudad de Leipzig (que se pronuncia Laip-zig). Luego cruzaremos hacia el oeste, donde se encuentran otras dos sedes: Dortmund y Gelsenkirchen (pronunciado Gelsen-kír-jen).

El viaje nos llevará después al norte de Alemania, a las ciudades de Hanover y Hamburgo, y luego al noreste, al fin de nuestro recorrido: Berlín.

Así es que póngase cómodo, prepare la cámara fotográfica y agarre su Copa, la que quiera, porque vamos a dar una "Vuelta Olímpica" por toda Deutschland, la hermosa Alemania.

# Munich:
## El Corazón de Bavaria

**Comenzamos** por la sede de la inauguración del Mundial, el día 9 de junio de 2006, la bella ciudad de Munich. Es la tercera ciudad de Alemania, pero la más visitada. Es también, una de las ciudades más importantes de Europa.

Aquí estará ubicado el Centro Internacional de Prensa, y desde aquí se transmitirán los partidos de la Copa a todo el mundo.

La ciudad no es muy grande. Tiene una población aproximada de un millón y medio de habitantes. Es un centro financiero y la capital del Estado de Bavaria, al sur del país, el estado más "alemán" de Alemania. Lo que Jalisco es para México, Bavaria lo es para Alemania. De aquí vienen las polcas con acordeón y trompeta que todos identificamos como música alemana, y esos pantalones cortos de cuero y con tirantes que usan los hombres en las montañas de los Alpes.

Y claro está, como ya dijimos, la mejor y más popular cerveza de toda Alemania es de aquí.

Por ser la casa del Bayern Munich, el equipo de fútbol profesional más popular del país, Munich tiene la fama de ser una ciudad deportiva. Aquí se celebraron los Juegos Olímpicos de 1972 y varias finales de campeonatos, como la del Mundial del 74, la Euro Copa 88, la Liga de Campeones de Europa del 97, y varios campeonatos europeos de atletismo y baloncesto.

Fue fundada a orillas del río Isar y a las faldas de los Alpes, hace más de setecientos años, pero su aspecto es el de una ciudad joven. Al igual que la mayoría de las grandes ciudades alemanas, Munich también fue destruida en la Segunda Guerra Mundial, pero fue reconstruida después. Por eso parece una ciudad moderna.

Su centro histórico, sin embargo, encierra edificaciones e iglesias antiguas reconstruidas en su esplendor original. Las más hermosas están alrededor de la plaza Karlplatz, como la Iglesia de San Miguel y el símbolo de Munich, la Catedral de Nuestra Señora, la Frauenkirche. La otra plaza del centro histórico, es la Marienplatz, la Plaza de la Virgen María. Está rodeada por el lindo edificio del Ayuntamiento (Rathaus), la Iglesia del Espíritu Santo, la de San Pedro, y la atracción turística más conocida de Munich, la Torre Glockenspiel, con sus figuras mecánicas rotatorias que representan dos episodios de la historia local.

No olvide llevar su cámara de fotos o video, porque el lugar es muy fotogénico, muy alemán.

## EL NUEVO ESTADIO DE MUNICH

El viejo estadio de los Olímpicos de Munich y la final del 74, el Olympiastadion Munchen, todavía existe, pero no será sede de esta Copa. Ha sido sustituido por una estructura espectacular, el mejor estadio de Alemania, y uno de los más modernos del mundo.

Se llama Estadio de la Copa Mundial de FIFA de Munich y está ubicado al norte de la ciudad, en la zona de Frottmaning. Tiene tres pisos de gradas donde caben 66 mil personas, todas bajo techo. Costó 280 millones de euros y fue inaugurado en el verano del 2005. La construcción la pagaron entre el ayuntamiento de Munich, el Bayern Munich y el otro equipo de la ciudad en la Bundesliga, el TSV 1860 Munich.

Por fuera, la imagen del estadio es mágica. Esta forrado de una coraza transparente que lo envuelve y le da un aire futurista impresionante. Aquí se llevará a cabo la inauguración, se jugarán cuatro partidos de la primera ronda, uno de los octavos de final, y una de las semifinales.

Por cierto, en el Mundial del 74 se jugaron seis partidos en el viejo estadio Olímpico de Munich: Italia–Haití, Haití–Polonia y Argentina–Haití en la primera ronda. Después Brasil–Polonia por el tercer lugar, y la gran final que los alemanes le ganaron 2–1 a Cruyff y su Naranja Mecánica holandesa.

## ¿QUIÉN JUGARÁ EN MUNICH?

Los cuatro encuentros de la primera ronda que se jugarán en Munich son los siguientes (la hora local en Alemania es 6 horas más que en el este de los EE.UU.):

**Viernes, 9 de junio, 6 p.m. (Inauguración):** Alemania–
Costa Rica
**Miércoles, 14 de junio, 6 p.m.:** Túnez–Arabia Saudita
**Domingo, 18 de junio, 3 p.m.:** Brasil–Australia
**Miércoles, 21 de junio, 4 p.m.:** Costa de Marfil–Serbia
y Montenegro

El partido de octavos de final será el sábado 24 de junio a las 5
p.m., entre el ganador del Grupo A y el 2do del Grupo B. La semifinal
es el miércoles 5 de junio a las 9 p.m..

## EL TURISMO EN MUNICH

**C**omo ya dijimos, el centro histórico de la ciudad es muy atractivo y
fotogénico, con plazas y catedrales antiguas. Visitarlo es obligatorio. Cuando estén allí, acérquense al Mercado Viktualien, el
Viktualienmarkt, un colorido mercado al aire libre. Se los recomiendo
por las frutas, los vegetales, las carnes, los puestos de salchichas y por
las dos cervecerías que allí se encuentran. Es un rincón ideal para

saborear la cerveza de Bavaria y ver a los locales comprar sus víveres. Otro lugar cercano ideal para ir a almorzar es el muy bávaro restaurante Weisses Brauhaus. La comida y la decoración es la más auténtica de la región, y tiene que ser un buen restaurante, porque aquí es donde almuerzan los nativos.

Otro restaurante popular de la Marienplatz es el Hofbrauhaus, aunque su mayor clientela son los turistas. Como usted será uno de ellos, no se sienta mal en comer ahí. Es muy buen restaurante y mucho más pintoresco que la versión americanizada que hay en Las Vegas.

Las dos plazas, la Karlsplatz y la Marienplatz son buenos lugares para ir de compras, en especial, *souvenirs*. También hay boutiques, zapaterías, jugueterías y un par de tiendas por departamentos.

Ya que hablamos de plazas, la Koningsplatz al oeste de la ciudad, es el lugar obligatorio para ir a disfrutar del arte y la cultura. Es la plaza más impresionante de Munich, rodeada solamente de museos. Hay para todos los gustos: arte antiguo y moderno.

Para irse de rumba, deben visitar la Calle Leopoldstrasse, repleta de restaurantes, cafés, bares, discotecas y con muy buen ambiente. Es el centro de la vida nocturna en Munich.

## MI RINCÓN FAVORITO

Al día siguiente, relájese en mi lugar favorito de Munich, el parque principal de la ciudad, el Jardín Inglés (el Englischer Garten).

Es inmenso, uno de los más grandes de Europa, ideal para caminar, correr o bañarse en los canales del Río Isar que lo atraviesan. Fue construido hace más de doscientos años. El atardecer también es buena hora para visitarlo. Dentro del parque está una de las más famosas y antiguas cervecerías de Munich, llamada la Torre China (Chineischer Turm) por su pagoda construida en 1791. Se la recomiendo, lo mismo que subir a la colina del templo griego del parque, el Monopteros, desde donde se aprecia una hermosa vista de la ciudad.

Si el calor lo agobia, lo dudo porque el verano alemán es fresco, pero es posible, póngase su traje de baños y váyase a los Baños Públicos Muller (Mullersche Volksbad), ubicados al otro lado del Río Isar. El lugar es hermoso, con una piscina majestuosa construida en 1900. Además de refrescarse y nadar un rato, el espectáculo de ver tantos alemanes juntos y con poca ropa (algunos desnudos) es digno para ser contado a los amigos en casa.

# Stuttgart:
## La Capital del Automóvil

**En** 1926 Stuttgart dejó de ser un pueblito al borde de la Selva Negra del sur alemán, para convertirse en la capital del automóvil.

Ese año los dos grandes fabricantes de autos de lujo, Mercedes-Benz y Porsche, establecieron sus fábricas en el pueblo y lo cambiaron para siempre.

Hoy, con casi 600 mil habitantes, Stuttgart es una de las ciudades industriales más importantes de Alemania y Europa. Es también la capital del Estado Baden-Wurttemberg, con el ingreso per capita más alto de toda Alemania.

Está ubicada a unos 220 km (130 mi.) al noroeste de Munich, en un hermoso valle donde los romanos la fundaron hace casi 2 mil años. Durante el Renacimiento vivió años prósperos de desarrollo cultural y

comercial. De esa época son los dos palacios que simbolizan a la ciudad, el Altes Schloss (el Palacio Antiguo) y el Neues Schloss (el Palacio Nuevo). Ambos son elegantísimos y se encuentran en el centro de Stuttgart, alrededor de la Plaza Schillerplatz.

## EL ESTADIO DE STUTTGART

El equipo local de la Bundesliga es el Stuttgart. Su sede es el estadio Gottlieb-Daimler, estadio oficial de la Copa del 2006 y que también fue sede en 1974 (aquí jugó Argentina contra Polonia e Italia).

Es uno de los estadios más antiguos de Alemania, construido en 1933 con el nombre de Neckar-Stadion. Aquí jugó Alemania por primera vez después de la Segunda Guerra Mundial (en 1950 contra Suiza). También jugó por primera vez como país unificado en 1990 (nuevamente contra los suizos).

Otro dato curioso es que el actual técnico de la selección alemana, Jurgen Klinsmann, se retiró como futbolista en esta misma cancha en 1999. Si su selección queda segunda en el Grupo A, jugará aquí contra el ganador del B el 25 de junio (podría ser Inglaterra, ¿se lo imaginan?).

Otra oportunidad la tendrá si Alemania pierde en semifinales y tiene que jugar por el tercer lugar en Stuttgart el 8 de julio (dudo que ese juego le interese mucho a Klinsmann. No creo que esté de buen humor ese día).

Desde su construcción, el Gottlieb-Daimler ha tenido varias expansiones y reconstrucciones. Hoy tiene una capacidad para 54 mil personas en cómodas tribunas techadas.

## ¿QUIÉN JUEGA EN STUTTGART?

**S**tuttgart será la sede de cuatro partidos de la primera fase y dos de la segunda. Estas son las fechas y los horarios (hora local):

**Martes, 13 de junio, 6 p.m.:** Francia–Suiza
**Viernes, 16 de junio, 6 p.m.:** Holanda–Costa de Marfil
**Lunes, 19 de junio, 9 p.m.:** España–Túnez
**Jueves, 22 de junio, 9 p.m.:** Croacia–Australia

Los partidos de la segunda fase serán el domingo 25 de junio, entre el ganador del Grupo A y segundo del Grupo B, y el 8 de julio, donde se definirá el tercer lugar del torneo.

## TURISMO EN STUTTGART

**L**os dos palacios nombrados anteriormente son dignos de una visita, pero por tratarse de la capital del automóvil alemán (la Detroit de Alemania), la mayor atracción de Stuttgart son los Museos de la Mercedes y de la Porsche.

Ambos se los recomiendo, sea usted amante o no de los automóviles, especialmente el de la Mercedes. La entrada es gratis y proveen un audio-tour en varios idiomas, incluyendo inglés y español. A partir del 20 de mayo del 2006 el museo se muda para un nuevo edificio y probablemente cobren entrada. Tendrá casi doscientos autos y camiones en exhibición.

Para su dieta de *shopping* les recomiendo ir a la Plaza Schlossplatz. Entre las artesanías locales que puede comprar allí, están los populares relojes "cucú" de pared, famosos en todo el mundo. Si quiere hacerle un buen regalo a la suegra, cómprele uno y verá los resultados. Es más, llévese uno para usted también.

## MI RINCÓN FAVORITO

**D**efinitivamente es el Museo de la Mercedes-Benz. Es una magnífica oportunidad para admirar las joyas mecánicas producidas a través de los años por este monstruo industrial, una de las empresas más prestigiosas e influyentes del planeta.

Por cierto, la nueva sede del Museo está muy cerca del estadio Gottlieb-Daimler, así es que usted puede planear su visita para el mismo día de un partido.

# Nuremberg:
## La Ciudad Medieval

**La** Segunda Guerra Mundial la dejó en ruinas, pero sus habitantes supieron reconstruirla y revivir su hermoso pasado medieval.

Hoy en día, Nuremberg es una de las ciudades más pintorescas de Alemania, con sus casitas de techos rojos y callejuelas angostas e irregulares en el mejor estilo de la Edad Media. La guerra perdonó parte de la muralla que la rodeaba en aquella época y todavía podemos apreciarla.

Nuremberg se encuentra aproximadamente a unos 160 km (100 mi.) al norte de Munich, en el mismo Estado de Bavaria, con una población de medio millón de habitantes. Su historia comenzó a finales del primer milenio, allá por el año mil, cuando fue fundada como un campamento militar del Emperador Heinrich III.

Nuremberg también es conocida, desafortunadamente, por su pasado nazi.

Era una de las ciudades favoritas de Hitler, quien quiso convertirla en la capital del Tercer Reich. Por sus calles marcharon más de una vez los miembros de la juventud hitleriana, uniformados de marrón y desafiantes. Aquí se escribieron las leyes raciales anti-judías del gobierno nazi. Por eso llevaron el nombre de la ciudad. También fue la sede del famoso tribunal que juzgó y sentenció a los líderes de aquel gobierno después de la guerra.

Parte de ese pasado oscuro puede verse en un museo ubicado en el inmenso estadio que los nazis construyeron al sur de la ciudad. La exhibición se llama "Fascinación y Terror" (Faszination und Gewalt). Del estadio sólo quedan las ruinas que dejó la guerra y el podio desde donde Hitler lanzaba sus discursos.

## EL "FRANKEN STADION" DE NUREMBERG

**F**ue construido en 1991 y remodelado en 2005, justo a tiempo para la Copa Confederaciones. Aquí se jugaron 3 partidos: Argentina–Australia, Argentina–Alemania y Brasil–Alemania en semifinales. También fue escenario de la final de la Copa de Campeones de Europa en 1997. El Mundial del 2006 será la primera participación del Franken-Stadion en este evento.

Su diseño es muy moderno y está construido en la forma de un heptágono, es decir, no es ni ovalado, redondo, ni cuadrado, sino que tiene ocho lados.

Su capacidad es de 37 mil personas y es la casa del equipo local, el FC Nuremberg, Campeón de Alemania en nueve ocasiones.

### ¿QUÉ PAÍSES JUGARÁN EN NUREMBERG?

**N**ada menos que México y Estados Unidos.

Los mexicanos abrirán la primera fase de la competencia en Nuremberg, y los "gringuitos" la cerrarán. En total habrá 5 juegos en esta sede. Este es el horario (hora local) :

**Domingo, 11 de junio, 6 p.m.:** México–Irán
**Jueves, 15 de junio, 6 p.m.:** Inglaterra–Trinidad y Tobago
**Domingo, 18 de junio, 3 p.m.:** Japón–Croacia
**Jueves, 22 de junio, 4 p.m.:** Estados Unidos–Ghana

En la segunda fase sólo habrá un partido en el Franken Stadion, el martes 25 de junio a las 9 p.m. (hora local) entre el ganador del Grupo D y el segundo del C (es decir, México podría volver a jugar aquí; Argentina también).

## TURISMO EN NUREMBERG

El corazón de la ciudad es la Plaza del Mercado Principal (el Hauptmarkt) donde se encuentra una bella iglesia, la Iglesia de Nuestra Señora (Frauenkirche). Aquí es donde se siente la vida y la energía diaria de Nuremberg. Es también el mejor lugar para comprar artesanías y souvenirs de la ciudad.

Junto a la iglesia está uno de los símbolos de Nuremberg, una inmensa fuente de agua en estilo gótico que más que fuente parece un altar en forma de obelisco. Se llama la Fuente de Schoner (Schoner Brunnen). Fue construida hace más de quinientos años y mide unos 20 metros de alto (62 pies). Está decorada con cuarenta estatuas de personajes de la Biblia y de la historia local. Es impresionante. No deje de visitarla y tomarle fotos.

En la calle Burgstrasse, saliendo de la Plaza del Mercado, les recomiendo ir a la Fembohaus, una mansión construida en el siglo XVI. Tome el elevador al piso más alto y tendrá una buena vista de todo Nuremberg.

Al salir de la mansión siga subiendo por la misma calle, hasta llegar a lo alto de una pequeña colina donde se encuentra la edificación más hermosa de la ciudad, el Castillo del Emperador, el famoso Kaiserburg. Si le quedan fuerzas en las piernas, suba los 113 escalones de su torre para que disfrute la mejor vista panorámica de la ciudad.

Tampoco deje de visitar los puentes que cruzan el río de la ciudad, el Pegnitz, especialmente el Puente del Museo (Museumsbrucke). Desde allí se aprecia otro de los símbolos de la ciudad, el Hospital del Espíritu Santo (el Heilig-Geist-Spital). El edificio está construido en una isla del río y fue destruido parcialmente durante la guerra. Pero en 1950 fue restaurado en su forma y estilo original de la Edad Media. Hoy en día es un restaurante (muy bueno y muy caro).

## MI RINCÓN FAVORITO

Es un restaurante italiano llamado *C'era Una Volta da Luigi*, mejor conocido como la Hostería de Luigi. Lo encontrará en la calle Johannisgasse, muy cerca de la estación principal de trenes.

El dueño es un italiano muy simpático, flaco, alto, de pelo largo y muy farandulero llamado Luigi Fusaro. Habla un poco de español y en sus mejores años fue futbolista profesional. La comida es deliciosa y a buenos precios, especialmente la pasta. Se lo recomiendo muchísimo.

# Francfort:
## El Centro Financiero

**Al** igual que Nueva York, Francfort es un gran centro financiero internacional de altos edificios. Y como se encuentra a las orillas del río Main al oeste de Alemania, la llaman "Mainhatan."

Efectivamente, es una de las ciudades más modernas e importantes de Alemania. Ciudad de modernos rascacielos y muchísimos bancos, instituciones financieras y la sede del Banco Federal y la Bolsa de Valores de Alemania. Es también la sede del Banco Central de la Comunidad Europea. Por eso es una metrópolis de gente joven y exitosa, de vida rápida y competitiva.

Es la quinta ciudad alemana y la más importante del Estado Hesse, pero no la capital (Wiesbaden). Su población es de unos 700 mil habitantes (igual que Filadelfia).

Además de los billetes que aquí se mueven, Francfort también es famosa en el mundo de la literatura porque aquí nació el Shakespeare de Alemania, el famoso escritor Goethe (Johann Wolfgang von Goethe). La casa donde nació y se crió es hoy en día un museo, el Goethehaus, ubicado en el centro histórico de la ciudad (más sobre él cuando lleguemos a Leipzig).

El modernismo de Francfort esconde el hecho de ser una de las ciudades más antiguas de Alemania. Su pasado se remonta al primer siglo antes de Cristo y a los días del Imperio Romano a comienzos de nuestra era.

Nombres históricos como Federico "Barbarroja", Carlomagno y Napoleón, están ligados al pasado de Francfort. Durante muchos años fue la ciudad donde se elegían y coronaban a los reyes y emperadores alemanes (treinta y seis reyes y diez emperadores).

# EL ESTADIO DE FRANCFORT

Se llama Waldstadion y tiene una capacidad para 48 mil espectadores. Fue construido en el 2005 en el mismo lugar donde estaba el original, el cual fue levantado en los años veinte y donde se jugaron varios encuentros del Mundial del 74 (Brasil jugó todos sus juegos de la primera ronda).

El viejo Waldstadion también fue sede de finales de la Copa UEFA, Copa de Campeones de Europa, la Eurocopa 1988 y la pelea de Mohamed Ali y el alemán Karl Mildenbergen en 1966.

El nuevo estadio fue inaugurado con la Copa Confederaciones del 2005. Aquí jugó México contra Grecia y Brasil contra Argentina en la final. Actualmente, es la casa del equipo local de la Bundesliga, el Eintracht Frankfurt.

La gran novedad de su diseño es un techo retractable fabricado con una tela transparente.

## ¿QUÉ EQUIPOS JUGARÁN AQUÍ?

**E**n Francfort se efectuarán cuatro partidos de la primera ronda y uno de la segunda. Estos son los equipos y el horario en el que se enfrentarán (hora local):

> **Sábado, 10 de junio, 3 p.m.:** Inglaterra–Paraguay
> **Martes, 13 de junio, 3 p.m.:** Corea–Togo
> **Sábado, 17 de junio, 3 p.m.:** Portugal–Irán
> **Miércoles, 21 de junio, 9 p.m.:** Holanda–Argentina

En la segunda fase se jugará uno de los partidos de cuartos de final el sábado 1º de julio.

## TURISMO EN FRANCFORT

**A** pesar de sus rascacielos modernos, la ciudad de Francfort tiene un centro histórico, también reconstruido después de la Segunda Guerra Mundial.

La Plaza Roemerberg es el mero centro antiguo de la ciudad. Allí

se encuentra la vistosa Fuente de la Justicia (que en alemán se dice, tome nota: *Gerechtigkeistbrunnen*) y el edificio de la antigua alcaldía de la ciudad, llamada Roemer. Aquí es donde se coronaba a los reyes y emperadores del pasado.

Esta plaza es el único lugar de arquitectura típicamente alemana de la ciudad, ya que el resto es totalmente moderno y contemporáneo.

A una cuadra de la plaza está el río Main. Acérquese hasta allí y cruce un puente al otro lado del río para admirar la mejor vista de la ciudad y tomar buenas fotos de sus rascacielos.

Y ya que está en esa banda del Main, aproveche para absorber un poco de cultura e información en un distrito que alberga la mezcla más ecléctica de museos en todo el país, llamado el distrito Museumsufer.

Allí encontrará el Museo de la Comunicación, el Museo del Cine Alemán, el Museo Etnológico, el de Artes Aplicadas, el de los Iconos y el favorito de los niños, el Museo de Ciencias Naturales, donde se exhiben varios fósiles y esqueletos de dinosaurios.

Para ir de compras y comer lo que se le antoje (comida alemana e internacional) cruce el río nuevamente y visite la calle Zeil, al norte de la Roemerplatz, la calle de tiendas y restaurantes más larga de Alemania.

Finalmente, si la nostalgia por la música latina lo consume (o tiene ganas de mover el esqueleto), acérquese al Latin Palace Changó en la calle Munchenerstrasse cerca de la Estación Central de Trenes de Francfort.

Es la meca del merengue, la salsa, la bachata, los vallenatos y el regaetton en la ciudad. Grandes nombres de la música tropical, como Toño Rosario se han presentado en este club. Para la Copa Mundial probablemente tendrán un super programa de artistas invitados. Esté pendiente (¿cómo se dirá "Dame más gasolina" en alemán?).

## MI RINCÓN FAVORITO

En Francfort es el Restaurant Buenos Aires, ubicado cerca del río, en la calle Dreieichstrasse. Es un rincón muy porteño con decoración, comida y música argentina de los ochenta (Soda, Baglietto, Charlie García).

El menú incluye asados, empanadas, matambre, provoleta y por supuesto, vinos y cervezas argentinas. El dueño se llama L.A. Cocinamo, quien atiende el lugar personalmente y le encanta hablar de fútbol. No deje de ir.

# Kaiserslautern:
## La Gran Base Militar

**Los alemanes** conocen a Kaiserslautern por dos razones: primero, por ser la base militar estadounidense más grande de Alemania (y del mundo); y segundo, porque es la casa de los hermanos Fritz y Ottmar Walter, estrellas del equipo Campeón del Mundo en 1954, autores del "Milagro de Berna."

Por esta última razón, Kaiserslautern tiene una de las fanaticadas futbolísticas más fuertes de toda Alemania. La FIFA los premió con una sede de este Mundial.

Así es que fútbol y militares "gringos" es lo que abunda en esta pequeña ciudad, fundada hace más de mil doscientos años en medio de un bosque en el frontera con Francia, a unos 120 km (70 mi.) al suroeste de Francfort.

No es precisamente un popular centro turístico, más bien es una ciudad industrial donde se producen textiles, maquinarias y acero. Tampoco es muy grande. Su población es de apenas 100 mil habitantes, de los cuales 40 mil son soldados estadounidenses y sus familiares.

### EL ESTADIO "FRITZ WALTER"

**D**esde su construcción en 1926 se llamó Betzenbergstadion (Estadio Betzenberg) pero en 1959, después del retiro de Fritz Walter, Capitán de Alemania Occidental, Campeón Mundial en Suiza 54 y nativo de Kaiserslautern, el estadio fue rebautizado con su nombre.

Está construido en una linda colina llamada Betzenberg que domina la ciudad. Tiene capacidad para 41 mil espectadores y es la casa del Kaiserslautern de la liga alemana, la Bundesliga. El equipo tenía cinco jugadores en la selección del 54, donde los hermanos Fritz y Ottmar Walter eran las estrellas principales. El Kaiserslautern se ha

coronado Campeón de Alemania en cuatro oportunidades, toda una hazaña tratándose de una ciudad tan pequeña.

El Estadio Fritz Walter fue remodelado completamente en el año 2003.

## ¿QUÉ PAÍSES VENDRÁN A KAISERSLAUTERN?

**P**ara que se sientan como en casa, la FIFA le regaló a los EE.UU. la oportunidad de jugar un partido en Kaiserslautern. También vendrán Italia, España y Paraguay entre otros.

Este es el calendario de los partidos que se escenificarán aquí (hora local):

**Lunes, 12 de junio, 3 p.m.:** Australia–Japón
**Sábado, 17 de junio, 9 p.m.:** Italia–Estados Unidos
**Martes, 20 de junio, 9 p.m.:** Paraguay–Trinidad y Tobago
**Viernes, 23 de junio, 4 p.m.:** Arabia Saudita–España

El lunes 26 de junio habrá un partido de octavos de final entre el ganador del Grupo E y el segundo del Grupo F, es decir, los "gringuitos" podrían volver a jugar "en casa" si ganan su grupo (el contrario podría ser Brasil si queda segundo en su grupo. ¡Uuuuh!).

## TURISMO EN KAISERSLAUTERN

**E**l centro histórico de la ciudad es muy atractivo y vale la pena visitarlo. No tiene el esplendor de otras ciudades alemanas, pero su sencillez es su mejor virtud.

La parte principal es la Plaza San Martín (Martinsplatz), cubierta de árboles frondosos y con una linda fuente de agua que hacen de la plaza un lugar ideal para caminar y descansar.

A sus alrededores está la antigua alcaldía de Kaiserslautern, construida en 1745, y el hotel Zum Donnersberg donde una vez desayunó Napoleón. A los alrededores del hotel usted puede hacer lo mismo, desayunar en cualquiera de los pequeños restaurantes que allí se encuentran. También hay tiendas de ropa, artesanías y souvenirs.

No muy lejos de la plaza está la única estructura de madera que queda en la ciudad, la posada Spinnradl, contruida hace más de doscientos sesenta años.

Otras atracciones de Kaiserslautern se encuentran a las afueras de la ciudad, tales como el Zoológico, el Parque de los Venados Betzenberg (Betzengerg Deerpark), el acogedor jardín japonés, y camino al estadio, una réplica del mismo hecha con un millón de piezas Lego, llamada el "Mini-Betzen."

## MI RINCÓN FAVORITO

**T**ambién está camino al Estadio Fritz Walter. Es la estatua Elf Freunde que en alemán significa "once amigos" en referencia, obviamente, a un equipo de fútbol. Es uno de los monumentos futbolísticos más lindos que he visto en mis viajes por el mundo. Cuando lo visité en diciembre del 2005, no puede evitar la tentación de tomarme una foto al pie de la estatua.

Ya verá cuántos turistas harán lo mismo durante el Mundial. Usted, por supuesto, no sea la excepción.

# Colonia:
## La Roma del Rin

**Ahora** llegamos al valle del río Rin y a la ciudad más antigua de Alemania, Colonia.

Fue fundada por los romanos cincuenta años después de la muerte de Cristo. El origen de su nombre es 100 por ciento latino y viene de la "colonia" que los romanos fundaron a orillas del río. Después trajeron el cristianismo y lo mejor de su arte. Aquí nació la esposa del emperador Claudio.

Hoy en día, el pasado romano de esta bella ciudad se conserva en la distribución de las calles en la parte antigua y en varios de sus museos. Tal vez por eso, Colonia (o Köln en alemán) es la capital del arte y el comercio en Alemania.

Después de los museos, la atracción principal de Colonia es su catedral, una de las más altas del mundo y el mejor ejemplo de la arquitectura gótica en toda Europa. Es imponente y hermosa, y tuvo la suerte de ser una de las pocas estructuras históricas de Alemania que milagrosamente se salvó de las bombas de la Segunda Guerra Mundial.

El resto de la ciudad no corrió con la misma suerte. La destrucción fue extensa, pero la reconstrucción acertada. La parte vieja de la ciudad todavía conserva su encanto medieval y contrasta armoniosamente con los edificios modernos construidos después de la guerra.

Durante la Edad Media, Colonia vivió sus mejores años. Llegó a ser una de las ciudades más pobladas y prósperas del mundo, después de París y Constantinopla.

Hoy en día su población es de un millón de habitantes, muchos de ellos extranjeros provenientes de Europa y el Medio Oriente que han echado raíces aquí. Como resultado, la ciudad tiene restaurantes de todo tipo de cocina internacional, desde la italiana hasta la árabe.

¡Y un carnaval famoso en toda Alemania!

Por eso dicen que los coloneses son alegres, simpáticos y buenos bebedores. Eso lo verán en los cientos de *pubs* y cervecerías que existen en toda la ciudad. Aquí no los llaman Biergartens sino Kölschen Weestschaff, donde se sirve la cerveza local, conocida internacionalmente como la Kölsch. No dejen de probarla.

Los coloneses también aman el fútbol. El equipo local de la Bundesliga es el FC Colonia (FC Köln), y su casa es el estadio de Colonia, antiguamente conocido como el Müngersdorfer.

## EL NUEVO ESTADIO DE COLONIA

El viejo Müngersdorfer ya no existe. La ciudad decidió derrumbarlo para levantar uno más moderno, más grande, a un costo de 26 millones de euros y con capacidad para 40 mil personas.

Lo inauguraron en marzo del 2004, y fue rebautizado al estilo del de Hamburgo y del de Munich en honor al Mundial: Estadio de la

Copa Mundial de la FIFA de Colonia. Todos los asientos están bajo techo y hay la opción de cubrir toda la cancha en caso de mal tiempo.

Aquí se jugaron varios partidos de la Copa Confederaciones del 2005, específicamente el debut de Argentina frente a Túnez.

## ¿QUÉ SELECCIONES VENDRÁN A COLONIA?

**C**olonia verá partidos mundialistas por primera vez en su historia ya que no tuvo ese placer en el primer Mundial de Alemania del 74.

Así es que se pueden imaginar las ganas que tienen los organizadores de ver llegar las selecciones y que empiece a correr el balón.

A esta sede también le corresponden cinco partidos, cuatro de primera ronda y uno de octavos de final. Los de la primera ronda son éstos, todos a las 9 p.m. menos uno, hora local:

> **Domingo, 11 de junio:** Angola–Portugal
> **Sábado, 17 de junio:** República Checa–Ghana
> **Martes, 20 de junio:** Suecia–Inglaterra
> **Viernes, 23 de junio (4 p.m.):** Togo–Francia

El partido de octavos de final será el lunes, 26 de junio, a las 9 p.m., entre el primero del Grupo G y el segundo del H.

# EL TURISMO EN COLONIA

La mejor manera de admirar a Colonia es llegando por tren a la estación principal, justo al lado de la catedral. Al llegar, se pasa por el puente Hohenzollern (el Hohenzollernbrücke) desde donde se aprecia una majestuosa vista del río, la espectacular catedral y las fachadas puntiagudas del viejo barrio medieval.

Al salir de la estación del tren (la Hauptbahnhof) los escalones lo llevarán a la plazoleta Domplatte que da al frente de la inmensa fachada de la catedral. Su historia es interesante. La empezaron a construir en el año 1248, pero nunca la terminaron. Cien años después continuaron los trabajos y le agregaron el coro y una de las torres, pero volvieron a detener la construcción en 1560. Pasaron otros doscientos años y finalmente la terminaron en 1880.

No deje de visitarla por dentro, donde también hay un museo que cuenta la historia de la iglesia. Se lo recomiendo.

También le recomiendo el museo más importante de la ciudad, ubicado al lado de la catedral, el Museo Romano-Alemán de Colonia. Allí va a ver un baño termal construido por los romanos hace casi 2 mil años, perfectamente conservado. También encontrará un extraordinario piso de mosaicos antiquísimos, el mundialmente famoso Mosaico de Dionisio, descubierto durante la guerra cuando construían un refugio subterráneo. Mide más de 70 metros cuadrados y era el piso de una antigua villa romana. Es una joya. Tiene que verlo.

Contrastando con tanta historia antigua, al lado de este Museo está otro super moderno, el Museo Ludwig. Contiene la mejor colección de arte moderno del siglo XX que hay en Alemania.

Hay muchos más, pero estos dos son los más importantes, le servirán para balancear su dieta de fútbol y turismo.

## MI RINCÓN FAVORITO

La mejor manera de observar el hermoso centro histórico de Colonia es desde la otra rivera del río Rin.

La misma vista que se disfruta al llegar a la ciudad por tren, se aprecia desde la terraza del Hotel Hilton. Lleve su cámara. Desde allí podrá admirar la majestuosa catedral y los barrios antiguos que la rodean, así como también los museos vecinos y los puentes que cruzan el río.

Desde la terraza se extiende un boulevar a todo lo largo del Rin. Se lo recomiendo para una buena caminata al caer la tarde, o bien por la mañanita. Haga planes para visitarlo, y tomar fotos, por supuesto.

# Leipzig:
## Música y Literatura

**Su reputación** como centro cultural viene de la Edad Media, cuando Leipzig (se prenuncia "Laip-zig") era la capital universitaria y editorial de Europa.

Aquí se fundó en 1409 la Universidad de Leipzig y se imprimieron y publicaron más libros que en todo el continente.

Años después, fue la residencia de dos grandes intelectuales alemanes, el influyente filósofo Friedrich Nietzsche y el gran poeta y escritor Johann von Goethe, el más grande de las letras alemanas, quien llamaba a la ciudad la "Pequeña París."

En Leipzig también vivió y trabajó el glorioso músico y compositor alemán Juan Sebastián Bach. Aquí dirigió la coral infantil de la Iglesia de Santo Tomás, la coral más famosa del mundo.

La industria cultural todavía existe, pero no es la misma de aquel entonces. Ha sido reemplazada por la gimnasia. Desde su época comunista (1945 a 1989) Leipzig fue la Capital Mundial de la Gimnasia, tradición que aún continúa en la Escuela Alemana de Educación Física, la mejor del mundo.

Su historia se remonta al siglo VI de nuestra era, cuando fue fundada por mercaderes serbios. Se encuentra en el este de Alemania, a unos 200 km (120 mi.) al sureste de Berlín, en el Estado de Sajonia, el corazón de la vieja República Democrática de Alemania. Su población es de medio millón de habitantes.

El movimiento popular que terminó con la caída del Muro de Berlín comenzó justamente aquí en Leipzig, en octubre de 1989, con las llamadas "protestas de los lunes." Todos los lunes, decenas de miles de personas caminaban pacíficamente por las calles de la ciudad exigiendo libertad y democracia. Un mes después, el muro empezó a caer y con él, el gobierno pro-soviético de entonces.

Desde la unificación del país en 1990, Leipzig ha experimentado una gran transformación urbana, con la construcción de nuevos edificios, residencias, museos, centros comerciales y oficinas gubernamentales.

Hablando del gobierno, la nueva canciller alemana, Angela Merkel, la primera mujer en dirigir el gobierno alemán, vivió muchos años en Leipzig. Estudió física en la famosa universidad de la ciudad y trabajó en el Instituto de Físico-Química de la Academia de Ciencias.

## EL ESTADIO DE LEIPZIG

Por muchos años fue el estadio más grande de Alemania, con una capacidad de 100 mil personas. Pero después de su remodelación en el 2004, la capacidad se redujo a 44 mil cómodos asientos.

Se llama Zentralstadion, construido en 1956 por el antiguo gobierno comunista. Fue la sede principal de la selección nacional de Alemania Oriental.

El primer torneo importante que se celebró en el nuevo Zentralstadion después de su remodelación fue la Copa Confederaciones del 2005. Aquí jugaron Brasil–Grecia y Australia–Túnez en la primera ronda, y México–Alemania por el tercer lugar.

Ningún equipo de la Bundesliga juega en este estadio ya que Leipzig no tiene equipo de fútbol profesional en estos momentos, una gran ironía si consideramos que fue en esta ciudad donde se fundó la liga en el año 1900.

## ¿QUÉ EQUIPOS JUGARÁN EN LEIPZIG?

Se jugaran cinco partidos en el estadio de Leipzig, cuatro en la primera fase y uno de octavos de final. Este es el horario (local) y los participantes:

> **Domingo, 11 de junio, 3 p.m.:** Serbia y Montenegro–Holanda
> **Miércoles, 14 de junio, 3 p.m.:** España–Ucrania
> **Domingo, 18 de junio, 9 p.m.:** Francia–Corea
> **Miércoles, 21 de junio, 4 p.m.:** Irán–Angola

En la segunda fase de la Copa se enfrentarán el sábado 24 de junio el ganador del Grupo C contra el segundo del Grupo D. Según ello, es posible que Argentina y México jueguen aquí.

## TURISMO EN LEIPZIG

Si usted llega a Leipzig por tren se encontrará con una imponente estación de trenes, la Hauptbanhof, la más grande de Europa.

Este es un buen lugar para explorar la ciudad a pie, pero antes de salir a la calle, aproveche para empezar sus compras porque la terminal encierra un gigantesco centro comercial con más de ciento cuarenta tiendas.

Una vez que salga de la estación, lo primero que tiene que hacer es caminar unos 10 minutos hasta la Plaza del Mercado en el centro de la ciudad. Sus alrededores exhiben la mejor arquitectura de Leipzig, lo poco que se salvó de las bombas de la guerra.

Allí verá usted y seguramente le tomará fotos, el Museo de la Historia y la Vieja Alcaldía construida hace más de quinientos años. También podrá admirar y visitar la tienda Stadtisches Kaufhaus al sur de la plaza.

No muy lejos de ahí, a un par de cuadras hacia el norte, en la calle Katharinenstrasse, encontrará otros dos fabulosos edificios que le recordarán el glorioso pasado cultural de la ciudad: el Romanushaus y el Fregehaus.

Si las tiendas de la estación del tren no le gustaron, a los alrededores de la Plaza del Mercado encontrará 2 pasillos comerciales techados y decorados elegantemente llamados *Passages*: el Madlerpassage y el Handwerkerpassage. Allí hay boutiques, joyerías, galerías y también cafés, restaurantes y *pubs*.

Hablando de *pubs*, en el sótano del Madlerpassage se encuentra el más famoso de la ciudad y posiblemente de toda Alemania, el Auerbach Keller. Fue incluido por Goethe en su celebrado poema dramático Fausto. No deje de visitarlo para enterarse de qué trataba la obra (en caso de que no la haya leído; yo tampoco) y para probar el vino de Sajonia, servido directamente del barril.

Y al oeste de la Plaza del Mercado, encontrará la famosa iglesia que le mencioné anteriormente, donde Bach fue director y organista principal, la Iglesia de Santo Tomás. Es conocida mundialmente como la casa de la Coral Thomaner, el coro infantil más prestigioso del mundo y también el más antiguo. ¡Tiene más de ochocientos años de fundado!

La Coral todavía existe y se presenta regularmente en la iglesia, donde también se encuentra el Museo Bach. Allí puede uno aprender más sobre la vida y magnífica obra del compositor. Se lo recomiendo altamente.

Otra atracción arquitectónica, pero de corte moderno y revolucionario que le recomiendo visitar, es el edificio más alto de Leipzig, el Universitatshochhaus, construido en forma de un gigantesco libro abierto.

## MI RINCÓN FAVORITO

**M**uy cerca del edificio del libro está el mejor lugar de Leipzig para ir a divertirse, bailar, cenar, beber en un *pub* o saborear un café, un lugar llamado Moritzbastei, donde quedan ruinas de la muralla que una vez rodeaba la ciudad. Es el lugar favorito de la gente joven, los estudiantes y por supuesto, los turistas.

Otro lugar, al que le recomiendo ir, sobre todo si necesita cortarse el pelo, es al Super Cuts de la terminal de trenes. Primero, porque hay una chica muy linda y excelente peluquera llamada Gesine. La conocí en diciembre del 2005 cuando estuve en Leipzig por motivo del sorteo final del Mundial. Y segundo, porque según me comentó ella misma, la peluquería estará abierta durante los días de la Copa hasta las 12 de la medianoche.

Ya lo sabe: si necesita una pelada por menos de $20, visite a Gesine y mándele saludos de mi parte.

# Dortmund:
## La Capital de la Cerveza

**En** realidad Munich es la capital de la cerveza alemana, pero Dortmund es donde más se fabrica. Aquí hay más cervecerías que en la misma capital de Bavaria, incluso más que en cualquier ciudad europea, por eso el título le pertenece a Dortmund.

Irónicamente, durante muchos años fue la capital del acero y el carbón. De hecho, Dortmund es conocida mundialmente por esos dos productos industriales, los mismos que le dieron trabajo bien remunerado a miles de alemanes y consecuentemente, a miles de inmigrantes italianos, turcos, griegos y españoles. Este flujo de extranjeros hace de esta ciudad una de las más cosmopolitas y tolerantes de Alemania.

La ciudad fue fundada en el siglo IX pero vivió sus mejores años en el siglo XIX, cuando el acero y el carbón eran rey. La prosperidad continuó en el siglo XX, a pesar de las dos guerras mundiales. Parte de esa historia se preserva hoy en el Museo de la Industria.

La era del acero y el carbón pasó a la historia en los años ochenta. El desempleo fue masivo y la ciudad tuvo que ingeniárselas para sobrevivir. El plan fue invertir en tecnología y empresas de servicio, plan que dio resultado. Hoy en día, Dortmund es uno de los centros tecnológicos más importante de Alemania.

Por ser una de las principales ciudades industriales en la era Nazi, Dortmund recibió un fuerte castigo de los bombarderos aliados durante la Segunda Guerra Mundial. Su reconstrucción tomó años y terminó en los años setenta. Su aspecto actual es el de una ciudad moderna, con algunas edificaciones históricas restauradas.

Está localizada en el Estado del Norte del Rin y Westfalia, al norte de Colonia, en una de las regiones industriales más importantes de

Alemania y Europa, la zona del río Ruhr. Su población actual es de aproximadamente 600 mil personas (parecida a San Francisco).

## EL ESTADIO DE DORTMUND

**E**l Westfalenstadion es la casa del popular equipo Borussia Dortmund. La tribuna sur del estadio es famosa en toda la Bundesliga por los gritos y rugidos de los 25 mil hinchas que allí se congregan para apoyar al equipo local.

Fue construido para ser sede del Mundial de 1974. Aquí fue donde Johan Cruiff y la "Naranja Mecánica" de Holanda eliminaron a Brasil 2–0. Los holandeses también se enfrentaron aquí a Suecia y Bulgaria.

En el año 2001 fue remodelado y su capacidad aumentó a 70 mil espectadores. Durante el Mundial sin embargo, la máxima capacidad será de 66 mil personas.

## ¿QUIÉN VIENE PARA DORTMUND?

**B**rasil volverá a jugar aquí, esta vez contra los japoneses en la primera ronda. También vendrán los trinitarios de Bennhakker y la selección alemana, entre otros. El calendario completo es el siguiente (hora local):

**Sábado, 10 de junio, 6 p.m.:** Trinidad y Tobago–Suecia
**Miércoles, 14 de junio, 9 p.m.:** Alemania–Polonia
**Lunes, 19 de junio, 3 p.m.:** Togo–Suiza
**Jueves, 22 de junio, 9 p.m.:** Japón–Brasil

Para la segunda ronda hay dos partidos programados para el Westfalenstadion de Dortmund. Uno será en los cuartos de final, el martes 27 de junio, entre el ganador del Grupo F y el segundo del Grupo E. Es decir, Brasil podría jugar nuevamente en Dortmund frente a Italia o los Estados Unidos. ¿Qué les parece?

El otro encuentro será una de las semifinales el martes 4 de julio.

## TURISMO EN DORTMUND

**C**omo les mencioné anteriormente, las minas y siderúrgicas de Dortmund atrajeron a miles de inmigrantes europeos en el siglo XX. Ya todos sabemos lo que aflora en una ciudad cargada de inmigrantes: los restaurantes. Su boca se dará banquete en Dortmund. La selección de lugares de comida internacional (desde los más sencillos a los más elegantes) es virtualmente ilimitada. Uno mejor que el otro.

La cerveza, la nueva industria de la ciudad, también es de gran variedad en Dortmund. Los *pubs* y *biergartens* (cervecerías al aire libre) abundan. Y si usted quiere conocer el proceso de fabricación y la historia de la popular bebida, hay hasta un museo que se lo explica, el Brauerei Museum.

Otro museo que le puede interesar es el de la industria, el Westfalisches Industriemuseun. Se encuentra en una vieja mina de carbón y en ella usted puede remontarse al pasado industrial de Dortmund y ver de cerca los equipos y las condiciones de trabajo en las minas y las plantas de acero.

Para espectáculos musicales (clásicos y de rock) o competencias deportivas en bicicletas, a caballo o sobre hielo, averigüe qué estarán presentando durante su visita en la sala de conciertos Westfalenhalle, con capacidad para 16 mil personas, una de las más grandes y populares del Alemania. Más de tres millones de personas lo visitan anualmente.

## MI RINCÓN FAVORITO

**S**e trata del gigantesco parque donde se encuentra el Westfalen-halle. Se llama Westfalenpark y es el mejor lugar que he visto en toda Alemania para ir a matar la fiebre del fútbol y jugar con sus amigos una "cascarita," o "picadito," o "recochita," como quiera usted llamarla.

El parque es in-men-so y me recuerda mucho a los parques de la Avenida General Paz de Buenos Aires, donde uno pasa por automóvil viendo cómo los amigos se juntan para jugar fútbol a la vera del camino.

Así es que busque su balón y demuéstrele a los alemanes lo bien que usted juega el fútbol. ¡Hey! ¡Quizás lo contraten para la Bundesliga!

# Gelsenkirchen:
## Fútbol y Carbón

**El uno** no tiene nada que ver con el otro, pero ambos dieron a conocer a Gelsenkirchen en toda Alemania. Hablemos primero del fútbol. Los hinchas del equipo local de la Bundesliga, el FC Schalke 04, siete veces campeón de Alemania, forman la fanaticada más ferviente y escandalosa de todo el país. El club cuenta con 48 mil socios.

El carbón ya no se extrae, pero durante muchos años fue la mayor industria de la ciudad. La llamaban "la ciudad de las mil luces", por el fuego de los hornos que procesaban el mineral y brillaban en las noches de Gelsenkirchen.

Muchas de esas viejas minas son hoy museos, teatros y cabarets. En otras palabras, el carbón sigue siendo parte de la vida de esta ciudad de 300 mil habitantes en el corazón de la zona industrial del río Ruhr.

Ahora el que manda es el Sol. A falta de carbón, la ciudad invirtió grandemente en energía solar, al punto de convertirse en el centro más importante de Alemania para la investigación de este tipo de energía y la producción de paneles y generadores solares.

Al mismo tiempo, Gelsenkirchen se alejó de su pasado minero y contaminado, desarrollando áreas verdes, creando parques y protegiendo bosques. Efectivamente es la ciudad más verde del país, con un tercio de su área cubierta por parques, bosques y jardines.

Se encuentra muy cerca de la frontera con Bélgica y Holanda, a sólo media hora de Dortmund y una hora de Colonia, en el Estado del Norte del Rin y Westfalia.

# EL ESTADIO TECHADO DE GELSENKIRCHEN

**E**ste es sin lugar a dudas, el estadio más espectacular de esta Copa Mundial.

El Presidente de la FIFA, Sepp Blatter dijo una vez que el estadio AufSchalke de Gelsenkirchen es "un proyecto piloto para el mundo entero."

Costó 115 millones de Euros ($140 millones), el más caro de todos. Fue inaugurado en 2001.

Su gran novedad es tener una cancha totalmente techada y movible. Al igual que la cancha de Sapporo en Japón, usada en el Mundial del 2002, la de Gelsenkirchen también se pone y saca del estadio para tomar agua y sol.

El proceso toma cuatro horas y hay un tour en el estadio que lo explica todo. Se lo recomiendo. Yo tuve la oportunidad de hacerlo cuando visité la ciudad en diciembre del 2005 y vale la pena.

La capacidad del AufSchalke es para 53 mil personas cómodamente sentadas y con una excelente vista de la cancha desde cualquier asiento.

El estadio, que más bien es una arena deportiva, también es usado para conciertos, juegos de baloncesto, fútbol americano, ciclismo, atletismo, exhibiciones y convenciones.

# ¿QUÉ SELECCIONES VENDRÁN A GELSENKIRCHEN?

**E**l honor de jugar en esta revolucionaria cancha lo tendrán, entre otros, México, Estados Unidos y Argentina, que coincidencialmente también le tocó jugar en la cancha techada de Sapporo en el Mundial de Corea/Japón (contra los ingleses).

Este es el horario completo de los cinco partidos que se realizarán en el Estadio AufSchlake de Gelsenkirchen (hora local):

> **Viernes, 9 de junio, 9 p.m.:** Polonia–Ecuador
> **Lunes, 12 de junio, 6 p.m.:** Estados Unidos–República Checa
> **Jueves, 16 de junio, 3 p.m.:** Argentina–Serbia y Montenegro
> **Miércoles, 21 de junio, 4 p.m.:** Portugal–México

También habrá un partido de cuartos de final el sábado 1º de julio a las cinco de la tarde.

# TURISMO EN GELSENKIRCHEN

**C**on tanto verdor en la ciudad, hay que disfrutarlo de cerca. Aproveche para ejercitarse un poquito ya sea caminando, corriendo

o pateando una pelota en cualquiera de los parques de Gelsenkirchen. Y tiene para escoger: el Parque Nordsternpark, el Rivierpark Nienhausen, el parque del Palacio Berge y el Bosque Resser Mark.

Si no quiere sudar mucho pero desea seguir en contacto con la naturaleza y sus criaturas, puede visitar el zoológico de la ciudad, el Erlebniswelt Zoom.

Para entender mejor la contribución tecnológica de Gelsenkirchen al desarrollo de la energía solar, y aprender a la vez cómo funciona, tiene que ir a la excelente exposición solar del Parque de la Ciencia. Si viaja con sus niños, no deje de llevarlos.

## MI RINCÓN FAVORITO

Si quiere ver cómo fue que la ciudad transformó sus minas de carbón en centros turísticos, visite la vieja mina Consol y la Bergehalde Rungeberg, cuya iluminación nocturna es sensacional.

En ambas podrá ver la creatividad alemana en acción. Lo que antes fue el motor de una industria peligrosa y contaminante, hoy es una fuente de trabajo limpia y saludable. Las minas han sido acondicionadas para albergar museos, exhibiciones, bares y restaurantes. ¡Increíble! Un ejemplo para todos nuestros países.

# Hanover:
## El Centro de Convenciones

**Durante** muchos años en el siglo XVII Hanover fue una de las ciudades más influyentes del norte de Europa. Llegó incluso a ser un reino, el Reino de Hanover, encabezado por una familia tan poderosa que uno de sus hijos fue coronado Rey de Inglaterra, el rey George I. De esa época solamente queda un jardín espectacular y nada más. La ciudad fue destruida completamente durante la Segunda Guerra Mundial. Peor aún, la reconstrucción fue tan rápida que hoy día no hay ningún edificio moderno digno de mencionar.

Lo único espectacular que tiene la ciudad es un centro de convenciones, el más grande del mundo, el Hannover Messe. El lugar es inmenso. Tiene su propia estación de trenes y un estacionamiento para 45 mil vehículos. Gracias al Hannover Messe, la ciudad es la capital alemana de las ferias y exposiciones industriales.

Al final del último milenio fue la sede de la Expo 2000, la última feria internacional del siglo XX y dedicada al desarrollo humanístico, tecnológico y ecológico del siglo que terminaba. Anualmente el Hannover Messe recibe la feria de computadoras más grande del mundo, conocida como la CeBit.

Hanover es la capital del Estado de la Baja Sajonia al norte de Alemania, a unos 160 km (90 mi.) al sur de Hamburgo. Tiene una población de aproximadamente medio millón de habitantes (como Tucson, Arizona).

### EL ESTADIO DE HANOVER

**T**ambién se llama como el de Munich, Estadio de la Copa Mundial de FIFA de Hanover. El original se llamaba Niedersachsenstadion, y fue completado en 1954.

Desde 1959 fue la casa del equipo local, el Hanover 96 de la Bundesliga. También fue sede del primer Mundial de Alemania en 1974. Aquí se enfrentó Brasil a Argentina y Alemania Oriental en la segunda ronda. También jugó Uruguay contra Holanda y Bulgaria en la primera fase de aquel torneo.

Para la Copa Confederaciones del 2005, la ciudad decidió reconstruirlo con una inversión de 63 millones de Euros ($76 millones). Se expandieron las tribunas y se le puso techo. La capacidad actual es de 45 mil personas.

Aquí debutó México en la Copa Confederaciones contra Japón y tuvo aquella histórica victoria de 1–0 sobre Brasil. Luego perdió con Argentina por penales en la semifinal.

### ¿QUIÉN JUEGA EN HANOVER?

México volverá a jugar en Hanover, donde no le fue tan mal. También jugará, entre otros, Italia, que hará su debut aquí.

En total, habrá cinco partidos en la cancha Mundialista de Hanover. Este es el horario completo (hora local):

**Lunes, 12 de junio, 9 p.m.:** Italia–Ghana
**Jueves, 16 de junio, 9 p.m.:** México–Angola
**Martes, 20 de junio, 4 p.m.:** Croacia–Polonia
**Viernes, 23 de junio, 9 p.m.:** Suiza–Corea

Sólo habrá un partido de la segunda fase en Hanover, el de octavos de final, el martes 27 de junio entre el ganador del Grupo H y el segundo del Grupo G (España y Francia podrían venir a Hanover, incluso verse las caras).

## TURISMO EN HANOVER

**V**olvamos al jardín de la realeza de Hanover del siglo XVII que les mencioné anteriormente, los Jardines Herrenhausen todavía conservan su magnificencia de antaño. Ocupan un área muy extensa, parecida tal vez a la de cuatro canchas de fútbol juntas. Por el centro los atraviesa una acogedora avenida cubierta de árboles.

Se lo recomiendo si desea pasar un momento relajado mientras admira el meticuloso arte de plantar flores, árboles y arbustos en perfectos e intrincados patrones geométricos. Antes de la guerra, los jardines de Herrenhausen adornaban la entrada de un palacio, pero fue destruido completamente por las bombas aliadas.

Un palacio que sí está en pie es la Nueva Alcaldía de Hanover, un majestuoso edificio construido hace menos de cien años en estilo renacentista y a orillas de una laguna rodeada por un bosque.

Hoy en día es uno de los símbolos de Hanover y el mejor lugar para darle un vistazo a la ciudad desde lo alto. En su interior hay un elevador inclinado, muy singular por cierto, que lo lleva a uno al tope de una torre donde se encuentra un mirador.

No muy lejos de ahí, en los alrededores del estadio, está el lago artificial más grande de Alemania, el Maschsee. Fue construido por Hitler en 1933 y en una de las orillas hay una estatua muy en el estilo Nazi que conmemora su inauguración y honra a los miles de obreros que allí trabajaron. Alquile un bote a remos o con pedales para disfrutar la tranquilidad de sus aguas.

Al otro lado del lago hay una playita artificial donde de vez en cuando un nudista se aventura bajo el sol. No olvide la cámara.

Para ir de compras, camine o tome un taxi hasta la Hauptbahnhof, la estación principal de trenes. Todas las calles al sur de la estación están cerradas al paso de vehículos y forman un inmenso bulevar. Allí encontrará todas las tiendas y comercios que necesite.

Por cierto, a la salida de la estación, a una cuadra, está la Oficina de Turismo de Hanover. Pregunte por Eva Koehler, una encantadora alemancita, guía y asesora turística que habla perfecto el español (lo aprendió, según ella, con novios cubanos y mexicanos).

Ella le recomendará los mejores restaurantes latinos de la ciudad y los mejores rincones para la rumba nocturna, entre otras cosas. Déle saludos de mi parte.

## MI RINCÓN FAVORITO

Yo no soy muy bailador que digamos, pero hay lugares que por su ambiente lo ponen a uno a mover el esqueleto, al margen del papelazo que se haga. Esto me pasó en la única discoteca de salsa que hay en Hanover (me la recomendó Eva).

Se llama El Diablo Rojo, propiedad de un colombiano muy gentil y ubicada debajo de la estación principal de trenes. El recinto no es muy grande, pero ¡qué fiesta se arma!

Nunca antes había yo bailado tanta salsa en mi vida, mucho menos con tantas chicas exóticas y sorpresivamente, de habilidades excepcionales para su procedencia. Allí bailé ridículamente con rusas, yugoslavas, rumanas, iraníes, turcas y por supuesto alemanas. Todas bailan increíblemente bien.

Le recomiendo el lugar. Y no se preocupe si sus destrezas de danzador son vergonzosas como las mías. Allí lo pondrán a menearse sin que usted se dé cuenta, le guste o no la salsa.

# Hamburgo:
## El Gran Puerto

**Lo primero** que le tengo que decir de Hamburgo es que las "hamburguesas" NO vienen de aquí. Es más, ni se comen. Aquí reinan, como en toda Alemania, las salchichas.

Dicho esto, le cuento que se trata de la segunda ciudad más grande del país, ubicada al norte. Tiene casi dos millones de habitantes, y es la capital alemana del comercio internacional por poseer el puerto más grande de Europa y uno de los siete puertos más importantes del mundo. El puerto es tan grande, que allí trabajan más de 80 mil personas. Todos esos Mercedes Benz, Porsches, BMWs, Audis y Volkswagens que usted ve por ahí, salieron por barco de Hamburgo.

Su historia se remonta a la Edad Media, cuando fue fundada a orillas del río Elba y se convirtió en el centro de comercio más importante de Europa. Por muchísimos años fue una república independiente, hasta que se formó el país de Alemania y se convirtió en uno de sus dieciséis estados.

Además de ser un centro marítimo y comercial, Hamburgo también es la capital de la prensa alemana. Aquí se publican las revistas y los diarios más importantes de Alemania. Es también la capital del teatro y el teatro musical, algo así como el Broadway alemán.

Los "hamburgueses" son grandes amantes del fútbol y seguidores fervientes del Hamburger SV, el equipo de la ciudad en la Bundesliga. Hamburgo también es conocida por sus competencias internacionales de ciclismo, tenis, hockey y deportes acuáticos en el Elba.

## EL ESTADIO DE HAMBURGO

**D**urante el primer Mundial de Alemania, se jugaron tres partidos en Hamburgo, uno de ellos, el histórico juego entre las dos Alemanias, que ganó Alemania Occidental 1–0.

El estadio era el viejo Volksparkstadion de Hamburgo, el cual ya no existe. Fue demolido y reemplazado por uno nuevo que costó 97 millones de euros.

Lo inauguraron en el año 2000 y se llama como el de Munich, Estadio de la Copa Mundial de FIFA de Hamburgo. Tiene capacidad para 51 mil personas y es la casa del equipo local.

## ¿QUIÉN JUGARÁ EN HAMBURGO?

**D**urante el Mundial se jugarán cinco partidos en Hamburgo, cuatro de la primera ronda y uno de cuartos de final. Los de la primera ronda serán éstos:

**Sábado, 10 de junio, 9 p.m.:** Argentina–Costa de Marfil
**Jueves, 15 de junio, 3 p.m.:** Ecuador–Costa Rica
**Lunes, 19 de junio, 9 p.m.:** Arabia Saudita–Ucrania
**Jueves, 22 de junio, 4 p.m.:** República Checa–Italia

El partido de cuartos de final será a las 9 p.m. del viernes 30 de junio, entre los ganadores de los partidos de octavos de final de Kaiserslautern y Colonia.

## TURISMO HAMBURGUÉS

**S**u paseo por Hamburgo tiene que comenzar a orillas de una laguna ubicada en todo el centro de la ciudad, llamada Binnenalster. Está rodeada de hermosos centros comerciales construidos en diferentes épocas y estilos arquitectónicos. Encierran todo tipo de tiendas especializadas, restaurantes, boutiques, cafés y tiendas por departamentos.

Los más populares son el Alsterpavillion, el Jungfernstieg y especialmente el Hanseviertel, un centro comercial con pasillos cubiertos de vidrio, ideal para caminar en una tarde de lluvia sin perder de vista la laguna.

En la misma laguna Binnenalster puede tomar un *tour* en lancha que lo llevará por los canales que atraviesan la ciudad, al otro lago de Hamburgo, el Aussenalster, localizado a pocas cuadras de ahí. En la orilla norte del lago hay un parque muy atractivo que le recomiendo, el Stadtpark, desde donde se aprecia una vista muy linda de la ciudad. Lleve su cámara.

Si prefiere, en vez de montarse en una embarcación, puede caminar a la Plaza del Mercado. Allí encontrará el Ayuntamiento de Hamburgo (el Rathaus), los mejores museos de la ciudad y su teatro más famoso e histórico, el Schauspielhaus.

Otro lugar excelente para fotos panorámicas de la ciudad, es la

torre de la Iglesia de San Miguel en la calle Ludwig-Erhard-Strasse. Suba los 442 escalones y desde arriba verá todo Hamburgo y su puerto. La torre es el símbolo de la ciudad, y tiene el reloj más grande de Alemania.

Muy cerca de ahí se encuentra la calle comercial más importante de la ciudad, la calle Mönckebergstrasse, la cual le recomiendo para sus compras. Antes o después de comprar, pregunte cómo llegar a la Casa de Chile, la Chilehaus, una estructura muy peculiar en forma de barco, construida en los 1920 por un mercader que hizo su fortuna importando sal de Chile. Tómele fotos.

Para almorzar le recomiendo visitar el restaurante del velero Rickmer Rickmers, anclado a orillas del río Elba. El barco es hermoso y tiene más de cien años. La comida es cara pero muy variada. Mientras come, podrá admirar de cerca la incansable actividad del puerto de Hamburgo, con sus grúas inmensas cargando y descargando barcos provenientes de todo el mundo.

Cuando llega la noche en Hamburgo, notará que todo el mundo, turistas y nativos por igual, salen de rumba al barrio más famoso de la ciudad, y posiblemente de toda Alemania, el barrio de St. Pauli.

Si le digo como empezó su fama, se imaginará qué tipo de barrio es: allí era donde los marinos iban a entretenerse al tocar puerto en Hamburgo. Es más, una de sus calles, la Reeperbahn, es conocida como "La Milla del Pecado," famosa por sus tiendas y espectáculos eróticos.

## MI RINCÓN FAVORITO

Pero en St. Pauli también hay bares, cervecerías, *pubs*, clubs y restaurantes para todos los gustos. Al amanecer, si no tiene mucho sueño, le recomiendo hacer lo que hacen los locales después de una larga noche de farra: ir a desayunar al Mercado de los Pescadores, el Fischmarkt, a orillas del río Elba.

Originalmente era un mercado de pescados y mariscos, pero hoy en día es eso y mucho más. Venden desde vegetales, frutas, carnes y pescados, hasta curiosidades y objetos usados, pasando por puestos de comida con música en vivo. El domingo por la mañana es cuando está más colorido y tiene mejor ambiente. No deje de visitarlo.

Después, váyase a dormir el resto del día.

# Berlín:
## La Gran Capital

**La han** destruido, dividido, reconstruido y vuelto a destruir, reconstruir y dividir varias veces más. Tal vez por ello, Berlín es la ciudad más fascinante y enigmática de Alemania.

Se encuentra al este del país y es una de mis ciudades favoritas no sólo de Alemania, sino de toda Europa. Aquí se jugará la gran final del Campeonato, el mismo día de mi cumpleaños, el 9 de julio de 2006.

Después de la unificación alemana de 1990, Berlín volvió a ser la capital del país y su principal centro cultural. Actualmente, es la ciudad más grande de Alemania, donde viven, trabajan y se divierten más de 3 millones de personas. Es tan grande como Houston.

Fue fundada hace más de quinientos años y a finales de los 1800, se convirtió en la capital del Imperio Alemán. Prosperó rápidamente y se convirtió en una de las ciudades más importantes de Europa. Su historia ha sido tórrida y accidentada, pero también próspera y alegre, la de una ciudad que las ha visto todas.

Las dos guerras mundiales del siglo XX la castigaron fuertemente. Hasta el Bunker donde Hitler vivió sus últimos días antes de suicidarse, fue destruido por las bombas. Después de la guerra, Berlín fue dividida en cuatro partes, cada una controlada por un poder militar: Inglaterra, EE.UU., Francia y la Unión Soviética.

En 1961, los mismos soviéticos levantaron un muro para que la gente no se escapara. El muro se convirtió en el símbolo de la Guerra Fría por veintiocho años, hasta que lo tumbaron en 1989. Ese mismo año cayó el comunismo en Europa.

Hoy en día, Berlín es una metrópolis dinámica, pujante y llena de vida. Por ser una ciudad reconstruida, todas sus edificaciones, plazas y avenidas son modernas. Las antiguas fueron renovadas magistralmente y parece que nunca les pasó nada.

Ejemplos de ello son el Reichstag, el Palacio del Parlamento alemán, la Catedral de Berlín, la Nueva Sinagoga y el hermoso Teatro Schauspielhaus.

## EL HISTÓRICO ESTADIO OLÍMPICO

**E**l estadio de la ciudad es uno de los más famosos del mundo, el Olímpico de Berlín, el Olympiastadion. Aquí fue donde el glorioso atleta afroamericano de EE.UU. Jesse Owens ganó cuatro medallas de oro en los Olímpicos de 1936, mostrándole a Hitler en las tribunas, que los nazis no eran una raza superior.

Fue precisamente Hitler quien ordenó la construcción del estadio en 1934. Personalmente dirigió la obra y estuvo presente allí, en su palco de honor (que todavía existe) inaugurando aquella Olímpiada.

Durante la Segunda Guerra Mundial el Olímpico fue bombardeado por los aliados, pero no fue destruido. Después de reconstruido, volvió a ser la casa del equipo de fútbol profesional de la ciudad en la Bundesliga, el Hertha Berlin.

En 1974, fue sede del Mundial, donde Chile jugó sus tres partidos (Australia y las dos Alemanias). Recientemente, el Olympiastadion fue remodelado y modernizado exhaustivamente para ser sede de esta Copa del Mundo.

## ¿A QUIÉN LE TOCA JUGAR EN BERLÍN?

Como ya les comenté, aquí se jugarán, además de la gran final, cuatro partidos de la primera ronda, y uno en los cuartos de final.

Los cuatro partidos de la primera ronda se jugarán a las 9 p.m. (hora local) y son los siguientes:

**Martes, 13 de junio:** Brasil–Croacia
**Jueves, 15 de junio:** Suecia–Paraguay
**Martes, 20 de junio:** Ecuador–Alemania
**Viernes, 23 de junio:** Ucrania–Túnez

El partido de cuartos de final se jugará el viernes, 30 de junio a las 5 p.m., entre los ganadores de los octavos de final de Munich y Leipzig. La gran final es el domingo, 9 de julio, a las 8 p.m.

## TURISMO EN BERLÍN

Berlín tiene una vida cultural muy activa, y una nocturna muy alegre. Aquí hay de todo. Teatros, cines, conciertos, ballet, museos, ópera, discotecas, cabarets, jazz, rock, heavy metal y rap. ¡Hasta salsa y merengue!

El mejor lugar para ir de compras (o para comer y ver berlineses pasar) es la Avenida Kurfurstendamm, mejor conocida como "Ku'damm." Cuando Berlín estaba dividida, el Ku'damm era el centro de la ciudad occidental. Está lleno de boutiques, tiendas de toda clase, restaurantes, cafés y cervecerías. Aquí se encuentra uno de los símbolos de la ciudad, las ruinas del campanario de la antigua iglesia del Kaiser Wilhelm, destruida durante la guerra y nunca reconstruida. No deje de tomarle fotos.

Si prefiere ir a un *mall* o centro comercial, le recomiendo el Potsdamer Platz Arkaden, lleno de tiendas internacionales, ubicado en la plaza Potsdamer Platz.

Y si quiere comprar ropa fina y elegante (y gastar buen dinero) debe ir a la tienda Kaufhaus des Westens (la Tienda por Departamentos del Oeste) conocida localmente como la KaDeWe (ka-de-vé). Es como un Macy's o Bloomingdale's alemán, donde hay de todo y muy caro. Aunque no compre nada, visítela porque es muy

colorida. Como no sólo de compras vive el hombre o la mujer, la mejor dosis de cultura que uno puede absorber en Berlín está en la Isla de los Museos (Museumsinsel) en Berlín del Este. La isla es un impresionante conglomerado de seis museos importantísimos, dedicados a todos los grandes maestros de todas las épocas, culturas, estilos y expresiones artísticas.

Las mejores fotos de Berlín las va a tomar en la gloriosa Puerta de Brandenburgo, el máximo símbolo de la ciudad y uno de los monumentos más reconocidos del mundo. Es la entrada al centro histórico del viejo Berlín comunista. El muro lo levantaron los rusos justamente frente a la Puerta. Visítela para respirar historia e imaginarse a las tropas de Napoleón y Hitler marchar a través de sus columnas.

Del muro sólo queda una línea amarilla pintada en el piso indicando su antigua ubicación, y un museo, la Galería del Este en la calle Mühlen, la Mühlenstrasse.

Hablando de tomar fotos, no deje de visitar la Torre de la Televisión en la famosa plaza Alexanderplatz, el mero centro del ex Berlín comunista. La torre mide 365 metros de alto y en su punta hay un café rotatorio, el Tele Café, con la mejor vista de la ciudad.

Para quemar calorías y disfrutar de la naturaleza, le recomiendo una caminata, o una trotadita matinal, en el maravilloso parque Tiergarten. Es inmenso y boscoso, y está ubicado en el centro de la ciudad. Puede entrar por la Puerta de Brandenburgo.

Aquí se encuentra el zoológico más grande de Europa. Se lo recomiendo como alternativa al *shopping*, una mañana antes de los partidos.

## MI RINCÓN FAVORITO

Finalmente (y si usted anda en una onda romántica o introspectiva) le recomiendo ir al Hotel Adlon, ubicado en la Plaza Parisien (Pariser Platz), frente a la Puerta de Brandenburgo.

El hotel es el más famoso e histórico de Berlín, pero yo se lo recomiendo por su restaurante, no tanto por la comida (excelente y cara) sino por la localización. En el verano, las mesas las sacan a la calzada del hotel, donde la vista de la Puerta es esplendorosa. La mejor hora para ir es a partir de las 9 p.m., cuando el sol comienza a esconderse detrás del monumento. La experiencia de observar los colores del ocaso mientras se elucubra sobre el pasado berlinés, es sencillamente indescriptible e inolvidable.

A lo mejor nos vemos ahí. Si trae este libro se lo firmo y de paso, ¡le pago la cena!

Nos vemos en Alemania. *Auf wiedersehen!*

# BIBLIOGRAFÍA

## Libros y Publicaciones:

Calderón Cardozo, Carlos. *Por Amor a la Camiseta* (México: Clio, 1998).

Cantor, Andrés. *¡Goool!* (New York: Simon & Schuster, 1996).

"El Libro de Oro del Mundial," Clarín (Argentina: Diario Clarín, 1998).

Douglas, Geoffrey. *The Game of Their Lives* (New York: HarperCollins Publishers, 2005).

*El Gráfico*, "Los Maravillosos Mundiales de Fútbol," *El Gráfico* (Argentina: El Gráfico, 1996).

Etchandy, Alfredo. *Memorias de la Pelota* (Uruguay: Ediciones del Caballo Perdido, 2002).

Fernández, Ángel. *Esto es Fútbol Soccer* (México: Aguilar, 1994).

Fernández, Claudia y Andrew Paxman. *El Tigre* (México: Grijalbo, 2000).

Galeano, Eduardo. *Soccer in Sun and Shadow* (New York: Verso, 2003).

García Pimentel, Roberto; Francisco Forastieri Monasterio; Francisco Javier Sánchez. *Triunfos y Tristezas del Equipo Tricolor* (México: Edamex, 1995).

Ghiggia, Alcides. *El Gol del Siglo* (Uruguay: El País y Tendfield, 2000).

Hernández, Panchito. *América, El Mejor de la Historia* (México: Edamex, 1998).

"Germany," *Insight Guides* (Discovery Channel, 2005).

Kohn Hinestrosa, Alfonso. *El Fútbol, su Historia y los Mundiales* (Alkohn Productions, 1994).

Kraunze, León. *Moneda en el Aire* (México: Clio, 1998).

Maradona, Diego Armando. *Yo Soy el Diego* (España: Planeta, 2000).

"Traveler Germany," *National Geographic* (National Geographic, 2004).

Radnedge, Karl, Editor. *The Ultimate Encyclopedia of Soccer* (UK: Carlton Books, 2003).

Seyde, Manuel. *La Fiesta del Alarido* (México: Excelsior, 1970).

Snyder, John. *Soccer Most Wanted* (Brassey's Inc, 2001).

Sotelo, Greco. *Chivas, La Construcción de un Orgullo* (Clio, 1999).

Sotelo, Greco. *El Oficio de las Canchas* (Clio, 1998).

Tirelli Gatti, Enrique. *El Libro de Oro de las 15 Copas del Mundo* (Soccer Golden Book Inc, 1993).

Yallop, David. *Cómo se Robaron la Copa* (Oveja Negra, 2001).

Zenteno Cervantes, Armando y Francisco G. Sánchez. *Los 14 Mundiales* (México: Ediciones Castillo, 1994).

## Internet:

www.concacaf.com

www.conmebol.com

www.ESPNsoccernet.com

www.fifa.com

www.footballdatabase.com

www.futbolfactory.futbolweb.net

www.soccerhall.org

www.soccertimes.com

www.todoslosmundiales.com.ar

Para concluir, quiero agradecerle a todas mis amigas y amigos que siguen el fútbol con pasión y que me demuestran su amor incondicional donde quiera que voy.

## CRÉDITOS DE LAS ILUSTRACIONES

Página ii: Diether Endlicher/AP Wide World; página vi: Dusan Vranic/AP Wide World; página viii: Darko Bandic/AP Wide World; página xiv, 263, 264: Petr David Josek/AP Wide World; página xviii: Martial/Trezzini/Keystone/AP Wide World; página 2: ©Congress- und Tourismus-Zentrale Nürnberg; página 4, 347: ©Tourismus + Congress GmbH Frankfurt am Main; página 10: Koji Sasahara/AP Wide World; página 12: Fabrizio Giovannozzi/AP Wide World; página 18, 26, 29, 33, 44, 233, 255, 277, 283: AP Wide World; página 52, 62, 75, 89, 103, 114, 130, 146, 162, 179, 193, 207: Carlo Fumagalli/AP Wide World; página 220, 262, 274: Armando Franca/AP Wide World; página 222, 261, 268, 269, 273: Paulo Duarte/AP Wide World; página 229: Michael Probst/AP Wide World; página 230: Fred Ernst/AP Wide World; página 231: Andre Penner/AP Wide World; página 232: Luca Bruno/AP Wide World; página 234: Roberto Candia/AP Wide World; página 235: Fernando Llano/AP Wide World; página 236: Jorge Saenz/AP Wide World; página 237: Moisés Castillo/AP Wide World; página 238: Yun Jai-hyoung/AP Wide World; página 239: Daniel P. Derella/AP Wide World; página 240, 332: Will Shilling/AP Wide World; página 241: Thomas Kienzle/AP Wide World; página 242, 270: Michael Sohn/AP Wide World; página 243: Andres Leighton/AP Wide World; página 244: Hasan Jamali/AP Wide World; página 245: Christof Stache/AP Wide World; página 246: Joerg Sarbach/AP Wide World; página 247, 248: Steven Governo/AP Wide World; página 249: Paul White/AP Wide World; página 250: Antonio Calanni/AP Wide World; página 251, 280: Lionel Cironneau/AP Wide World; página 252, 260, 281: Martin Meissner/AP Wide World; página 253, 257: Peter Dejong/AP Wide World; página 254: Kai-Uwe Knoth/AP Wide World; página 256: Nick Potts/PA/AP Wide World; página 258: Maxim Malinovsky/AP Wide World; página 259: Alik Keplicz/AP Wide World; página 265, 285, 286: Lee Jin-man/AP Wide World; página 266: Mindaugas Kulbis/AP Wide World 267: Ahn Young-joon/AP Wide World; página 271, 272: Efrem Lukatsky/AP Wide World; página 275: Anja Niedringhaus/AP Wide World; página 276: Martial Trezzini/Keystone/AP Wide World; página 278: Sang Tan/AP Wide World; página 279, 287, 288: Hasan Sarbakhshian/AP Wide World; página 282, 289: Frank Augstein/AP Wide World; página 284: Anvar Ilyasov/AP Wide World; página 290: Jesus Dominguez/AP Wide World; página 291: Matilde Campodonico/AP Wide World; página 292: Paul Ellis/AP Wide World; página 336: ©Christl Reiter/The Munich City Tourist Office; página 338: ©Rudolf Sterflinger/The Munich City Tourist Office; página 340: ©Stuttgart-Marketing GmbH; página 354: ©Günther Ventur/City of Cologne; página 357: Leipzig Tourist Service-Schmidt; página 364: Bildarchiv Monheim GmbH/Alamy; página 368: ©Jens Klages/Landeshauptstadt Hannover; página 371: ©Fachbereich Umwelt und Stadtgrün/Landeshauptstadt Hannover; página 374: ©Michael Zapf/Hamburg Tourismus GmbH; página 379: ©www.berlin-tourist-information.de/Berlin Tourismus Marketing GmbH.